江口厚仁・林田幸広・吉岡剛彦 編
EGUCHI Atsuhito, HAYASHIDA Yukihiro, YOSHIOKA Takehiko

境界線上の法／主体

屈託のある正義へ

ナカニシヤ出版

プロローグ──境界線上の法／主体

境界線──アナタはこのことばから何を連想するだろうか。土地境界や国境線といった物理的な空間を分かつ線はもちろんのこと、家族や友人仲間のような人間集団のメンバーシップ（例えば内か外か）、あるいは進学・成人・就職といった人生の転機（例えば「明日からは（学生でなく）社会人となる」）を思い浮かべた人もいるだろう。このように、境界線は「何かを区別する」作用と分かちがたく結びついている。これは文字通り「当たり前」である。だが、この「区別する」作用は、物理的な境界画定や、社会的・時間的な線引きが明確に意識される局面だけで生じるわけではない。境界線を引いて区別をする操作は、実際には私たちの日常生活のあらゆる場面で、通常それとは意識されない形で働いている。

たとえば、いまこの本を手にしているアナタも、現にさまざまな境界線を引いている。どういうことか？　さしあたりアナタの視界に入る範囲で考えてみよう。まずアナタは、本と本以外のものに境界線を引いて区別している。さらに、この本と他の多くの本のあいだにも境界線を引いて区別し、他の本ではなくこの本を手に取った。その結果、アナタはいまこの本を読んでいるのである。「何だ、そんなの当たり前のことじゃないか」と思われたかもしれない。まさにそのとおり、いたって「当たり前のこと」である。だが頭を逆転させて考えてみてほしい。この「当たり前のこと」は、境界線を引いて区別することによってはじめて成り立っているのである。この事態は、いつ／どこでも、常に／既に生じている。なぜなら、それ自体はただのっぺりと拡がっているだけの眼前の風景のなかから、たとえば灰色でごつごつしたものを切り出し、それに「石」という名前を与えて背景から区別する、という操作を通じて、私たちの外界に対する認識や言語（ことば）が成立していることを思えば、そもそも私たちの「世界」そのものが無数の区別と境界線によって構築されており、この前提条件から自由な思考や行為はありえないからである。

私たちが意識的に／無意識のうちに境界線を引いて日常生活を送っているとすれば、アナタやワタシは境界線を引かれる側、区別される側にもいることになる。たとえば、アナタが大学生でアルバイト先から履歴書の提出を求められたとしよう。履歴書には、氏名・住所・年齢・性別・国籍・学歴・職歴などの欄があり、アナタはこれらを正確に記入しなければならない。アルバイト先からすれば、こうすることでようやくアナタが何者なのかが、つまりアナタという「主体」が見えてくるのである。いくつもの境界線を通じて、はじめてアナタはアナタが誰であるかを他者に認識してもらえる。私たち個人のアイデンティティ（自己同一性）は、いわば多様な境界線（区別）によって定義されるのである。

私たちは境界線を引く主体であり、同時に境界線を引かれる主体でもある。主体は境界線から逃れることはできず、むしろ境界線を必要としている。これもまた、しごく「当たり前」の話である。だが本当の問題はここから始まる。主体が引く境界線や、主体に引かれる境界線には、不動の根拠や唯一の正解があるだろうか。フライングを承知で即答しよう。そんなものは存在しない。アナタがいまこの文章を読んでいるという事実は、あの本ではなくこの本を読もう、とアナタ自身が何らかの境界線を引いて選択をした結果である。だがそれは必然だったか。おそらくそうではあるまい。アナタの視界というとき、目に入るもの／入らないものの境界線は不動だろうか。これまた、おそらくそうではない。履歴書や身分証明書で個人をアイデンティファイするために使われる区別は、それ自体はニュートラルな（どちらであってもかまわない）区別のようにも見える。だが、履歴書の性別欄に引かれた男／女の境界線は、どんな主体にとっても「当たり前」として通用する境界線だろうか。断じてそうとはいえない。そうした区別が、ジェンダーやLGBTとしての性差、外国人、ニート、生活困窮者、精神障碍者、前科者といった、総じて自己（われわれ）／他者（かれら）という分断線に沿って、人びとの社会的属性を二者択一的に選別する意味をまとうとき、それはもはや、あるものを他のものから単に区別するだけの境界線ではなくなっている。それぞれの区別の、こちら側に正の（ポジティブな）価値を、あちら側には負の（ネガティブな）価値を割り当てることで、区別の両側を序列化し、優位な「こちら側」に「力」を与える力学が働き始める。履歴書の記載事項は、こうした極性を持った区別（境界線）を介して、アナタという未知なる「主体」の品質を査定するデータとして利用されるのが、むしろ通例ですらある。

境界線には確固たる根拠などないにもかかわらず、しばしば非対称的な価値評価というバイアスがつきまとっている。これは明示された区別の両側に優劣をつけるだけではない。たとえば、ホームレスとよばれる人たちにとっての住所欄は、通常は意識されない「現住所の有／無」という境界線が顕在化する瞬間であり、かれらはそれが無いということを空欄によって思い知らされることになる。さらに、世間では住所の不在（＝無）が有よりも劣位に置かれるため、この境界線は「権力」を併せ持っているといえる。境界線の設定が「権力」を生むのは、自他の「境界線」を引く者が、多くの場合、自然に自分自身を「正しい」側に位置づけ、相手方を「欠けたところのある」側だとして劣位におとしめ、屈従を強いることに正当性を与えるからであり、さらには、劣位者としてマークされないよう、すべての人に絶え間ない自己規律を強いる効果を持つからである。このように境界線は、中立でもなければ不動でもなく、ときに権力とともにして作用する。だが、自分の引く境界線が偏っているおそれがあり、自分に引かれる境界線が権力をともなっているとしても、私たちは境界線そのものから降りることはできない。かくして、境界線、ひいては境界線と主体をめぐる問題系は、私たちに終局のない批判的観察を迫ることになる。本書『境界線上の法／主体』は、このような問題意識のもとで編まれた。各章に共通するスタンスは、以下のようなものである。境界線を引いて区別すること、それ自体は「当たり前のこと」である。だが、そこにバイアスや権力性が潜伏しているのであれば、境界線の既存の引かれ方を安易に「当たり前のこと」と考えてはならない。そしてそうである以上、より適正な境界線や区別の可能性を考えるチャンスが探られなければならない。もちろん、その作業もまたバイアスをはらんでいることを最大限に意識しながら、薄氷を踏む歩みにならざるをえないのだが……。

境界線と主体の関係をメインテーマに据えるとき、その最も原初的で根源的な区別は「このワタシ」という主体を切り出す境界線だといえる。それゆえ序章では、「このワタシ」という主体を分かつ境界線の複雑さを見据え、それがはらむ偶有性と両義性（たまたまいまは区別のこちら側に居るが、もしかしたらあちら側に居たかもしれないこと）を手がかりに、「このワタシ」が倫理的主体であり続けるための条件が、観察者の依拠する区別の盲点を自覚しつつアイロニカルに観察されてゆく。このことは、「ワタシとはワタシである」という命題が、他に何も必要としない独り善がりで屈託のないトートロジー（同語反復）に陥らないために必須の作業であると私たちは考えている。

序章に続き、本書は三部立ての構成をとっている。まず「第Ⅰ部　専門家を疑う」では、司法制度の空間における法律家・専門性と、素人の当事者・参加者のあいだの境界線がテーマとなる。具体的には、検察審査会における「市民的」感覚の両義性、弁護士倫理のリスク化現象、紛争当事者の「真実」と裁判所の事実認定が取り上げられる。裁判や司法参加制度において、専門家／素人の境界線が消滅することは原理的にありえない。ならばその限界を指摘するだけではなく、新たな境界線を引き直す可能性はないか、あるいはその試みが新たなリスクを生み出すおそれはないかが慎重に検討されていく。続く「第Ⅱ部 貶められる人びとのほうへ」においては、いわゆるマイノリティ（社会的に不利な立場に置かれがちな少数者）に焦点が当てられる。具体的には、在日コリアンに対するヘイトスピーチ、同性愛者という名指しがはらむディレンマ、そして世間の認知を獲得しつつあるオタクたちのアンチノミーが取り上げられる。基調をなすのは社会の多数派／少数派の境界線である。ここでは、境界線の引かれ方（誰が何を基準に、どのような線を引くのか）がつぶさに観察され、境界線を引くことの前提／盲点が次々に摘出されるとともに、境界線を再問題化していくための問いかけがなされる。そして「第Ⅲ部 踏みとどまるために」では、国家や社会が生み出す強大苛烈な「力」に翻弄されながら、それでもなんとかその奔流に抗おうとする挑戦が主題化される。具体的には、万物を商品化する資本主義社会において「住まい／住まうこと」が持つ抵抗力、「働かざる者食うべからず」という「自己責任」言説への根源的批判とベーシックインカム論の射程、そして国内外の諸勢力と結託した日本政府が、特定の地域とそこに暮らす人びとに強権的に危害をしわ寄せしてきた顕著な例である沖縄（米軍基地）、福島（原子力発電所）、水俣（公害病）が取り上げられる。ふだんはなんとなく自明視されたり、仕方がないとされたりする境界線、あるいは時期も地域も異なるのに同じ形をした境界線に着目することで、「安全圏」の側から傍観者的に眺めやるだけではなかなか見えてこない境界線の問題点が析出される。

このように、本書はいちおうテーマ別の章立てとなっているものの、これはあくまでもこちらが用意した境界線にすぎない。境界線の問い直しを狙いとする本書にあっては、既存の境界線は脱構築されるためにある、とさえいえる。それゆえ、編者の示した地図に沿って読み進める必要などなく、どこから読み始めていただいても、私たちは一向に構わない。どの章もアナタという主体が引く境界線／アナタという主体に引かれる境界線の再考に向けて、アナタの背中を押してくれるだろう。加えて、本書には六本のコラムが収められている。小篇とはいえ、各テーマに関して高い当事者性を持つ論者の発言には、言葉の重みと現場の迫力が込められている。

最後に一つ種明かしをすれば、本書のタイトル『境界線上の法／主体』は、誰もが一度は聴いたことがあるJ・S・バッハの「G線上のアリア」から着想を得た。バッハの原曲を移調し、バイオリンの最低音弦G線一本だけで演奏できる編曲が施されて以来、このバージョンが「G線上のアリア」という通称で人気を博したのは有名な逸話である。このひそみに倣っていえば、本書もまた、正義や人格、人権や差別、権力や抵抗といった現代社会の諸問題を、もっぱら「主体」を導きの糸にした観察に「移調」することで問い直していこうとする試みである。奇しくもドイツ語で「境界」はGrenzeだから、まさに「G線上の法／主体」が問われることになるのだが、この試みの成否は、もちろん読者／聴衆諸賢の判断にゆだねられている。

さぁ、「境界線の迷宮」探検の準備は整った。アナタという「主体」によって引かれる境界線を問い直すこと、それはアナタ自身を問い直すことにもなるだろう。本書の目標であり、かつ、読者のみなさんにも求めてみたいのは、それぞれの論考やコラムにおいて提示される区別（境界線）のいずれか一方に簡単に与することなく、区別の両側を往来することで、その区別に別の区別を接合したり、その区別によってはじき出された第三の項を救い出したりしながら、区別の狭間で――まさに境界線上で――なんとか問題を考え抜こうと踏ん張ることである。こうした冒険者たちの奮闘によって、迷宮の地図は精密化し、かつ刻々と書き変えられていくだろう。ダンジョン探検に出発するなら、パーティの道連れは多いほうが良いに決まっている!

編者一同

目　次

第Ⅲ部　踏みとどまるために

境界線上の法／主体——屈託のある正義へ——

序章　主体の行方、ワタシの在処
――アイロニカルな主体に向けて――

江口厚仁

【提題】　あらゆる社会理論は、それが記述・分析する社会現象の担い手として、何らかの人間像を前提にしており、それらは「〇〇主体」という名義を与えられている場合が多い。法主体（法人格）、経済主体、政治主体、道徳主体、責任主体……のように、である。しかしこの「主体」というのは、いったい何者なのだろうか。さしあたり近代社会の理念としては、自由意思を備え、理性的／合理的な予測計算に基づいて行為を選択し、その結果に責任を負う人間が、その原型といえよう。社会制度の運用にあたって、この種のモデル（理想像／建前）なしにやっていけないのは事実だが、自分自身を含めて現実の人間はもっと複雑な生き物であり、こうした人間主体の単純なイメージが、実は「虚構（反実仮想）」にすぎないことを私たちはよく知っているはずである。

二十世紀後半にブームとなった「ポストモダン」思想は、人間中心主義的なモダンの思考枠組みを批判し、「主体の死」を宣言したことで知られる。それはあたかもキャッチコピーのように、社会理論全体を巻き込むスキャンダルとして消費され、いつしか思想史上のエピソードの一つとして過去の出来事になろうとしている。ポストモダニズムの問題提起を、新奇性のみを売り物とした一過性のブームに終わらせてしまうのはあまりに早計である。だが、「主体の死亡宣告」の当否にかかわらず、ワタシは現にいま／ここを生きており、自分自身の生活実感を基礎にして、単純な理論モデルには回収できない「主体の行方」について、なお主体的に考え続けたいと考えていたりする。これもまた、ワタシ自身にとってはリアルな事実である。こうした両義的な事態を観察するには、「モダンか／ポストモダンか」といった不毛な二項対立を退け、安易なレッテル貼りをかわしつつ、ポストモダンの思考態度を真剣に受け継いでいくことが、いまなお課題であり続けていると筆者は考える。

ポストモダニズムの教えを正面から受け止めるとき、社会諸科学の領域ごとに措定されるゲーム・アクターとしての「主体」（特殊専門的な観察フレイムに即して定義される単純化された「主体」たち）を別にすれば、もはや私たちは「人間主体」という包括的な「同一性概念」を自明の前提とすることはできなくなる。たとえ希望や共感を込めて言及されるにせよ、それは「個人の多様性」を真剣に考慮しない思考と紙一重だからである。あるいは「主体的に決めろ」と命じられた人のパラドクス（決定不能性）を考えてみてもよい。私たちは自分自身の「主体性」を、いったいどうすれば確証できるだろうか。具体的コンテクストを抜きに、「人間主体」をあらゆる人間に内蔵された不変不動の根拠に据えるような社会理論はおそらく成功しないし、かりに成功した気になったとすれば、それはあまりに危うい。しかし他方で、私たちは主体概念を捨て去ることもできない。個人としての人間の自由な意思や選好、そして責任の帰属先として、あるいは人間の尊厳や社会連帯の担い手として、主体概念に代わる在庫目録を、目下のところ私たちは持ち合わせていないからである。

このように「主体」とは、どこまでも両義的な（あれか／これかの二択構造に回収できない）概念であり続ける。「主体」をテーマとする議論には、常に割り切れなさを抱えつつアイロニカルに思考する態度が求められている。その上で、あらためてこう問われなくてはならない。その存在において多様な個人である私たちにとって「主体」とは何者か、「他者」とは何者か、「主体」と「他者」とが相互尊重しつつ形成する社会関係とは、いったいいかなるものでありうるのか、と。*1

1 ポストモダンの観察者

さしあたり「キャッチフレーズ」としてのポストモダン（「大きな物語の終焉」や「主体の死」といった、それ自体が「大きな物語」をまとって流布した言説）は脇に置き、いまなお継承すべきポストモダンの思考態度を特定するために、あえてポストモダンを回顧的かつ二項対立的に語るというパラドクスを引き受ける形で、ポストモダンの観察者の立ち位置を記述することから始めよう。

私たちが「世界」（観察者自身もその「内部」に帰属している「外部環境」の総称であり、世界を超越した「神の視点」には立てないことが観察の前提となる時空間）を観察するにあたって、自分自身をどのような「観察主体」として位置づけるか、という議論の出発点において、すでにモダンの思考態度からの分岐（観察の重心移動）が生じる。これを時間次元／社会次元／事象次元という三つのレベルに区別して確認しておこう。

✣時間次元――現在の現在性

近代人にとって「時間」とはどんなイメージで理解されているだろうか。時計や暦で客観的に計測できる物理時間が、過去から未来に向けて均質かつ不可逆に流れる「時間の大河」の中を、私たちは過去（自己の来歴）と未来（目標の実現可能性）に制約されながらも、みずからの自由な意志の力を駆使して、精一杯自分なりに泳いでいる、といった感覚だろうか。時間には初めから連続性（法則性とまでは言わないにせよ）があり、主体は時間に流されない確固たる「自己同一性」を守って生きることが期待され、出来事の「科学的因果関係」は客観的に決まっている。だから過去のワタシの自由な意思決定の因果的帰結を未来のワタシが引き受けるのは当然の結果だ、ということにもなる。日常生活上の感覚としては、さしあたりそれで充分だろう。

だが、少し立ち止まって考えてみよう。いま／ここを生きるワタシにとって、真にアクチュアルな時間は「現在」だけである。だが「現在」は、それが現実化した瞬間に、すぐさま「過去」になってしまう。リアルな現在は一瞬たりとも固定できないし、その瞬間に現在の全貌を把捉できる特権的な視点も存在しない。現在は常に局所的な一発勝負であり、まるでその都度の現在に打たれた微分点をつないでいくと連続した曲線が出現するように、現在の「瞬間の連続」は「時間の流れ」として回顧的に追構成されるしかないのである。他者との時間の共有も、その都度のコンテクストに即した観察の相互的同期化（チューニング）を通じてパフォーマティブに（言わば「即興的」に）構築されるしかない。「主体」の「自己同一性」も「因果関係」すらも、事後的な解釈を通じた意味づけの産物であり、あらかじめ確定的に決まっているわけではない。ここで問題となるのは、私たちにとって唯一リアルな時間である「現在」が、実は極度に儚く不確定で、その瞬間には誰にも客観的に把捉することができない、というパラドクスである。だから私たちは、記憶を通じて過去を不動なもの（歴史や伝統）に、あるいは予測を通じて未来を確実なもの（目標や計画）に加工する。こうした時間の連続性を約束してくれる安定化装置を介して、その都度の現在を「過去と未来の結節点」として、つまり一貫性と継続性をもって流れる時間軸上に、まるで時間の「外部」から客観的にマークできる定点のようなイメージを与えることで、私たちは現在という時点の確実性を手にしているのである。

こうした視点に立てば、「主体」を固定的なイメージで先取りする議論は、無時間的に人間をスナップショットしただけの現実性に乏しいものに見えてくる。あるいは、運命や神話を脱魔術化して、個々人にその都度の現在の決定を通じて未来を分岐させる可能性（本人の意図せざる場合を含む）を与えた近代個人主義／自由主義のダイナミズムを、どこかお行儀良く剪定することにもなりかねない。事態はむしろ逆である。「主体」は時間の中で／時間に抗して刻々と構築され、そのプロセスが同時に時間の連続性を追構成していく。日常的時間感覚の自明性とは、この循環運動の事後的な産物であり、かつそれを見えなくさせる盲点でもある。それゆえポストモダンの思考態度は、まずは徹底的に「現在の現在性」を考え抜くことを通じて「世界」や「主体」の所与の確実性を疑い、常に偶然や不確実性に開かれている現在という時間のリスクと可能性を観測しようとするのである。*2

✣社会次元——他者の不可知性

私たちにとって「他者」とは何者だろうか。日常生活上の感覚では、特定の親密関係にある人びと（身内）から区別される匿名的なその他大勢（他人）が、さしあたり他者の典型的イメージだろう。近年の社会の多様化・グローバル化・マイノリティ集団による権利要求の活性化などを受けて、社会のさまざまな文脈で「異質な他者」との関係をめぐる問題がクローズアップされる機会も増えている。単一民族／単一文化神話をなんとなく信じて暮らすノスタルジックな生活スタイルがもはや通用しなくなった現実を前に、なおも「大文字の主語」を持ち出して同一性を守ろうとするとき、同一性から排除される人びとを「実在する異質な他者」として名指し、かれらとの差異を根拠に「仲間たちの同一性」を実体化する「循環論法」が動き始める。確固たる「同一性」がまず最初にあり、そこから溢れる人びとが他者なのではない。むしろ根拠の不確かな「差異＝区別」を投入して誰かを排除することが、根拠の不確かな「同一性」を確証する根拠となるのである。この循環的な概念操作は、かりに当事者自身には明確な排除の意図などなくても、差異／同一性の「区別の演算」の結果として、ほとんど自動的に発生する。包摂／排除、同化／排斥、保護／抑圧、承認／拒絶、応答／無視などの区別をめぐる権力現象や差別問題への批判的取り組みが、このところ専門領域を越えた学際的な議論を喚起し、また本書の論考の多くがこの問題に焦点を合わせているのも、「主体」や「他者」をめぐる議論のあらゆる場面で、差異／同一性の区別が「排除」へと短絡する区別の演算が出現し、両義的で解決困難な問題を産出し続けているからである。

この循環論法はノーマル／アブノーマル（正常／異常）の区別と短絡するとき、最も権力的な形で現実化する。一般にノーマルの側は自明（無標＝名無し）であり、まずは異質なアブノーマルの側がマーク（名づけ）される。ノーマルは自己の正常性を、自己との差異において名指したアブノーマルを否定／排除する（ワタシはアブノーマルではないからノーマルだ、と）ことを通じて、循環論法の形で（否定の否定によって）根拠づけているのが通例である。ノーマルの側は、そのポジティブな根拠として「標準」「平均」「多数派」といった尺度を持ち出すことも多いが、ノーマル／アノーマル（規則／不規則）の基準としてならともかく、それを正常化に向けて改善すべきアブノーマルの根拠にできるかどうかは、はなはだ怪しい。加えて、この区別の循環論法は、アブノーマルの側にあらかじめマイナスの価値を割り振る形でなされるため、アブノーマルのノーマル化（治療・矯正）が自明の目標となり、その努力をしない人は「自己責任」において排除のターゲットとみなされるようになる。もちろん、こうした「正常化の権力」を指摘することで、筆者は社会が担う福祉的支援や更生的介入の努力を否定しているわけではない。ここで問題にしたいのは、ノーマル／アブノーマルの区別が持ち出される場面では、不当な差別／排除への批判が先決であるにせよ、同時にノーマルの側が先取りしている「正常化」に向けた「善意の権力」を警戒する必要がある、という点に尽きる。

他者排除を生み出す議論に対抗するにあたり、人間の同質性・同等性に訴える議論が相応の効果を持つことは否定できない。人類という類的存在、人格的に平等な権利を持つ理性主体、自然な情念の力で連帯する共感主体、宇宙船地球号の世界市民など、広義のヒューマニズムに依拠して「あらゆる他者をまずは同等に尊重せよ」と命じる言説が、実際に「悲惨な排除」に苦しむ人びとの助けとなってきたことは間違いないからである。だが他方で、煎じ詰めればあらゆる他者が、このワタシにとってはどこまでも異質な「全き他者」である、という事実を等閑視することもできない。むしろ他者が他者であるのは、この「究極的な不可知性」（ついには知り得ぬ存在としてそこにいること）を前提にしているのである。

たとえ「真に分かりあえている」関係を目指すにせよ、自己／他者の区別が溶けた自他同一化に至ることは絶対にあり得ない。自己／他者の区別が維持されていることが、他者が他者である（それゆえ自己が自己である）ための究極的条件だからである。だからこそ、あらゆる他者はこのワタシには還元できない固有のユニークさを備えた、かけがえのない、他の誰によっても置き換えられない「唯一の存在」としてそこにいるという、動かし難い事実を出発点にするしかない。ワタシには知り得ない固有の何かを秘めた存在だからこそ、ワタシは他者を「単に手段としてのみ扱ってはならない」のである。他者をそれ自体として尊重すべき理由として、「同一性」の仲間意識ばかりを強調するのは危うい。それは「同一性から排除された他者はもはや尊重するに値しない」という言説の震源地にもなりうるからである。むしろ逆説的に、他者とはワタシの理解が届かない「究極的な差異」を備えた存在であるという事実を理由に「他者の尊重」を裏付けることもできるのである。*3

もちろん円滑な社会関係のためには、他者の不可知性をそのまま放置するわけにはいかず、それを補完する何らかの社会装置が必要になる。だがそれは、他者の他者性が消滅することを意味しない。あくまでもそれは「非問題化」(当面は、重大な問題として考慮する必要がないものとして不可視化)されるにすぎない。法・政治・経済・科学といった専門領域が固有の「主体」概念を必要としているのも、人間存在の特定部分をクローズアップした一般化/単純化を通じて「他者の他者性」をさしあたり非問題化し、社会全体に向けた決定を可能にするためだと考えられる。当座の決定において聞き届けられなかった他者性は、そのまま忘却されることもあれば、潜伏状態を破って再び活性化することもありうる。それを社会システム進化の有意味な刺激として活用できるか否かは、その都度の現在のシステムの複合性(矛盾対立する要請を「同時」に保存しながら演算できる能力)の水準にかかっているのである。

❖事象次元――自己言及のパラドクス

ワタシがワタシであること、つまりワタシがワタシ自身を他ならぬワタシとして客観的に同定できる根拠は何だろうか。ワタシの「自己同一性」を定義するこの反省は、世間一般に広く推奨されている(アイデンティティを確立せよ、と)にもかかわらず、少し論理的に考えれば、ただちに「自己言及のパラドクス」に行き当たって決定不能に陥ることが分かる。[*4] ワタシがワタシの「自己同一性」を指示するには、ワタシをワタシ以外のモノから区別する「差異」の導入が不可欠である。そのときこの区別を使ってワタシを観察しているワタシとはいったい何者だろうか？　区別するワタシと、この区別によってはじめて観察可能になるワタシは「同一」のワタシでありながら、「区別」されていなければならない。あらゆる差異＝区別を超越した究極の自己同一性を備えたワタシには、ついに到達できないのである。この種の「同一性」を反省するあらゆる「区別の演算」は、区別の区別それ自体への折り返し（区別の自己言及）を誘発し、論証の無限後退や真偽の決定不能に陥るか、さもなければ最終的に「ワタシはワタシだ」というトートロジー（同語反復）に帰着することになる。[*5]

だからといって日常的にワタシがワタシ自身を反省することは可能だし、もちろん大抵は有意義でもある。だがそれは、本質的な自己同一性（自己の存立根拠のすべてを自己自身の内部から引き出すような同一性）を前提に、それを攪乱するイレギュラーやノイズをひたすら排除する操作として理解されてはならない。反省とは、ワタシがワタシ自身を自己言及的に産出する終わりなき「パラドクスの展開」（決定不能が露見する短絡した自己言及を引き延ばす営み）である。だからこそワタシの自己同一性は、ワタシの最も確実な「存立根拠」でありながら、永遠に「未解決の謎」となる。あるいはこう言い換えてもよいだろう。私たちはパラドクスをはらんだ自己言及を日々刻々とパフォーマティブに遂行する（明確な基礎づけなしに「ワタシはワタシだ」という一体性をつないでいく）ことで、とりあえずの自己同一性を維持しつつも、その都度の現在の決定を通じてそれを変化させていくことができるのである。モダンの思考はパラドクスやトートロジーそれ自体を忌避する（論理的に解消できないものを議論の対象から外す）傾向にあるが、これらを「悪玉扱い」することで見えなくなっているものがあるのではないか、という視点にあえて立ってみることの意義は決して小さくない。

以上をふまえて、ワタシが自分自身を「主体」として名指す、あるいは他者から「主体」として名指されるのは、いったいどのような事態なのかを考えてみよう。具体的コンテクスト抜きに、あらゆる人間に「根源的主体性」なるものが内蔵されている、と考えるのは非現実的な想定である。もちろん反実仮想の「物語」として、とりわけ道徳的コミュニケーションの空間で、現にこうした考えが有意味に流通しているという事実は存在する。だがそれは、人間存在が「普遍的本性」においてそうだからではなく、現代社会の道徳的コミュニケーションを有意味に展開するにあたって、道徳の担い手とされる人間をそうしたイメージで理解しておくことに高い「道徳的価値」がある、とみなされているからである（たとえば、自由と責任の帰属先、自己／他者の相互尊重の根拠として）。それゆえ、社会的コンテクストの変化に応じて、「主体」概念の内実も変化を余儀なくされる。たとえば「主体の自由意思」を責任の根拠とする原則を掲げながらも、一方では「結果の甚大さ」や「相対的に高い問題処理能力」を理由に、リスク・マネジメントの分野を中心に、システム管理者の「無過失責任（危険責任）」や「不作為責任」のレベルが嵩上げされてきた。他方では、充分なサポートなき「自己決定」や複雑化するシステムへの「無知」を理由に、消費者保護などの目的から行為者の責任の範囲を事後的に縮減する動きも見られる。もしも将来的に「主体概念」の有効性を守りたいのであれば、自治自立の自由意思をもって自己の過去／現在／未来の行為を首尾一貫させ、他者との社会関係を管理掌握し、それゆえその責任を負う「主体」という、いささか戯画化された（近代国家の「主権概念」にも似た）単眼的な近代的主体イメージの射程を、その都度の具体的なコンテクストに照らして絶え間なく再吟味していくことが必要である。

加えて、機能分化が進んだ現代社会においては、社会全体を貫通する「単数形の主体」を想定することが難しくなっている。法的主体（権利義務の帰属先である法人格）は、経済主体（効用最大化を目指す合理的計算主体）や政治主体（集合的／公共的決定権力をめぐる政策的競合と合意形成のアクター）と同質同型ではなく、科学研究主体や信仰主体や芸術主体（アーティスト）とはさらに異質である。これらは相互に無関係ではないが、しばしば相互の「中立性」が求められてもいる（たとえば裁判官や科学者の政治的／経済的中立性）。いまや主体概念は、常に「複数形」においてのみ意味を持つものになった、と言ってもよい。こうしてさまざまな機能的役割に応じて重層化した近代的主体とは、誰にも全体を見通せない複雑な社会関係を、各々の機能的観点から単純化した人間イメージの複合体という様相を呈することになる。私たちはコンテクストに応じて、そのいずれかに軸足を置いたアイデンティティを意識したり、複数の主体概念を乗り換えたりすることはできる。だがそれらすべてを統括する特権的主体を想定することはできない。まして特定の主体概念を根拠に、社会全体の普遍的基礎づけを行うことなど、ほとんど見込みのない試みなのである。[*6] そうした意味ではたしかに「大文字の主体」は死んだ。だがその代わりに、無数のバリエーションを持つ「主体」が自己の「生存のスタイル」を賭けてそこかしこで絶え間なくうごめき、混交し、湧き上がっている世界が眼前に開けてくる。

2　人間の尊厳

❖個人の尊厳――偶然の差異の絶対的尊重

近代社会においては、その内容や強度に差こそあれ、多種多様な主体が共存する社会の条件（いわば安全装置）として、「人間の尊厳」という理念が広く提唱されてきた。それは最も強い意味では、「人間を／

他者を何らかの条件つきにではなく、まずはその存在において無条件に尊重せよ」という命題形式をとる。もともと仲間意識を共有する人間同士が、お互いを大事にしたいと考えるのは自然な傾向である。そうした同質性空間には、極論すれば「人間の尊厳」などという大上段の概念は必要ない（特異な「同質性」が権力的に強要される場合は別だろうが）。それが真にシリアスな問題として浮上してくるのは、「分かりあえない他者」「異邦人」「異端者」「ひとでなし」たちと出会う瞬間である。そのとき私たちは、それでもなお／どの程度まで「人間の尊厳」を貫徹できるだろうか。それが実際にはとてつもなく困難だとしても、だからこそ倫理命題としての絶対的価値は譲れない、とみなされるのは何故だろうか。少なくとも、それが裏切られた場合の「後ろめたさ」や「負い目」として、人びとの記憶に残る傷跡として、つまり安易な忘却を許さない不断の問い直しの原理として。*7

この問題を考えるにあたり、同一性／差異の区別と、普遍性（一元性）／個別性（多様性）の区別をクロスさせた補助線を引いてみよう。さしあたり議論の起点となるのは「人間存在の原理的／根源的偶有性」という観点である。ワタシの人生をあらかじめ決定している「運命のシナリオ」はどこにも存在しない。また無数の個人を通底する「ワタシ／他者の根源的同質性」を安易に想定することもできない。ここから、上述した「他者の究極的不可知性」と「個人の代替不能な固有性」という普遍的な人間の条件が導かれる。一人ひとりの個人が、それ自体としてかけがえのない人生を生きており、ワタシがいま／ここのワタシとして生きていることの奇跡を直視するなら、翻ってそこから万人のユニークな個性それ自体の相互尊重が、つまり偶然の差異／多様性の相互尊重が、「個人の尊厳」という普遍原理の形で結晶してくることになる。個人とは世界を観察する無数の観点のうちの一つにすぎないが、そのすべてがコピーも再現もできない特異性を持ち、個人の消滅は一つの世界の消滅である。それはいちど失われると、取り返しがつかないものでもある。だからこそ、どんな事情があるにせよ、ひとまずはその絶対的尊重から出発するしかない。ここには偶然の差異／多様性こそが、人間を個人として等しく尊重せよと命じる普遍的原理の基礎になるというパラドクスが潜んでいる。*8

✣人格の尊厳――偶然の平等に基づく連帯

このように人間存在の偶有性から出発するとき、まずは差異と個別性それ自体の尊重を謳う「個人の尊厳」が導かれる。次に、それが同時に、同一性と普遍性を掲げる「人格の尊厳」の源泉でもある、というパラドクスについて考えてみよう。

いま／ここのワタシの存在様式を、ワタシは究極的に自己決定することができない。どこにどんな形で生まれ育つか、どんな他者と出会いどんな自分史を体験するかを、ワタシは自分の意志では完全に選びとれない。こうした「偶然の差異」という条件を引き受けて生きるという点で、すべての人間は平等であり、これには例外はない。万人は「究極的な偶有性」（無作為の神の籤引《くじび》き）という条件を等しく共有しているのである。この観察を起点にするとき、いま／ここのこのワタシとは別の「他者でもありえたかもしれないワタシ」という「反実仮想」を立ち上げるチャンスが生まれる。古来より、仮想的に相手の立場に身を置き入れて考えてみること、共感的に想像力を働かせること、自分の利益や党派性を括弧にくくり「中立的第三者」の立場で考えてみること、自分自身は守る気がないルールを他者にのみ押しつける自己中心的な二枚舌（ダブル・スタンダード）を厳に戒めること、つまり「仮想的な立場の互換性原理」（人間はお互い様）が、普遍道徳や正義の「黄金律」として重視されてきた。これは「他者でもありえた」という人間存在の偶有性こそが、人間の条件の根幹をなしているという事態と無関係ではないはずである。

またそれは、無限に多様な私的立場から距離を取り、反実仮想のワレワレ感覚（「平等な偶然に基づく連帯」）への視点移動を介して、抽象的／一般的に等しく尊重されるべき「人格」という普遍概念が抽出される現実的基盤でもある。「人格」なるものは現実には不可視であり、万人の人格の平等な尊重という命題には実在的根拠が存在しない。にもかかわらず、この考えが荒唐無稽なものにならないのは、人間存在の究極的偶有性という「事実的直感」[*9]が、そのリアリティを下支えしているからである。またこう考えれば、「人格の尊厳」を理性／自由意思といった「主体の内在的能力」に直結させて論じる必然性を相対化できる（私たちはそれを「十全に行使できない他者」でもありえたのだから）。「人格の尊厳」は、私たちが偶然に等しく「人間としてある」という事実において、相互に無差別・同等・中立な配慮を受ける権利として、かつ最大限可能な限り他者をそのように遇する責務として、仮想的に構築されている。またこれを前提に、「人格の尊厳」は「偶然の平等」に由来する不条理／理不尽な「不平等のリスク」を社会的にシェアリングする理由として、つまり自由で公正な社会の仮想的構成原理と不可分なものとして理解されるのである。

この人間存在の究極的偶有性に基づく「人格の尊厳」の理解は、モダンの思考が制御克服の対象としてのみ捉えがちな偶然性を、いわばそのポジティブな側面に光を当てることで位置づけ直そうとする試みである。だが、偶然をポジティブに観察できること自体が、実は偶然に恵まれた自己自身の境遇に無自覚なまま、恵まれた立場から不遇な人びとへの「共感」を演じているだけ（上から下を慮っているだけ）の傲慢な思考ではないのか、という疑念は残る。偶然の不遇を生きる人びとにとっては、偶然はひたすら怨嗟の対象でしかないかもしれない。それを克服する努力と成功体験こそが自尊感情を支えるリアリティの源となることは分かっていながら、簡単にそうはいかない自分に気づくとき、他者への視線は羨望と自虐という形で自己を苛むだけの結果になるかもしれない。そして「ついには理解されないワタシ」という否定的アイデンティティの自己言及の末に、自閉するか／外部への攻撃性を高めるか、という出口なき悪循環に陥る可能性も否定できない。そのとき人間存在の偶有性は「仮想的連帯」ではなく「分断と無理解」の原理として働き、「人格の尊厳」は欺瞞に満ちたものとなるだろう。その可能性を原理的に阻止する決め手は存在しないのかもしれない。それは強者の「無神経なおためごかし」の可能性を最後まで払拭できないにもかかわらず、使い方次第では公正な社会に向けた「連帯と抵抗の原理」としても機能しうるという両義性と、どこまでも折り合いをつけていくしかないのである。

ここから言えることは、あらゆる基礎づけ概念は、常に幾ばくかの「両義的な自己欺瞞」の可能性をはらんでおり、それゆえ自己の観察点の射程（自己の依拠する区別の盲点）をアイロニカルに問い直す構えを失ってはならない、ということである。そしてこの警告は、冷静な吟味を棚上げしたままレディメイドの「大きな物語」に頼って安心を得ようとする怠惰な心性に対して、あるいは自己肯定のためにひたすら他者否定を繰り返す自己中心的な循環論法に対して、さらには自己否定を絶対的根拠に据えて自己防衛を図ろうとする否定的アイデンティティの悪循環に対しても、すべて同様に当てはまるはずである。問題をさらに一般化して、こう言い換えてもよい。差異のプラスの値にひたすらプラスの値を積み重ねる（あるいはマイナスの値にマイナスの値を積み重ねる）ショートした自己言及は、外部環境や他者に対する感度を失い、自分自身や他者に対して頑迷で抑圧的な応答しかできなくなるリスクを抱える。だからこそ基礎づけ主義的な論証を展開する場合にも、同一性を同一性によって（あるいは否定を否定によって）直線的に基礎づける論法をなるたけ回避し、差異に開かれた（つまり区別の両項がクロスする可能性を射程に入れた）論証に置き換えていく構えが必要である。本節で展開した「人間の尊厳」の基礎づけは、その一つの試みでもあった。

差異に開かれた論証は、直接対峙させると矛盾をきたす区別を同時に演算する「自己欺瞞」を永久に免れない。矛盾が弁証法的に止揚されて終局の解決に至ったり、自己の観察点が世界の全貌を見通す晴れやかな高台に到達することはありえない（そう主張する者がいたら、その一点において、その思考は胡散臭いと考えても大過ない）。パラドクスから完全に自由な視点など存在しない。問題の核心は「パラドクスの積極的な活用法」、すなわち「自己欺瞞」を引き受けつつ、それを乗り越えていこうとする思考態度を諦めないことにある。こう覚悟を決める以外に、この状況と向き合う適切な方策は存在しないのである。

❖人間の尊厳——終わりなきプロジェクト

ここまでの議論をまとめよう。「人間の尊厳」は、人びとの偶然の差異の絶対的尊重を謳う「個人の尊厳」と、偶然の平等配分という人間の普遍的条件に由来する「人格の尊厳」という、二つの顔を持つ。両者は個人のかけがえのない唯一性／多様性を等しく尊重する反実仮想な視点（固有の差異を消去せず、どの固有性にもコミットしない仮想的中立点というアクロバティックな視点）を経由することで、表裏一体のものとして構築されるのが通例である。この人間観察が常に「善き結果」を生み出す保証はないが、人びとの自由と多様性の平等尊重を追求する上で、これまで比較的有効に機能してきた実績があることは否定できない。だが、このいずれか一方を「実体化」した途端に、このゲームは失敗に帰すという事実への警戒を怠ることもできない。

「個人の尊厳」の実体化は、差異の多様性の上に開き直り、他者との共存という社会的条件をはなから度外視した自己本意のエゴイズムや、「理解できない他者」の一方的排除／無視に陥るおそれがある。私たちは他者の究極的不可知性という事実を前に、ただ立ち尽くすだけでは済まず、だからといって他者を完全に道具的存在と割り切れる場面（他者の人格的固有性を無視できる場面）でのみ関係を持ち、それ以外の場面では無視を決め込むわけにもいかない。ついには分かりあえない他者との間に、たとえ自己欺瞞的にであれ、幾ばくかは分かり合えるはず／分かり合いたいという関係を維持するしかないとすれば、個人の共約不能な多様性を制限／非問題化し、対話の継続を促す普遍的な仕掛けが必須となる。他者の存在を度外視した「個人の尊厳」はありえない。それは個人の内部では決して完結しないのである。

他方で「人格の尊厳」の実体化は、それが反実仮想の連帯原理という自己の出自を見失うと、普遍性の名の下に他者の固有性／異質性／不可知性を抑圧するリスクをはらんでいる。たとえば、人格の平等を理由に一切の個別事情を無視して杓子定規に同一基準を適用するだけの法は、はたして公正な法といえるだろうか。あるいは本来的にユニークな／特異な表出形態をとる個人の主張を、公共的討議の作法をわきまえない非理性的な発言とみなし、公正な対話を阻害する逸脱＝ノイズとして直ちにこれを排除／黙殺する対応がとられる場合を考えてみてもよい。もちろん、気分の赴くままに場当たり発言を繰り返す「感情論」や、他者の主張に一切耳を貸さず自己本位な発言に終始する「独善論」は、討議参加者の士気を損ない、実りある議論の妨げとなる場合が少なくない。しかしだからといって、討議空間への参加資格に理性的人格や論理的発話能力を課してしまうと、洗練された言葉では巧く表現できない多様なニーズに、あらかじめ沈黙を強いる効果を持つことになるだろう。自律的人格の属性／能力を条件化し、個人を等級づけする場面でも事は同様である。特別な支援や監護を必要とする人びとに適正なケアを保障するため、何らかの基準を立てて個人を等級化する必要に迫られる場面でも、その判定基準が実体化した途端に、多様な個人を特定のカテゴリーに属する同質の要素としてのみ処遇する画一的対応が生じてくるだろう。万人をその人格性において無条件に等しく扱え／合理的条件の下で等しきものを等しく扱え、このいずれの場合でも、「人格の尊厳」を守ろうとする営為が「個人の尊厳」を脅かす可能性を持つのである。

このように「人間の尊厳」の二つの側面である「個人の尊厳」と「人格の尊厳」は、一方が他方にとっての批判原理として双方向的に機能し、その実体化を許さないこと、つまりどこまでも最終決着点を確定できない状況に人びとを留め置くことに意義があると考えられる。この両者は、それぞれを実体的根拠に据えさえすれば、きわめて強力かつポジティブに特定の主張を基礎づけることができるからこそ、一切の決定は「終局的なもの」たりえず、常に「暫定的なもの」に止まるという「偶有性への感度」を失うわけにはいかないのである。あらゆる決定は、その都度のいま／ここの具体的コンテクストの中で、問い直しと再編のチャンスに開かれている。「人間の尊厳」は、表裏一体でありながらも、同時に衝突と相互批判のポテンシャルを秘めた区別をそれ自体の内部で展開することにより、その内容を豊穣化させていく活力を維持しているのである。

3　他者への配慮／自己への配慮

❖「異質な他者」への配慮

以上をふまえて、日常生活空間で私たちが出会う多様な「他者」とうまく折り合っていくための勘どころ、あるいは多文化・多言語・多宗教・多民族な世界で「異質な他者」とうまく共存していくにあたっての悩みどころは、どのあたりにあるかを考えてみよう。具体的なイメージをもって考えるために、たとえば地域コミュニティ・共同住宅・サークルへの新規参入者や、国民国家内のエスニックグループなどを想

図　多数派側の応答形式

定してみるとよいだろう。こうした他者との付き合いにおいて頻繁に出現してくる多数派側の応答形式として、とりあえず【Ⅰ】協調要求、【Ⅱ】同化要求、【Ⅲ】無視、【Ⅳ】抑圧の四つのパターンを区別することができる。*10

【Ⅰ】協調要求は、ここに居たいなら、ここのルールやしきたりに服する義務があることを理解した上で、プライベートな領域はともかく、少なくともみなが関与するパブリックな領域では特異な個性表出や自己主張は控え、全体の利益のために積極的に協力すべきだ、という形式をとる。相対的に見れば、おそらく最も一般的で無難な応答形式はこれだろう。

【Ⅱ】同化要求は、ここには固有の／守るべき文化的同一性があり、ここの文化やライフスタイルを受容することが参入の条件であるから、パブリックな領域はもちろんプライベートな領域でも、同質社会の担い手としての自覚と責任を持つべきだ、と差異の解消に向けてさらに踏み込んだ形式をとる。

【Ⅲ】無視は、多数派と異なる生き方をしたいと思うのは本人の勝手で、邪魔にならない限りそこに介入するつもりはないが、その代わり君たちとは付き合わないし援助もしない、仲間入りを拒んだのは君たち自身なのだから、という徹底した棲み分け／関係拒絶の形式をとる。

【Ⅳ】抑圧は、ここでのメンバーシップは、ここのルールも文化も丸ごと受容した仲間であることが必要条件であり、これを拒絶する人に居場所などないのではじめから来るな／出て行ってくれ、それでもここにいるつもりなら、たとえ邪魔者扱いされて苦痛や不利益をこうむったとしても、それは自業自得であって私たちには責任はない、という最もハードな排除の形式をとる。*11

多数派の側には、差異に対して「他者肯定」的に／同一性に対して「自己否定」的に応答する差し迫った理由がほとんど存在しない。そのため「同化／協調／無視／抑圧」いずれの場合にも、自己の依拠する多数派文化それ自体を問い直す可能性ははじめから封じられ、「摩擦」の原因はすべてマイノリティ側に帰責される傾向が生じる。こうした非対称的な関係の中で「異質なものの共存」を考える限り、結果的にそのコストはすべてマイノリティ側が負うことになる。この対抗関係を、当事者たちの「外部」の仮想的中立点から、たとえば「人間の尊厳」の原理に照らして観察すれば、この構造自体が「不公正」ということになるはずである。だが多数派の側は、さしあたり自分たちの同一性を同一性によって基礎づけておけば（あるいは異質な他者を同一性からの逸脱としてマークしておけば）十分であり、よほど注意深くしておかない限り、この構造的非対称性を反省するインセンティブは働かない場合が多い。

多数派の側にも言い分はあろう。そもそも新規参入者やマイノリティが存在しなければ、そうした摩擦は発生しなかったはずだから、差異のリスクとコストは差異を主張する側の責任であり、それを生み出した側が負担するは当然だ、という理屈が成り立つ。ここには、「同一性」から出発して差異を定義するのか、それとも「差異」から出発するのか、という差異／同一性の区別をめぐる「区別の演算の起点」を争う問いが潜伏している。そしてそれは多くの場合、暗黙のうちに「同一性」を前提とする方向に傾く形で実現される。だからこそ私たちは、この前提を逆転させ、意識的に「差異」を起点とする「区別の演算」の可能性を考慮しておく必要がある。たとえばこうである。もともと世界は「差異」に満ちており「同一性」を主張できる方がむしろ「例外状態」なのだから、ことさらに「同一性」を主張する側にこそ、その物語の「射程」や「功罪」を証明する責任とコスト引き受けの責務があるのだ、と。

この対立する二つの主張は、いずれも「正しい」と言わざるを得ない（少なくとも間違っているとは言えない）。このように「同一性」志向／「差異」志向の演算形式が、双方向的な批判原理として対峙しあっていることそれ自体が、上述した四つのパターンには収斂しない新たな応答形式を生み出すチャンスの孵卵器となる。その出発点は、意見対立や摩擦が生じた場合に、そのリスクとコストの配分を「反実仮想の立場の互換性原理」に照らして反省してみること、すなわち「綺麗事にすぎない」という批判を意識しつつもなお、まずは差異に対するフィフティ／フィフティの責任（自分自身もまたその差異に荷担している可能性を考慮すること）を原点にとって考え始めることにある、と言えそうである。差異／同一性の「区別の演算」にかかるコストを、この区別のいずれか一方にのみ負担させるやり方は、あまり建設的な対応ではない。責任の「押しつけ」を正当化する論拠を求めるだけではなく、むしろ「区別の演算」のリスクやコストを区別の双方が適正にシェアリングしていくこと（責任の相互的でポジティブな「引き受け」を実現すること）こそが、長い目で見れば「真の問題解決」への近道である。このように「他者への配慮（他者言及／差異の共存）」をリアルなイメージをもって実践するための条件は、まずもって「自己への配慮（自己言及／自己反省）」を徹底的に深めることにある。自己言及と他者言及は、表裏一体の循環構造の中で鍛えられていくのである。

❖「反省主体」の周辺化

「自己」への配慮（自己言及／自己反省）」を深めるにあたって、ワタシは実際にどのような態度をとればよいのだろうか。2で述べたように、一般に「主体」とは、ワタシの自己同一性の根拠であり、確固たる一体性／一貫性に向けてワタシを管理統括する理性的／主権的な意志であり、いわば自己反省の中央管制塔のようなイメージで理解されてきた。自治／自立／自由な「主体」であるワタシは、自己反省を通じて本来あるべき「真実のワタシ」の完成に向けて努力していかねばならない、と。

こうした「近代的主体」イメージへの対抗が、ポストモダン思想の重要テーマの一つであった。「近代的主体」の確立とは、個人の多様性を規格化／標準化／正常化に向けて飼い馴らす「知＝権力」の作用と連動しつつ、人間が自分自身を「自己規律する主体」、すなわち自発的／主体的に「従属する主体」として構築するプロセスと表裏一体であった、という批判がなされたことはポストモダニズムの文脈ではよく知られている。あるいは、こう考えてみてもよい。「主体」とは、ワタシがワタシの自己同一性を刻々と再生産するプロセスを通じて事後的に構築される仮想的なシンボルにすぎない。それゆえ「主体の反省」とは、ワタシがワタシを定義する自己言及のトートロジーを引き延ばし、意識システムの「内部」にシステムの統一性を代表する「超越」的視座を産出しようとするパラドキシカルな営為にほかならず、それは根拠でも中心でもなく、まして完成することなどあり得ない、と。*12

さらに現代社会にあっては、「真理」は科学化され、真理を語る「主体」は真理判定にとっては周辺的なものになっている（真理判定は「語り手」が誰であるかとは無関係になされる）。「統治権力」の領域でも、統治者の主体的意志がそのままの形で政策決定に反映される場面はほとんどなく（国家意志が単独者に帰属する君主制ではなく民主制をとる以上、むしろそうであることが望ましい）、被治者の主体的意志が暴力的に抑圧されるような権力行使に出くわす場面も後退し、むしろ被治者の自由／生存／利便性を引き出す方向で、主体的選択を意識させることなく人びとの行為を誘導するアーキテクチャー型の権力テクノロジーが浸透している。家族や愛や友情といった親密空間においても、私たちは主体的決断に基づいてそうした関係を形成しているわけではない（むしろ偶然の果たす役割が決定的である）。教育の領域では「主体的学習」が流行している昨今だが、「主体的学びを教える」という主張のパラドクスに気づかない教育者とはいったい何者かと訝しさだけが募る有様である。いまなお「主体」概念が命脈を保っている分野として、経済や法の領域を挙げることができそうだが、そこでの「経済主体」や「法主体（法人格）」は、もっぱら人びとの意思決定を統計的に予測／誘導したり、意思決定の「責任」の帰属先を特定するといった問題関心に沿って構築された、きわめて特異な前提による単純化の産物であり、その「主体」イメージを一般化しようとするのは明らかに越権行為である。こうした事態を真剣に考慮するなら、近代的な「反省する主体」を、素朴に人間の自由や自律の統一的根拠に据えようとする思考態度の見直しは、もはや避けられない状況にあるといえるだろう。

それでは「倫理的主体」として自己反省するワタシもまた、等しく周辺的なものにならざるを得ないのだろうか。昨今、「倫理の個人化（プライベート化）」とでも呼ぶべき状況が深く静かに進行しているように見える。本来、「倫理」は「個人の趣味」とは区別されていたはずである。趣味が最終的には放任や相互不介入によって棲み分け共存を目指せば足りる個人の選好であるのに対して、倫理的主張は少なくとも潜在的には社会的な一般化要求を含意しているからである（「悪趣味」は他者危害さえなければ最後は個人の勝手だが、「倫理的悪」は相手方にその是正を要求する正当な根拠とすることができる）。だからこそ倫理の議論空間では「正しさの普遍的基礎づけ」をめぐる論証が熱く展開されてきたのである。ところが、普遍主義に潜伏するエスノセントリズム、異質なパラダイム間の共約不能性、基礎づけ主義的論証のパラドクスと決定不能性といった「理論的発見」と連動して、普遍主義的言説は価値相対主義の懐疑に晒され、倫理的主張もまた個人の趣味と同格の位置へと格下げされたかのように見える状況が生まれている。他者との倫理的差異にはなるたけ口出しを避け、倫理的正邪をめぐるホットな議論からは距離をとり、自分自身に迷惑が及ばない限りは相互不干渉でうまく棲み分けを図るのが賢明な生き方だ、と。この態度が一般化するとき、「倫理的主体」とは「暑苦しい人」の代名詞ということにもなりかねない。また他方では、倫理的コミュニケーションを「悪玉捜し」のように、もっぱら他者を攻撃／揶揄するためのツールとして動員する状況も生まれている。インターネットにおける「炎上事件」がその典型だが、そこでの倫理的コミュニケーションは「主体的反省」を経た一般化要求というより、むしろ「空気感の共有」とでも呼ぶべきムードに支えられているようにも見える。そうした意味では、これもまた個人化した倫理的選好の発露として（いわば「人気投票」的選好集計の屈折した一形態として）理解できるのかもしれない。

「自己への配慮（自己言及／自己反省）」を模索する私たちに残された道は、普遍的根拠への懐疑を抱きながら、それでもなお「個人の趣味」には還元できない倫理的コミュニケーションの一般化可能性を探るという、アイロニカルで綱渡りのような試みということになる。

❖ノイズとしての自己への配慮

こうした状況の中で、「倫理的主体」が「自己への配慮」として自己反省を行うとは、いったいいかなる事態を指すのだろうか。これを二つの側面から考えてみよう。一つは「社会システムへのノイズ」として、いま一つは「自己の生存のスタイルの構築」として、である。

法／政治／経済／科学などの社会システムは、それぞれ異なる機能的観点から人間主体や出来事に特殊な意味づけを与え、その枠内で固有の社会的働きをこなしている。社会システムの円滑な運行にとっては、すべてを同時に考慮に入れることはできず、それぞれに固有の単純化を施すことで複雑な世界と折り合いをつけているのである。たとえば法システムにおいては、多様な個性を持つ人間は権利義務の担い手としての法人格という抽象概念に還元され、多様な対人関係は意思表示・契約・不法行為といったカテゴリーに沿って分類される。法的処理にそぐわない出来事（科学的命題の真偽判定や宗教的教義の正統性判定など）は、訴えの利益や法的争訟性といった概念を通じて法の「外部」に位置づけられる（これもまた「法的決定」の一部である）。そうすることで、法システムは自己の一貫性や客観性、つまり反復的な利用可能性を担保しているのである。社会システムは、類似したケースに反復的に利用できる概念をストックすることで安定性を確保する。しかし、この単純化による安定性確保という戦略は、人間や社会の多様性と常に同調できるわけではない。「なるほどそれは合法かもしれない、しかしあまりに不正／不人情／非現実的／不効率／非科学的である」といった反発が生じてくるのはほとんど必然である。この衝突には、経済や科学といった他の社会システムとのミスマッチに由来するものと、人間主体の多様性とのミスマッチに由来するものが含まれる。「倫理的に／感情的に納得できない」という主張は、後者の典型的な事例として理解することができるだろう。

法システムは倫理的な善／悪の区別を、合法／不法の区別に準拠する法的決定の直接的根拠として援用することができない。善／悪の区別はあまりに汎用性が高く、「悪しき合法／善き不法」というループした回線を開くことで、法システムの通常の作動をたちどころに停止させてしまう可能性を秘めているからである（あらゆるシステムの基底的区別をキャンセルする力を持ってしまう善／悪の区別をシステムの内部に正面から導入するのは、あまりに危険であり、この意味でリベラリズムのリーガル・モラリズム批判は正当である)。それゆえ倫理的思考は、システムの要素としてではなく、システムに参与するアクターに「憑依」する形で、その都度のいま/ここの個別的コミュニケーションを通じてシステム内部に入り込んでくる(専門家倫理・当事者の生《なま》のニーズ・社会的反響といった形式をとって)。「この合法判断は倫理的にみておかしい」という主張は、ただちに合法判断の合法性を棄却できるわけではなく、その不法性の根拠にすることもできない。それはシステムの反復的で円滑な運行に対するノイズとして、つまりシステムのルーティンな運行に対する「一時停止」命令として機能する可能性を持つのである。いったん立ち止まり、システムの在庫目録を調べ直し、新たな決定の可能性がないかを探索せよ、と。もちろん法システムは、この「一時停止」命令に法的に拘束されているわけではない。だがこのノイズをシステム進化のチャンスとして活用することはできる。そのポテンシャルをどの程度まで備えているかは、システムの環境適応力を左右するシステム内部の複合性の水準を評価する有力な指標となるはずである。

システムに参与するアクターたちは、システムの反復的な通常運行に対する「違和感」に適切な言葉を与えるよう促される。そのためには、自己の依って立つ倫理的判断枠組みへの反省が不可欠になり、それをなるたけ多くの他者に訴えかける形で行いたければ、「人間の尊厳」のような一般性を持った概念に働きかけることも必要になる。私たちが「倫理的主体」として自己を構築していく上で、こうした実践は重要な契機となるだろう。倫理的思考態度は「ノイズの言語化」において、そのきっかけ要因として、自己の思考を吟味するツールとして、ひいては他者への訴求力を支える資源として、有効に機能するチャンスを失うことはないだろう。そして(この文脈ではあえてこの表現を使いたくなるのだが)、ささやかな形ではあれ「システムへの抵抗」の足がかりとなる批判精神の苗床を形成するのである。

また、誤解を恐れず比喩的な言い方をすれば、それは社会システムが「倫理的主体」として「自己反省」するチャンスでもある。ワタシの内部にワタシの自己同一性を保障してくれる特権的なワタシが存在しないように、社会システムの内部にも、システム全体の自己同一性を保障する特権的な中央管制塔は存在しない。国会や最高裁判所といえども、法システムの総体を完全に掌握し、その一体性を疑問の余地なく保障することなどできはしない。法システムは、その都度のいま／ここで展開される無数の法的コミュニケーションによって日々刻々と再編される超動態システムである。そこでは誰にも全体を見通すことができない無数の新たな差異が産出され、それが事後的／回顧的に「同一性の物語」の構築に向けて再編集され続けているのである。たとえば判例法や法解釈学は、一方で新たな差異を産出しつつ、同時にそれらをシステムの一体性に向けて再編する営為の中心的役割を担っているといえるだろう（その営為自体もまた分散的になされていることに注目せよ）。この自己言及的プロセスを「主体の自己反省」とのアナロジーで「システムの自己反省」と呼んでも、あながち的外れではあるまい。このように、個人の「自己への配慮」は、システムの「自己への配慮」と、さまざまなルートを経由しながら連動している。倫理的思考態度は社会変化の活力源の一つであり、それが私たちにとって「善き社会変化」を促すか否かは、私たちの日常的な倫理的思考態度が十分な吟味を経たものになっているかどうか、そしてシステムが一見矛盾する主張を同時に演算するための複合度をどの程度備えているか、にかかっているのである。

❖生存のスタイルとしての自己への配慮

いま／ここのワタシがワタシであることの偶有性は、「他者でもありえたワタシ」という反実仮想を介して、「人間の尊厳」と「他者への配慮」に向けた想像力を喚起する契機になりうる。この論法をそのままワタシ自身に適用すれば、現在のワタシの自己同一性もまた、過去／現在のワタシの人生経験に規定された任意に変更できないものではあるが、だからといってそれがワタシにとって唯一可能な「生存のスタイル」でなければならない理由はない、ということにもなる。この「いまのワタシとは別様でもありえたワタシ」という反実仮想は、ワタシが現在のワタシであることの必然性を問い直し、さらにいっそう「自分らしく」生きるために「自己への配慮」を促す効果を持つだろう。

この自己反省を、「真実のワタシ」を探し求める「自分探しの旅」というイメージで理解するのが当世風かもしれない。だがこのパック・ツアーが、最終目的地に到達する可能性は低い。「真実のワタシ」を賭けた自己反省は、かつては「真理→覚醒→回心→解放→救済」という宗教的メタファーと呼応しつつ、自分自身の生活態度を「真実の人生」に向けてドラスティックに変革せよ、と迫る形で実行されるのが定番であった。[*13] ところが近代以降、「真理」は客観的事実とデータに基づく経験科学的認識によって占拠され、倫理的価値判断をめぐる「真理」のほうは、価値多元主義的世界で頻発する「神々の闘争」の末に、その普遍的妥当性への信頼を失墜させていくことになった。かくして「真理」による裏づけを失った「真実のワタシ」は、ワタシ自身の内部にその実体的根拠たる主体性を探し求める方向へと舵を切る。だが「真実のワタシ」を求めて「偽物のワタシ（ペルソナ）」を剥ぎ取っていっても、ワタシには本質的核心など存在しなかったことに気づくか、単に雑多な趣味的選好の寄せ集めにすぎないワタシに直面して途方に暮れることになるだろう。偶有性感覚に基づく自己反省の試みは、「真実のワタシ」という同一性志向の基礎づけ論証から距離をとったほうが、かえって有意義な成果を得るチャンスを入手できそうである。

「自分らしく」の言説は、倫理的思考とよく似た作動形式をとる。私たちは日常生活上、さまざまな役割期待を引き受けて行動している。それは「〇〇らしさ」の言説として、私たちに特定の役割行動をとるように促す（大人／子どもらしく、社会人／学生らしく、友人／恋人らしく、男／女らしくなど、枚挙にいとまがない）。ここに「自分らしさ」の言説を直接ぶつけて、これらを一気にキャンセルしようと試みる人は、世間知らずの奇矯な人としてマークされることになる（そのこと自体の倫理的当否はひとまず措く）。「自分らしさ」の反省は、こうした役割構造への同調が、あたかも自明の必然であるかのように立ち上がる瞬間に感じる「違和感」に言葉を与え、その当然さが実は偶然の産物かもしれないという真実を、すなわち「別様でもありえたこと」を考慮せよ、と命じる。こうした「自分らしさ」の反省は、「真実のワタシ」をポジティブに基礎づけてはくれない。それはせいぜいのところ、その都度のいま／ここで発動する「〇〇らしさ」の言説に「一時停止」を迫り、既存の役割構造を再編集していく契機となるだけである。「正解」を与えてはくれないが、「問い」を更新し続ける活力源として機能する、と言ってもよい。こうした思考態度を自己の「生存のスタイル」として引き受けるには、余計なコストとリスクを引き受けて生きる「勇気」を必要とする。あらゆる自明性の構造（ショートした同一性思考）を問い直し、決して到達することのない「真実の自己」を絶え間なき試練に晒しつつ「自分らしく」生きる勇気を持つこと、これを「生存のスタイル」としての倫理的思考態度と呼ぶなら、その修得に向けて努力する構えを持つことは、私たちの倫理的生活にとっての試金石となるであろう。[*14] そしてそれは、「自分らしく」生きようとしている「異質な他者」をいきなり排除するのではなく、まずは理解／承認する構えを持つことから始めようとする態度を促す。その上で相互批判や調整が生じるのは、むしろ歓迎すべき事態であろう。「自己への配慮」とは、自己と他者をつなぐ真理／権力／倫理を、「自分らしく」を旗印に「人間主体」に取り戻そうとする営為として理解することができる。そんな夢のようなことが実現するはずはないという疑念を抱きつつ、それでもなお勇気と展望を捨てないアイロニカルな生存のスタイルとして。

4　おわりに
――アイロニカルな主体に向けて――

「人間主体」をめぐって、「人間」「自己」「他者」「倫理」といったキー概念を取りあげつつ「区別の演算」を展開してきた本章の議論も一巡し、そろそろ暫定的まとめを行うべき地点に到達した。「正解」となる明確な結論のようなものは一切提示されず、読み進むにつれて悩ましさだけが残る議論に苛立ちを覚えた読者も少なからずおられよう。だが本章のねらいは、まさにその点にこそ照準していたのである。単純明快で即効性ばかりを重視した結論への誘惑に耐え、どこまでもアイロニカルに思考することへの誘い、これが本章のメインテーマであった。自明視された「人間主体」についてのイメージに対して、どの程度まで有意味なノイズとして「一時停止」をかけられたか、そして新たな差異に基づく「区別の演算」へのヒントをどのくらい提供できたか、がポイントである。その評価と今後の展開は、ひとまず読者のみなさんに委ねることにしたい。

おしまいに「区別の演算」を継続するにあたっての「急所」に言及しておこう。あるタイプの「区別の演算」は、当初は偶然やハプニングに由来するものだったにせよ、ひとたび起動すると、その区別から降りることが極度に困難になってしまう場合がある。関係者の誰もが、内心では「どこかおかしい」と気づいていたとしても、基本的に事態は変わらない。その区別の演算形式が「自己言及的な問いを禁じる」場合、常にこの種の離脱不能な「区別の檻」が発生する。*15

たとえば、テロリズム／アンチテロリズムという区別が、野蛮／文明、邪悪／正義、あるいは特定の民族的／宗教的区別といった異なるタイプの区別とショートするとき、敵対するそれぞれの社会の内部で、「相手方を一方的にテロリストと名指すのはアンフェアではないか」という問いを発することは、それ自体が「利敵行為」として抑圧／排除の対象となる。さらにこの論法は、当初は直接の敵対関係の外部にいたアクターたちに向けて拡張されていく。世界にはテロリスト／アンチテロリストのいずれかしか存在しない、貴方はいずれの立場に与するのか、と。このコミュニケーションの空間では、「かりにその区別を受け入れるにせよ、いずれの陣営も大なり小なりテロと紙一重の軍事行動をとってきたではないか」とか、「そうした乱暴な二項対立で問題を捉えようとすること、それ自体が問題なのだ」といった言説を発するには、相当な勇気を要する。なぜなら、この区別を疑うこととそれ自体が、この区別の内部ではテロリストのシンパであることを自白するに等しい、という力学が働くからである。区別を疑う者は、自動的に区別のマイナスの側に割り振られ、その主張は問答無用に排除の対象とみなされる。こうしたタイプの「区別の檻」のリストは、どこまでも延長していくことができる。日本人《ニッポンジン》／非国民、社会人／社会不適応者、健常者／異常者、まっとうな市民／潜在的危険分子、空気の読める人／読めない人……。そして現行法に照らして合法／不法という区別も、高度に洗練された法技術によって安易なショートを阻止する防御策が施されてはいるが、それでもなお「区別の檻」から完全に自由ではありえない。実定法／有権解釈／通説判例の合法性を疑う者は、その一点において「法の敵」であり、何らかの矯正措置が講じられるべし、といった露骨なショートが生じるのは例外状態かもしれないが、実定法の形式的／客観的な反復適用だけが法の正常な作動であり、そこに「一時停止」や「先例反復の切断」が生じるのを極度に嫌う傾向が見られるとすれば、それ自体の功罪を再考してみることの意義は決して小さくない。

現に作動している区別が「自明なもの」とみなされるほどに、そこには強力な権力場が形成されていく。

もちろんこれは社会にとって不可欠な制度的フィクションの足場である（憲法自体の合法性や、壱万円札の貨幣的価値は、通常は疑われないことに意味がある）。だがそれは、無自覚な権力作用の温床でもありうる。「区別を区別せよ」という標語は、こうした「区別の演算」の両義性をふまえて思考する際の良き指針となるだろう。いま現在、自分の思考の暗黙の前提となっているのはどんな区別か、それはショートした「区別の演算」に陥っていないか、その区別に準拠することで見えなくなっている「他の可能性」は存在しないか。こうした問いを「区別の檻」に対する解毒剤として、できる限り慎重に探査することが求められるのである。このように区別を区別する反省は、現に作動している区別から適切な距離をとる戦略として有効である。また、視点の区別次第では、対立する主張の双方を「正しい」と言わねばならないこともある。その場合、単純に意見の相違を「消去」するのではなく、異なる見解を「共存」させる複眼的な枠組みを考えていく必要も出てくる（調停技法における争点分割を通じた多元的取引による win-win resolution はその典型例だろう）。これらいずれの場合においても、「区別の演算」は客観的な「正解」を与えてはくれない。しかしその代わりに、その都度の状況の中で「とりあえずの最善」を積み重ねていこうとする人びとに向けて、一つの有力な思考の技法を提供することができるのである。

「主体的なワタシ」の条件も、こうしたショートした思考からの自由度によって測定してみることを推奨したい。その際の指標は、①ついには知り得ぬものをお手軽に分かったつもりになって安心していないか、②真理／正義／倫理などを単純な二択構造の中でのみ語っていないか、③自分自身の立ち位置を棚上げにして、客観的／中立的な特権的視点という安全地帯から語ってはいないか、といった自問をつうじた吟味と試練に、自分自身を晒し続ける「生存のスタイル」へのコミットメントであり、このアイロニカルな反省を諦めないという覚悟であろう。

本章冒頭のモダン／ポストモダンの区別についても同じことが言える。「モダンが終焉したというのは本当か」「私たちが生きている現在はモダンな世界か／ポストモダンな世界か」といった問いは、実はたいした問題ではない。ポストモダンの観察態度を支持する／支持しないもまた、さしあたりは観察者の自由である。問題の核心は、このいささか乱暴な区別を掲げて、私たちの思考態度全般をめぐる問いが提起され、モダンの根幹をなす概念群がラディカルな問い直しの経験を経たという事実そのものにある。そうした意味では、私たちは確実に「ポストモダンの洗礼」以降の世界を生きており、この経験を遡及的に帳消しにするわけにも、忘却の彼方に置き去るわけにもいかない。ブームが去った今となっては、モダンの概念群を無傷のまま使い続けることに何の支障もないと考えるのは、自己の来歴への反省を欠いた、あまりにも不誠実な態度である。いま／ここのワタシの思考は、いわばトラウマ化したポストモダンの問いを呼び覚ますことで、終わりなき疑念に晒され続け、私たちを新たな区別／新たな観察の可能性へと誘うべく、どこまでもこう囁きかけてくるのである。

わたしは／あなたはいまどこから語っているのか、別様に語ることはできないのか、と。

＊1　本書全体の序論として、本章はかなり抽象的（「哲学的」）思考に軸足を置いた論述になることを、あらかじめお断りしておく。ただし、それは形而上学／ファンタジーという意味ではなく、どこまでも経験的な観察をベースになされる抽象化の試みであり、その「現実性」は読者各位の経験に即して吟味していただきたい。あわせて、本章の議論が（逐一の参照指示は省くが）ニクラス・ルーマンの社会システム理論で展開された理論的アイディアに多くを負っていることも付言しておく。ルーマン自身はポストモダンという概念に懐疑的だったが、ここで筆者が持ち込むモダン／ポストモダンの区別（実はそれ自体がモダンの地平における区別でしかあり得ない）も、思考整理のための

便宜にすぎず、それがただちに実体的な時代転換や社会変革を含意しているわけではない点は強調しておきたい。

＊2　これは「過去の忘却」と「未来への諦念」に基づくニヒリスティックな「刹那主義の薦め」ではない。時間的に偶然かつ不確定な「主体」概念を手掛かりにして「現在の現在性」を真剣に考慮しない限り、自明視された「過去の束縛」や「未来の約束」から自由な決定を下す潜在力を秘めた「現在の主体」に、チャンスとリスクと責任を適切に配分する可能性が失われてしまう、という「覚悟」の表明なのである。これは単に個人の人生における問題にとどまらず、しばしば「先例主義」的決定（裁判・行政）や「進歩主義」的決定（政治・経済・科学）が行われる社会制度の空間において、より切実な問題として検討されなければならない。

＊3　これは「分かりあえるはず」といった甘い期待など捨ててしまえというニヒリズム、あるいは自己利益本位のエゴイズムの教えではない。他者の「究極的不可知性」や、異質な言語ゲーム間の「共約不能性」を理由に、相互了解可能性の旗を降ろす必要は全くない。ついには知り得ず、ついには理解し合えないからこそ、どこまでも「共存の作法」が課題であり続け、レディメイドの同一性にそう簡単に安住するわけにはいかないという「覚悟」が求められることになる。もちろん理屈の上では、他者は究極的には不可知だから、はじめから無視する（相手にしない）という選択はあり得る。だが、私たちは真空の中を生きているわけではない。好むと好まざるとにかかわらず、私たちの前に予期せぬ形で「異質な他者」が出現してくることを（あるいはワタシ自身が「異質な他者」として他者の眼前に出現してしまうことを）完全に回避して生きるわけにはいかない（門戸を開ざそうとすれば、排除／拒絶といった他者への「主体的」な関与が避けられなくなる）という事実が、この絶対的無視の選択を非現実的なものにしている。ジャック・デリダ『歓待について』(1997)（筑摩書房、二〇一八年）の「無条件の歓待」のパラドクスも参照。

＊4　このあたりの事情は、古来より「嘘つきクレタ人」「我思う故に我あり、と我思う…」「ミュンヒハウゼンのトリレンマ」（ハンス・アルバート『批判的理性論考』(1968) 御茶ノ水書房、一九八五年）などの論理ゲームにおいてよく知られている。

＊5　私たちにとって社会秩序とは何か、社会が一体性を備えた秩序として存立している根拠は何か、という問いについても同様である。社会秩序の正統性／正当性問題として展開されてきたこの議論を、「同一性の自己言及」とい

う視点から、対立する二つの思考パターンに分別してみよう。一方は、社会の「外部」に普遍的根拠を求め、それを媒介に社会の内部秩序を基礎づけるタイプの思考法（神意・運命・自然本性などが定番）である。もう一方は、社会の「内部」に普遍的根拠を求めるタイプの思考法（理性主体、理性的合意、経験科学的実証主義、あるいは人間活動の産物だが人為的に設計されたわけではないコンベンションなどが定番）に依拠するもので、社会の「外部」への言及を検証不能な「形而上学」として拒否する立場である。かりに前者をプレモダンな思考と呼ぶなら、後者がモダンな思考ということになるだろう。ただしより正確に言えば、この両者を判然と区別することはできず、いずれか一方に軸足を置きながらも、基礎づけの決定的な局面では他方の思考枠組を援用し、自己言及のパラドクス（自己の体系内在的な自己自身の根拠づけに由来する決定不能のパラドクス）を回避する操作が必要になるという点では、両者は相互依存関係にあるともいえる。「普遍的基礎づけ」を標榜する限り、社会全体を見通せる特権的視点（アルキメデスの点）を「反実仮想（as if）」の形であれ、どこかに設定する操作が避けられないからである。理性的設計主義に立つ社会理論をその悪しき典型（理性の傲慢）として批判し、知識・情報の市場的淘汰による社会進化を提唱する自生的秩序論も、未来の社会全体を見なければ判定しようがない市場選択メカニズムの優位性を「現在の反実仮想」として導入している点では、この例外ではない。自生的秩序論の持つ批判力とそれ自体への再批判を考えるにあたり、たとえばJ・P・デュピュイ『犠牲と羨望』(1992)（法政大学出版局、二〇〇三年）を参照。もちろん社会理論は、社会を一体的な秩序を持つ全体として観察しようとする限り、何らかの形で特権的視点（社会全体を俯瞰するシステム内在的な視点）を設定する操作から完全に自由になることはできない。だが、自己の観察において特権的に先取りされているもの／社会全体の俯瞰的観察のために盲点になっているもの、についての感度を維持することはできる。そうした意味で、あらゆる社会理論はアイロニカルな思考態度を避けて通るわけにはいかない。観察（区別）せよ、そして常に自己の観察点（自己の依拠する区別）を疑え、と。ニクラス・ルーマン『社会の科学１・２』(1990)（法政大学出版局、二〇〇九年）参照。

＊6　これは「なんでもあり」の相対主義や「すべてはインチキ」の懐疑主義の教えではない。これらは偶然と決断の集積、およびその反復的利用が、その都度の現在のワタシの選択に社会的制約（構造）と可能性（自由）を開示す

るという事実を等閑視し、言わば「個の視点を特権化しているだけ」だからである。本当の問題は、法・正義・公共性といった普遍性を含意するシンボルが「客観的判定基準」として援用される局面では、世界の偶有性（原理的に他でもあり得たこと）、個人の／他者の代替不能な固有性（かけがえのなさ）、そして自己言及のパラドクス（究極的な決定不能性）をパフォーマティブに「隠蔽」する操作が不可避であり、個別性への要求を「ないものねだり」や「過剰な期待」として遮断せざるをえない閾値が存在する、という事実への感度を保持することである。これは普遍主義の側からする区別の演算、すなわち、**【普遍】**［普遍／個別］／**【個別】**の演算では、最右辺の**【個別】**は不可視化され、観察の起点となる左辺の**【普遍】**の内部で自己言及的に同定された［普遍］との差異においてのみ［個別］は特定される（区別の「正（プラス）の値」の側は、自己に見えるものしか見えない）という事態に由来する。もとより普遍という差異の統一のシンボルに依拠してポジティブな決定を行うためには、こうした「割り切り」は不可避だが、それを当然視した瞬間にシステムは自身の活力源に対する感度を失い、権威主義的な自己閉塞モードに陥る。「自己に見えないものへの感度を持て」という命題は、これまたパラドクスであり決定不能である。だが、「普遍的基準」を用いるあらゆる場面で、それは裁定のための暫定的基準にすぎず、決定を正当化する「基礎づけ原理」であるとともに、いやそれ以上に、無限に到達不能なものに向けた「批判的統制原理」であり、既存の基準の単純なあてはめ反復に対する「中断原理」であり、決定不能な状況下で新たな可能性を模索する「変更への動機づけ原理」として意識しておくことはできる。こうした立場を相対主義と呼ぶのであれば、私たちには相対主義以外の道はないと言うべきである。たとえば、ジャック・デリダ『法の力』(1994)（法政大学出版局、一九九九年）を参照。

＊7　この問題を考えるにあたっては、ＱＯＬを理由とする尊厳死、着床前診断、遺伝子操作、オーダーメイドベイビーといった人間の生死に直結する医療問題をはじめ、死刑囚、テロリスト、難民、宗教的セクトの処遇から、性的マイノリティ、ホームレス、いじめ、非行少年／認知症高齢者／精神障碍者対策まで、具体的事例には枚挙のいとまがない。ここで注目すべきは、対立する見解の双方が「人間の尊厳」に訴えた主張を行う場面も少なくないという事実である。たとえば、ミヒャエル・クヴァンテ『人間の尊厳と人格の自律』(2010)（法政大学出版局、二〇一五年）参照。

＊8　「ついには知り得ない」ことが他者を個人として尊重する究極的理由だとすれば、この関係をいわば暴力的に反転させ、他者の不可知性を「分かりあえないはずはない」と双方向的に否定しあう「反実仮想の共同幻想界」へのジャンプが偶然／無根拠に発生するとき、この特異な関係は「愛」と呼ばれる。近代の愛は、愛する二人の間の差異が双方向的に「非問題化」されること、つまり不可知な差異を否定し、常に肯定的なチューニング（二人が同じものになる自他同一化ではなく、本来は異質な他者の丸ごとの受容）が先取られることで、はじめて代替不能でかけがえのない二人の関係が守られる、というパラドクスをはらんでいる。愛はきわめてパーソナルに、愛以外の理由には無差別な形で、偶然／無根拠／不確実に始まり、その都度のいま／ここでパフォーマティブに維持され、ジャンプが止まれば突然終わる。それを意志の力でコントロールすることはできない（愛は「告白」や「別れ話」の意思表示によって始めたり／終えたりできない）。こうした近代的主体観からすればショートした（錯乱した）人間関係が奇跡のように立ち上がる愛の空間は、個人のかけがえのなさが最高に際立つ瞬間でもあり、それは他者の究極的不可知性を理由とする「個人の尊厳」のパラドキシカルな最終防衛装置（「不可知なものなどない」という倒錯した形で、他者の不可知性を問答無用に丸ごと承認する逆説）として働いているのかもしれない。もちろん、万人を等しく愛するという形で世界全体とショートした関係を結ぶことは誰にもできない（宗教は別かもしれないが）という現実が、「個人の尊厳」において愛が占める特権的ポジションの前提条件であり、それはきわめて私的な局在的関係においてこそ、その本領を発揮するのである。ニクラス・ルーマン『情熱としての愛』（1982）（木鐸社、二〇〇五年）参照。

＊9　この「事実的直感」には現実的根拠がある。「偶然の平等」は結果的に「現実の不平等」を生み出す。そして私たちは、ひとまずその「不平等」を引き受けるところから出発するしかない（たとえばワタシの容姿・属性・境遇の「品質」について親に文句を言っても仕方がない）。この万人平等の偶然を人為的に操作することに対して、私たちは直感的な違和感を抱く。たとえばオーダーメイドベイビー（生まれてくる子の「品質」を事前に親が選別できる技術）や乳幼児英才教育施設、あるいは最近は薄らいできたが美容整形手術などに対する「漠たる違和感」を考えてみるとよい。他方で「人格の尊厳」は、この平等な不平等の引き受けが、単に運命や諦念の引き受けとして処理されることを否定する。万人が自分らしく生き、自尊感情と他者承認を得るチャンスが平等に保障されている社会的条件

がない限り、私たちは偶然の不平等を引き受けることなどできないだろう。たとえば出生と同時に人生のあらかたが決まってしまう（少なくともそう見える）身分制社会や政治／経済的地位の世襲的継承、あるいは本人には変更不能な個人の属性に基づく差別／不利益取り扱いなどに対する「苛立ち」と「不快感」を考えてみるとよい。そうした意味で「人格の尊厳」は、自由で公正な社会秩序の存在と表裏一体の関係にある。そしてその背景には、人間存在の究極的偶有性への「事実的直感」（反実仮想のリアリティ）が働いていると考えられるのである。議論の前提は全く異なるが、ロールズの説く「無知のベール」の下での正義の原理の選択は、結果的にこれとほぼ同型の思考の軌跡を描く。ジョン・ロールズ『正義論』（1971）（紀伊國屋書店、二〇一〇年）参照。

＊10　それぞれの典型例を挙げるとすれば、【Ⅰ】協調要求は、フランスの公立学校における宗教的シンボルの着用禁止、アメリカ公民権の条件としての合衆国憲法への忠誠から、コミュニティの清掃・防犯活動まで、共和主義的な統合原理として主張される場合が多い。【Ⅱ】同化要求は、言語・生活スタイル・エトスの同質化＝精神的帰化を求めるもので、国民国家形成期や占領期の国民化／国語化政策、エスノセントリックな文化帝国主義政策などに見られる。【Ⅲ】無視は、貧困者やエスニック・マイノリティのゲットー化がその典型だろう。【Ⅳ】抑圧は、民族原理主義（ナチのホロコーストやアパルトヘイト政策）を筆頭に、宗教原理主義やイデオロギー原理主義など、「純粋なもの／単一なもの」への憧憬が友敵理論をまとって暴走するとき、驚くほど簡単に出現してくるので厳重な警戒を要する。参考文献は枚挙にいとまがないが、正義論との関係では、マイケル・ウォルツァー『正義の領分』（1983）（而立書房、一九九九年）、マーサ・ヌスバウム『感情と法』（2004）（慶應義塾大学出版会、二〇一〇年）、ナンシー・フレイザー『正義の秤』（2008）（法政大学出版局、二〇一三年）などが参考になる。

＊11　こうした関係性が固定化すると、今度はマイノリティ・グループの「内部」に、外部への対抗のための「同化圧力」が発生する。多数派との「差異」を強調し、自己の「同一性」を守るために、グループ内部の差異が見えなくなってしまい、結果的にマイノリティ・グループの内部で、再び上記マトリクスと同じ構図が再生産されてしまうのである（「差異」を守るために「同化」せよ、と）。

＊12　前者はミシェル・フーコー『知への意志』（1976）（新潮社、一九八六年）、後者はニクラス・ルーマン『近代

の観察』(1992)(法政大学出版局、二〇〇三年)あたりを手掛かりにしつつ、「近代的主体」概念の即時失効に直結させるのではない形で、両義的な思考を深化させていく必要がある。

＊13 フーコーによれば、この宗教的メタファーが、キリスト教はもとより、プラトン哲学から現代の革命思想に至るまで、西欧世界の「真理」をめぐる言説を強く規定してきたという。ミシェル・フーコー『主体の解釈学』(2001)(筑摩書房、二〇〇四年)参照。昨今は、「真理」として受容されるものの「逆流」が生じているようにも見える。客観的事実やデータに裏づけられた経験科学的知識や理性的論証がもたらす「真理」は、人びとの覚醒や回心を促す力をかつてほどは持ちあわせていない。科学理論はそれ自体として難解な上に、しばしばリスク・ファクターでもあり、日常生活上の情報獲得ならインターネットの検索機能で十分まかなえ、理性啓蒙は非現実的な綺麗事でしかないことが暴露されてきたではないか、と。むしろ逆に、人びとの情念や生活実感に直接訴えかけ、カタルシスをもって人びとの覚醒や回心を促す力を持った言説が、エリート知識人層の既得権と欺瞞を告発する「真実」として機能する状況が生じつつある。真理が覚醒を促すのではなく、覚醒気分を満たすものが真理と呼ばれる。「ポスト・トゥルースの時代」とは、SNSを通じたフェイク・ニュースの蔓延にとどまらない射程を秘めた問題であり、このリスク(リスク・コミュニケーションそれ自体のリスクを含む)に対処すべくひたすら科学的真理/理性啓蒙の復権を唱えることが(そうした努力を放棄するわけにはいかないにせよ)、どこまでの対抗力を持ちうるかは未知数である。ニクラス・ルーマン『リスクの社会学』(1991)(新泉社、二〇一四年)も参考になる。

＊14 イマニエル・カント『啓蒙とは何か』(1784)(岩波書店、一九五〇年)、ミシェル・フーコー「啓蒙とは何か」『フーコー・コレクション6 生政治・統治』(1984)(筑摩書房、二〇〇六年)、『真理とディスクール』(2001)(筑摩書房、二〇〇二年)、『真理の勇気』(2009)(筑摩書房、二〇一二年)、とくに晩年のフーコーが取り組んだパレーシア(勇気をもって真理を語ること)の系譜学と「生存の美学」についての議論が参考になる。

＊15 アンデルセン童話「裸の王様」は、この「区別の檻」の寓話的範例である。仕立屋が仕掛けたトリックの内部では、仕立屋の偽計を告発することがただちに「愚者であることの自白」とみなされてしまうからである。子ども(愚者=勇気ある賢者)が「区別の檻」を破るエンディングは、パレーシアの倫理と関連づけて読むこともできよう。

第Ⅰ部　専門家を疑う

第1章　検察審査員に対する評価の構造
——司法参加における主体の捉え方——

宇都義和

【提題】　他者の目を意識せずに自らの意見を述べることは容易ではない。大学のゼミや会社の会議などで発言を求められた際、私たちはその場の議論の流れや周囲の人びととの視線、さらには世間一般の常識なるものを少なからず意識せざるをえない。その結果、私たちは意識的に、あるいは無意識のうちに自分の意見に修正を加えて提示する。

場を司法参加制度に置き換えてみよう。制度に参加した人びとは、実際に起こった事件への判断を行う責任ある立場に立たされ、ときには法律の専門家の助言も受けながら、法制度上の各種手続的、構造的制限の下で事件の審査を行う。そのため、先程の作用はより一層強まることが予想される。参加する人びとにはいわゆる「市民的」な感覚や常識でもって事件を判断することが求められているのだが、では、かかる作用の中で人びとが行う「市民的」な判断とはいったいどのようなものなのだろうか。その判断を私たちはどう評価できるのか。

本章では、検察官の不起訴処分の適否を一般市民が審査する検察審査会制度を取り上げて、司法制度に参加する市民への評価の仕方について検討してみたい。

1　はじめに

❖一般市民の判断能力に対する批判

強制起訴制度の導入後、検察審査員の判断能力に対する批判が高まっている。

一九九九年より始まった今般の司法制度改革では、司法における国民的基盤の確立を目的として、司法参加制度の強化と拡充が推し進められ、その結果、刑事司法の分野では裁判員制度の導入とともに、検察審査会の議決に対する拘束力の付与がなされた。検察審査会とは衆議院議員選挙の選挙人名簿から無作為に抽出された二十歳以上の一般市民からなる十一名が、検察の行った不起訴処分の適否について審査を行う制度である。*1 これまでその議決に拘束力はなかったが、今回の制度改革により、検察官が不起訴処分とした事件につき、検察審査員が二度にわたり起訴すべき旨の議決を行えば、その事件は強制的に起訴されることとなったのである。

だが、この強制起訴制度の運用が始まると、審査員の判断能力は批判に晒されることとなった。審査会によって強制起訴された被告人が相次いで無罪となったためである。批判の内容は、法律の専門家でもない一般市民に刑事事件に関する法的判断ができるのか、法的助言を行う審査補助員（弁護士）に一般市民は誘導されるのではないか、感情的になって事件を審査するのではないか、などであり、主に審査員の判断能力にその批判の目が向けられている。これらの内容は審査会制度に対する過去の批判を概ね踏襲したものであるが、[*2]強制起訴制度の開始により審査会の権限が強化されたことで、批判の論調はよりいっそう強まっている。

たしかに、一般市民の中から無作為に抽出された審査員たちは、年齢や学歴、職業もさまざまであり、その判断能力にもばらつきが生じざるをえない。ましてや審査対象は検察官の不起訴処分である。その審査となれば、適用される法律の内容の理解をはじめ事実認定や証拠の評価を行うための能力が一定程度求められ、法律の専門家ではない一般市民が事件の審査をすることの難しさは容易に想像できる。

❖批判そのものの問題点

だが、これらの理由でもって審査員を批判することには問題がある。以下、その問題点を三つ挙げよう。

まず、特定の事件の結果のみでもって審査員全体の判断能力を批判しうるのか、という点である。審査員の判断結果における問題点を、事件ごとに個別に指摘していくことはもちろん必要であるが、それら数件の結果でもってただちに審査員全体を批判しうると考えるのは、やや慎重さを欠くと言わざるをえない。

第二に、審査手続き上備えられている審査の適正化を図る「しくみ」を看過している点である。後ほど詳しく検討していくが、検察審査会には審査員が検察の不起訴処分の審査を行うにあたり、何ら経験も知識もない一般市民であっても審査しうるよう各種の支援制度が手続き上備えられている。それは法律の専門家による法的助言だけでなく、審査員の審査をさまざまな形で規制する機能も有している。審査員は何ら制限を受けずに審査をしているのではない。

第三の問題は、法律の専門家の助言が審査員にもたらす影響を単純化している点である。審査員は必要に応じて法律の専門家による解説や助言を受けることができるため、その影響を強く受け、誘導されるのではないかとの批判がある。だが、審査員がそうした作用をそのままストレートに受けるとの見方はいささかナイーブである。誘導の危険性は指摘できても、審査員がそれをどう受け取るかを詳しく検討せずして、審査員の能力を批判することはできないだろう。

思うに、これまで一般市民である審査員は、これらの検討を欠いた状態で議論され、極端に単純化された姿で捉えられてきたきらいがある。専門家の影響を単純に受け、何ら制限のない中でむき出しの民意を用いる市民として、である。*3 そのことが審査員に関して検討すべき問題や評価すべき点を見えなくしていることも、本章の検討を通じて示してみたい。

本章では、まず、審査員がいかなる制限の下で審査を行っているのかを、審査手続きに沿って確認する。次に、そのような環境の下で、審査員がどう対応しているのかを、過去の複数の議決要旨のデータを通して見ていく。最後に、これらの作業を踏まえた上で、審査員に対する評価の在り方を検討していきたい。

2　事件の審査に対する各種支援と規制

✣ 選任過程から審査に至るまで

ここでは、審査員が選任され事件の審査を経て議決を出すまでの流れに沿って、手続き上用意されている各種の支援や規制を確認していこう。

まず、選任の段階で着目しておきたいのは審査員の構成である。検察審査会は十一名の審査員と、審査員が欠けたときにそれを補う補充審査員数名によって構成され、その任期は六か月である。互いに面識もなく、事件の審査について何ら知識や経験もない者が、果たして、いきなり議論し合えるのか疑問が生じるだろう。そこで、審査会では経験者と未経験者それぞれ半数ずつで構成されるしくみをとっている（検察審査会法一四条。以下、法と記す）。新たに審査員として選ばれた者五名または六名と、すでに三か月間審査員を経験した者を加えて十一名の審査会が構成される。新任の審査員はまず経験者の審査員たちと三か月審査を経験した後、次に自らが経験者審査員として残りの三か月を新任の者たちと審査する。こうすることで、新任の者が経験者の支援を受けることができるようになっている。

さらに審査の進行について言えば、この十一名の中から審査員の互選で審査会長が選出され、その会長は会議の議長として、審査の進行をとりまとめる役目を負う（法十五条）。経験者審査員や職業上議事進行に慣れている者が会長となれば、審査会議は比較的スムーズに進むだろう。

次に審査対象について確認しておこう。事件の審査では審査員が一から事実内容の確認や捜査を行うのではない。検察官がいかにして事実の認定ならびに証拠の採用等を行ったのかを検察官の作成した記録に基づいて調べ、そこに見落としや過ちなどがないかを審査することが原則となる。[*4] つまり、審査員は検察官が取り上げた事実とそれに対する検察官の判断を中心にして不起訴処分の審査をしていくのであり、このように審査対象は一定の範囲で限定されている。

だが、審査の範囲が限定されているとはいえ、審査会では法的な問題[*5]や時には医療事故、公害、経済事犯などの専門性の高い事件についても判断しなければならならない。そのために用意されているのが、審査会事務局と専門家による支援である。審査会議には裁判所職員からなる検察審査会事務局の職員も同席し、審査会の運営に必要な事務を行い審査員を補助する（法二〇条四項）。さらに事務局は事件の概要の説明や法律用語の解説も行うことができるとされている。[*6] また、審査会では法的な問題については、「審査補助員」（弁護士）に、その他の専門的分野については相当と認める者に助言を求めることができる（法三八条、法三九条の二)。特に審査補助員は、適用法令の解説、証拠や法律上の問題点の整理、その他法的見地からの助言を行うことができるため、審査員にとって大きな支援となる。なお、これら専門家は審査員の自主的な判断を妨げるような言動をしてはならないとされている(法三九条の二第五項)。

審査会での審査は非公開の中で行われる。起訴前の手続きであり被疑者や他の関係人の名誉の保護、捜査の延長としての面があること、公開した場合法律知識の乏しい一般市民の自由な討論が妨げられることがその理由とされる。[*7] しかし、逆に非公開であるがゆえにその不透明性への批判もある。声の大きい者の発言に左右されてはいないか、審査員が感情論で事件を審査していないか、などである。

それらの問題に対しては、任命時に次のような手続きが用意されている。第一回目の会議期日では、地方裁判所所長または地裁支部の支部裁判官によって審査員の権限や義務、その他必要な事項の説明がなされ(法一六条)、その後、審査員は「良心に従い公平誠実にその職務を行う」ことを宣誓する。審査員に選ばれた者に配布される冊子『検察審査員の手引き』(二〇〇一年)によれば、審査員の心得として、審査にあたっては個人的な感情にとらわれず、また報道などによって先入観を抱くことなく判断することが記されている。こうした宣誓や注意だけではいささか心もとないが、審査員の間でこれらの点が共通認識とされていることで、一定の制約としての機能は働くと思われる。

❖議決手続きならびに議決要旨の公開

審査会で議論を重ねた後、最終的に検察官の不起訴処分が妥当かどうか議決を行う。特に、起訴すべき旨の議決を行う際には慎重を期すため手続き上、以下の条件が課されている。議決の際には原則、過半数でもって決定するが、「起訴相当」の議決は、より慎重な判断が求められるため十一名のうち八名以上の多数によらなければ出すことができない。二〇〇九年五月より強制起訴制度が導入されたことで、審査会で一度「起訴相当」の議決が出され、それでも検察側が再度不起訴処分とした場合は、再度審査会で審査を行わなければならない（法四一条の二）。この二度目の審査では、判断に慎重を期すため、必ず審査補助員（弁護士）による助言を求めなくてはならない（法四一条の四）。なおかつ強制起訴を意味する「起訴議決」を行う際には、検察官の意見聴取も行うことが義務づけられている。（法四一条の六）。そして八名以上の可決により「起訴議決」が出された場合、その事件は起訴される。重大な判断を下す際には、このように手続きも慎重なものとなっている。

議決が出された後、その議決の内容は広く世間一般に公開される。審査会は理由を付した議決書を作成し、その謄本を当該事件の処分を行った検察官の指揮監督者である検事正ならびに検察官適格審査会に送付する。さらに議決後七日間はその要旨を当該検察審査会事務局の掲示場に掲示し、事件の審査の申立人に対しても、その要旨を通知しなければならない（法四〇条）。

世間の耳目を集める公害事件、薬害事件、政治家の汚職、公職選挙法違反の事件などであれば、新聞やテレビなどの報道によって、議決の内容が取り上げられることもある。このように審査結果が事件の当事者のみならず広く世間にも知られることもあるため、審査員たちはそれらの視線に晒されることを意識しながら事件の審査に臨むのである。

以上、審査員の審査を適正なものにするためのさまざまな「しくみ」を見てきた。そこでは、外部の専門家による法的またはその他の専門的な「支援」のみならず、審査会議での議事の進行を「促進」するための経験者の支援や会長の選出、さらに審査員が偏った判断や感情的判断をしないための「制約」として、裁判官による論告、審査員自身による宣誓、議決要旨の公開などが行われている。つまりそこでは専門家や事務局によるものに加えて審査員間での支援や抑制が働きうるのである。以下では、便宜上これらをまとめて「適正化システム」と呼ぼう。

しかし、このシステムが存在するとはいえ、それが目的の通りに審査員に作用するとは限らない。システムの意図通りに作用することもあれば、審査員が無視することもあり、あるいは意図せざる形での作用も考えられるため、[*8] システムがどう作用するかは別途、検討の必要があるだろう。次に、このシステムの下で審査員がどのように対応しているのか見ていこう。

3　検察の不起訴処分に対する審査員の反論と承認

❖データの概要

ここでは、検察官の不起訴処分に対して、実際に審査員たちがどのような判断方法や判断基準でもって反論、承認しているのかを、過去の議決要旨を通して見ていこう。

取り上げるのは最高裁判所事務総局発行の『検察審査会50年史』（一九九八年）に掲載された議決要旨である。掲載されているのは、一九四九年から一九九七年までの期間（強制起訴制度導入前）に全国の検察審査会で出された議決の要旨のうち、最高裁事務局により主な審査事件として年代別に抽出された八十九件である。紙幅の都合上、ここで取り上げるのは、掲載された議決要旨全体の中で審査員に特徴的と思われる判断基準や判断方法を示しているものに限定している。

なお、以下のデータでは『50年史』に掲載された議決要旨を原文のまま引用している。冒頭の（　）で囲んだ数字は、便宜上筆者が付した整理番号である。年月日は審査会の議決日、ページ数は『50年史』の掲載ページを表している。

✣実態を重視した審査

検察官の不起訴処分の適否を審査する際、審査員が特によく行うのが、被疑者の行為や事件が起きた時の状況の精査である。

議決（1）「清算人による業務上横領事件（横浜検察審査会）」平成8年3月27日（一四一頁）

横浜市内にある神社の清算人が、同神社が売却した土地の代金を預金口座において保管中、そのうちの約6，500万円を自己の用途に費消する目的で引き出して横領したという事件である。

検察官は、横領金が多額であって、被害弁償も一部についてしかなされていないこと等を考慮すると、本件は悪質であって、被疑者の責任は重いといわざるを得ないが、被疑者は75歳という高齢であること、前立腺肥大症及び狭心症のため通院治療中であり、主治医から手術を勧められていること、被疑者が同神社の管理、維持等に尽力してきたことがうかがわれること、告訴人である後任の清算人があえて処罰を望むものではないと思料される供述をしていることなどの事実を総合考慮すると、被疑者を起訴することはいささか酷であり、また、必ずしも刑政目的には合致するとは言い難いとして、起訴猶予処分にした。

そこで、告訴人から審査申立てがあり、横浜検察審査会は、平成8年3月27日、被疑者は75歳とはいえ、寝たきりあるいは老衰状態ではなく、バイク運転等もできる健康体である、告訴人があえて処罰を望むものではないと思料される供述をした点については、同人が不起訴処分後の被疑者の態度

（巨額の金銭を横領したにもかかわらず、罪の意識がない。）に不満をもって当検察審査会に審査を申し立てていることから、再考すべきである、被疑者は前後15回にわたって預金を引き出しており、計画的できわめて悪質な犯行であるなどとして、不起訴不当の議決をした。

この議決を受け、検察官は、再捜査の結果、被疑者を起訴し（公訴事実の横領額は約5，800万円）、横浜地方裁判所は、平成8年11月22日、懲役2年の実刑判決を言い渡した（控訴審で破棄され、懲役2年、執行猶予3年となった。確定）。

検察官は起訴便宜主義（刑事訴訟法二四八条）に基づき、被疑事実が明らかでありながらも、被疑者の性格や年齢、境遇、犯罪被害の程度、犯罪後の状況等を勘案して、刑事政策上、不起訴処分とするのが望ましい場合、「起訴猶予」の判断を行うことができる。上記事例で検察官は、被害額の多さや事件後の被疑者の対応等から、その有責性を指摘するも、神社の維持・管理に対する被疑者のこれまでの尽力、ならびに健康状態等を勘案して「起訴猶予」としている。

これに対して、審査会は実質的内容に踏み込み検察の判断に再考を迫る。健康状態に対する誤認、告訴人の処罰感情、犯行の計画性を挙げ、検察の判断への反論を行っている。

事実内容の実態を重視して判断するこの方法は、「起訴猶予」や「嫌疑不十分」を問わず、さらには検察官の不起訴処分に同意する際にも、後述する各種判断基準と組み合わせて数多くの事例で用いられており、審査員にとっては、いわば主要かつ基盤的な審査方法の一つとなっている。

✣ 専門性の高い事件への対応

事件の審査をする際、時には法令の適用や証拠の評価などの法的素養やそれ以外の専門分野の知識が求められる場合がある。先に確認したように、審査員は必要に応じて法律の専門家の助言を受けて事件の審査を行うことが可能となっているのだが、実際にこれら専門性の高い事件に対してどのように対応しているのだろうか。

議決（2）「クラブの従業員殺害事件（佐世保検察審査会）」昭和49年1月28日（九九頁）

被疑者がクラブで飲酒中、同店の従業員から飲酒代金の支払いのことで怒号されたことに激昂し、友人と共謀の上、同店前路上等において、右従業員の頭部を角材で殴打するなどの暴行を加え、脳挫傷等により死亡させたとされる事件である。

検察官は被疑者が友人と共謀した事実はなく、友人から依頼されて被害者を自己の乗用車で第三の犯行現場に運んだにすぎない、被疑者が被害者に暴行を加えた事実はないとして、不起訴処分（嫌疑不十分）にした。

そこで、佐世保検察審査会は、これを職権で取り上げ、昭和49年1月28日、被疑者は友人と相談の上、被害者を待ち伏せしていること、友人の暴行により、ふらふらとなっている被害者を、これ以上友人から暴行を受ければ重大な結果が発生することを十分予見できたのに、あえて自動車に載せて連行していること、第三の現場でも、車のドアを開け、万一友人が反撃を受けたときは、車から飛び出して、友人に加勢する体制で、その犯行を黙視していることからすれば、被疑者には傷害致死幇助罪が成立するとして、不起訴不当の議決をした。

この議決を受け、検察官は、再捜査の結果、被疑者を傷害致死幇助で起訴し、長崎地方裁判所佐世保支部から移送を受けた富山地方裁判所高岡支部は、昭和50年6月9日、懲役1年6月、執行猶予3年の判決を言い渡した（確定）。

「嫌疑不十分」とは、犯罪の成立を認定する証拠が不十分であり有罪の確証を得られない場合に下される処分である。この事件で審査会は、検察が処分理由として挙げた事実認定の内容を、逐一検証した上で、その結果、「傷害致死幇助」の構成要件に該当する行為を挙げ、「不起訴不当」の判断を下している。こうした判断をするには構成要件、証拠の認定、さらには法律の解釈に関する知識が必要となるのだが、上記の議決要旨からは、事実内容の実態を精査した上で、さらに法的知識を駆使して判断していることが確認できる。

しかし、実際、近年の数値（平成二十六年）を見ると、審査会による「起訴相当」や「不起訴不当」の議決によって検察が起訴へと踏み切った事件の割合は約一六%と低い。[*9]そのため、審査員がどこまで専門的内容を理解し、それをどのように解釈しているかについては、最終的に不起訴となった事件も含めて、今後さらに詳しく検証していく必要があるだろう。

❖判断基準としての「社会道徳」

審査員が用いるのは先ほどの法的判断基準だけではない。検察の不起訴処分の種類を問わず、公益性の高い事件での判断基準の一つとして「社会道徳」がしばしば用いられている。

議決（3）「大雲寺梵鐘隠匿事件（京都検察審査会）」昭和63年5月26日（一二四頁）

国宝に指定されている大雲寺梵鐘が約1か月間所在不明になった事件で、不動産業者や広隆寺の貫主らが、大雲寺境内の売却に絡み、指定された保管場所から右梵鐘を搬出し、隠匿したとして、文化財保護法違反に問われたものである。

検察官は、犯意が希薄である、無傷で所在が判明した、隠匿期間が短いなどとして、起訴猶予処分にした。

そこで、告発人から審査申立てがあり、京都検察審査会は、昭和63年5月26日、被疑者らは一般人以上に文化財保護法を遵守すべき立場にありながら本件犯行に及んだものであり、社会的影響の大きさを考えると、市民感情としては、被疑者らが処罰を免れることは首肯し得ないとして、不起訴不当の議決をした。（検察官の事後措置は不起訴維持）

検察官が被疑者の犯意や被害の程度を理由に「起訴猶予」としたのに対して、審査会では被疑者の社会的立場、被害の対象が国宝の文化財であることを理由に、当該犯行が社会にもたらした影響は看過できないと判断して「不起訴不当」としている。

公益性の高い事件では、審査員はしばしば、「社会的影響からすると」、「一般的には」、「普通は」などで表される「社会道徳」を一つの判断基準として適用する。こうした法以外の判断基準をカウンターとして用いて[*10]、被疑者の行為の逸脱性、重大性を強調し、検察の不起訴処分の不当性を指摘する。

✣「サンクション」（制裁）と市民的感情

検察官は「起訴猶予」の判断を行う際、事件発生後にいかなる社会的制裁が被疑者に課されているかも考慮する。それは審査員にとっても同様である。

議決(4)「税務署長による収賄事件(大津検察審査会)」昭和34年9月7日(七四頁)

税務署長が、法人税の確定申告に対する調査について便宜寛大な取り計らいをしてもらいたい旨の請託を受け、金員等の供与を受けたという事件で、検察官は税務署長は贈賄者とは友人関係にあること、請託の趣旨に沿う取り扱いをした事実が認められないこと、本件犯行を悔悟し、退職願を提出しており、改悛の情が顕著であることなどを理由に起訴猶予処分にした。

そこで、大津検察審査会は、職権により審査を行い、昭和34年9月7日、贈り物について、調査前にその代金が贈賄者の会社の会計から支出されていた事実もあり、個人的親交の間柄によるものとは認められない、返還の時期は捜査が表面化した後である、ほかにも数件の収賄事件がある、懲戒処分を免れているなどとして、起訴相当の議決をした。

この議決を受け、検察官は、再捜査の結果、右税務署長を起訴し、大津地方裁判所は、昭和37年7月17日、懲役8月、執行猶予3年、追徴金6万円、映写機等没収の判決を言い渡した(被告人は控訴、上告したがいずれも棄却された)。

金員等の支出がどのようになされたのか、それらの返還はいつ行われたのか。ここでも審査会は被疑者の行為の実態を探り、検察への反論を行っている。その中で審査会は、被疑者は自ら退職願を提出しているものの、それが「懲戒処分」を免れているとして、猶予すべき事由としては認められないとしている。

審査員は事件の内容や犯行の実態を捉えていく際、自律的あるいは外部からのサンクションがどの程度課せられているかも確認して、検察の不起訴が妥当かどうかを判断する。先ほどの「社会道徳」にも言えることだが、時代ごとの市民の感覚や常識が強く反映される判断基準と言えるだろう。

以上、限定的なデータではあるが、特徴的と思われる審査員の審査方法ならびに判断基準をいくつか確認してきた。そこで浮かび上がったのは、事件の事実内容を精査し、法律や社会道徳、サンクション等の判断基準を駆使して、自らの議決の妥当性や説得力を高めようと努める審査員の姿であった。

4　審査員に対する評価の構造

検察審査会の制度理念に目を向けると、審査員には「市民的」な感覚や視点でもって、検察の行った不起訴処分の妥当性を審査することが求められていた。

ここでは、最後にこの前提を念頭におきつつ、本章で確認してきた適正化システムの機能と議決要旨に見る審査員の実際の対応を踏まえた上で、審査員の判断結果に対する評価の在り方を検討する。

❖法的問題に対する審査員の対応とその評価

審査員は審査の過程で、検察官の行った法的判断の妥当性も検討せねばならず、一般市民にそれがどこまで可能かが制度開始時より多くの論者たちによって問題視されていた。だが「適正化システム」では、法律の専門家や審査会事務局職員などによる解説・助言等の支援を受けることで、審査員がこうした問題にも対応できる仕組みが備えられている。実際に、本章で取り上げた議決要旨のデータからも、審査員が構成要件の確認や法令の適用、証拠の認定に当たっている様子がうかがえる。既存の議論の中には法律の専門家と比較しても遜色がないほどのこうした法的問題への対応能力を強調して、審査員の能力を高く評価する見解も一方で示されてきた。

これら二つの見解は、法的問題に対する審査員の対応能力については相対立していながらも、その評価の基準はいずれも同一である。審査員の能力を批判的に見る者は、検察官の判断能力を基準にして、審査員の能力がそれより劣ることを指摘する。審査員の法的判断能力を高く評価する者は、その能力の高さの根拠として、審査員の議決を受けて検察官がその内容を承認し、起訴へと転じたことを挙げる。つまり、審査員と検察官の判断とが結果的に同一化することを、審査員の判断能力の高さの根拠としているのである。どの段階で検察官の判断と一致すべきかの違いはあれども、いずれも検察官と審査員との判断の同一化を理想と考えており、審査員に対する評価の構造では、いずれも検察の判断結果や枠組みに重きを置くものとなっている。

これは、法的判断の場面に限らず検察官が見落とした事実を審査員が取り上げ、それが起訴へとつながった事実認定の事例でも大きな変わりはない。こうした事例は既存の評価からすると、審査員が有する市民的な感覚や視点が役立った場面として評価されている。しかし、そうした評価が出せるのも、手続き上、審査員が行った事実認定を検察官が起訴すべきものと認めたがためであって、最終的には検察自身が用いる職務上の判断基準に合致したがゆえである。ここでも審査員の判断基準や判断結果が検察のものに近いものとなっていることが評価の条件となっている。

✣審査員が用いる「社会道徳」や「サンクション」への評価

審査員が偏った思考や感情に大きく左右された判断を行わないように、「適正化システム」では、裁判官による論告、審査員自身による宣誓、議決要旨の公表制度が用意されていた。

審査員の対応のうち、これに関連する事象としては判断基準としての「社会道徳」と「サンクション」の適用を挙げることができるだろう。いずれもその基準が不透明でなおかつ流動的であり、感情的判断が組み込まれる危険性がある。既存の議論の中でも、こうした不明確な「社会道徳」の適用や感情的判断は問題視されてきた。

しかしながら、これらの判断基準の使用は何も審査員に限ったことではなく、検察側でも行われている。「社会道徳」の適用について言えば、検察が起訴猶予処分を行う際、世間一般の「社会道徳」を全く考慮せずにその判断を行うことはできない[*11]。また、議決要旨における検察の判断理由で示されていたように、被疑者に課された社会的制裁としての「サンクション」も猶予処分の理由の一つとして挙げられている。

この二つが「市民の側」での使用となれば、批判の対象となる場合があるものの、「検察の側」での適用となれば、批判のトーンは大幅に下がるか問題にすらならない。もちろん検察のそれは、長年の経験の蓄積や専門的観点から検討を重ね、生み出されたものであり、市民の側のものと比べれば説得力は高いだろう。だが、同じ判断基準であっても適用する主体の違いで評価が変わることは、一概には否定できない。

✣審査員を評価する際の尺度

では検討結果をまとめよう。審査員たちの判断結果に対して外部の者が評価を与える際、それが検察の判断にどれだけ近いかが基準となる。さらに検察と審査員とが同じ判断を行ったとしても、判断主体の違いによって、評価も変わってくる。制度理念の上では、審査員は、市民的な感覚でもって検察官の判断の妥当性を審査する事が求められるも、評価を受ける際には、いうなれば「専門家的」な判断が求められ、あるいは重視されており、求められる能力と評価を受ける基準との間に「ねじれ」が生じているのである。

これに加え、法的あるいは客観的な基準でもって評価可能な「専門家的」判断と異なり、「市民的」判断に対する評価は現状からして、その基準も十分定まっておらず、未整理なままであり、なおかつ「専門家的」判断との明確な線引きも難しい。

これらが相俟って、仮に制度理念に合致する「市民的」判断として評価される余地があったとしても、それが顧みられる機会は少なくなる。制度理念としては、「市民的」感覚や視点での審査を求められているにもかかわらず、である。

5　おわりに

本章では、一般市民が「市民的」感覚や視点でもって事件の審査をするよう求められながらも、その判断結果に対する評価では「専門家」的尺度が重視される傾向があることを指摘した。一般市民の判断能力を疑う者、肯定的に評価する者を問わず、それらの者の評価の根底にあるこの「ねじれ」は、「専門家的」基準では評価するのが妥当とは言えないような領域までもその基準で評価してしまい、私たちの評価の枠組みを硬直化させ、視野を狭めてしまいかねない。

審査員という司法参加の主体の下した判断の妥当性を問うと同時に、その主体に対する私たちの視点や評価の基準自体の妥当性も問うこと。こうした試みが、審査員の能力をめぐって対立する議論を、より豊かで建設的なものへと導いてくれるのではないかと思う。「適正化システム」が審査員のセミプロ化を促し、審査員自ら市民的感覚での判断を過剰に抑制してしまうおそれや、審査員が独自の審査方法や判断基準を駆使して、彼ら／彼女らなりに議決の説得力を高めようとする姿。「ねじれ」から解放された視点で見ると、こうした新たな問題や審査員のポテンシャルを見出せるからである。

＊1　法曹三者（裁判官、検察官、弁護士）や裁判所の職員などの、法律の専門家や業務の従事者は、あらかじめこの選出過程で除外される（法六条）。

＊2　検察審査会の強制起訴制度実施前の議論については大出（二〇一一）、越田（二〇一二）を参照。

＊3　審査員の能力をめぐるこれまでの議論では、肯定派否定派いずれも世間の耳目を集めた事件、あるいは特定の事件の審査結果にのみに着目して、それでもって審査員の能力の評価を行い、半ば操作的に各々の主張を支える主体像を作り上げげられてきた観がある。一つは専門的な知識や判断能力が低い市民として、もう一つは事件の審査に対応できる判断能力を有する市民として描かれてきた。こうして生み出された相反する主体像は各々の前提あるいは議論の論拠として用いられ、その結果、審査員の判断能力をめぐる議論は交わることなく平行線をたどってきた。

＊4　最高裁判所事務総局（一九九八）四二－四四頁参照。この他、審査員は事件の現場に出向き、その状況を直接自分たちで調べることも可能である（同前、四四頁）。さらには、必要に応じて公務所又は公私の団体に必要な事項の報告を求めることや、申立人、承認を呼び出し尋問することもできる（法三六条・法三七条）。

＊5　最高裁判所事務総局刑事局（二〇一六）によれば、平成二十六年に審査会が議決を行った被疑者の総数は一七九三人であり、原不起訴裁定理由別に多い順で見ると嫌疑不十分七五六人、嫌疑なし四三四人、起訴猶予三八三人である。中でも一番人数の多い、「嫌疑不十分」の処分は、「被疑者がその行為者であることにつき、又はその行為が犯罪に当たることにつき、これを認定すべき証拠が不十分な場合」に行われるとされており（司法研修所検察教官室編 二〇一六、九五頁）、事実認定や証拠法の適用や判例の解釈が問題となってくるため、その適否の判断には法的知

識が求められる。
＊6　検察審査会事務局が執り行う事務の範囲については、過去に裁判で争われたことがある。その際、裁判所が示した事務の範囲には、検察審査会長の指揮監督を受けた上で、との条件付きであるが、審査開始にあたり記録や証拠物を検討して審査員に事件の概要を説明すること、証人の取り調べの要否について助言すること、証人への尋問を代行すること、法律用語などの解説を審査員へ行うこと等を含むとしている（東京地裁昭三十八年十二月四日判時三六二号一八頁）。
＊7　最高裁判所事務総局（一九九八）三八頁、参照。
＊8　ここでは、社会の存立のメカニズムを捉える方法の一つとされる「コントロール論」を念頭に置いている。このコントロールとは、「人々の行為、状況を特定の望ましい方向に導く意識的な作用」（宝月一九九八）であり、社会の形成、維持、再生産、変動を支えるメカニズムの一つとされている。コントロールには、単に人びとを外部から規制するだけでなく、主体となる者が他者との相互作用の中で、自身の行為を対象化するセルフコントロールや、制度に組み込まれているフォーマルなもののみならず、インフォーマルなコントロールなど、多様なタイプがある。中でも、他者との相互作用によって各種コントロールの効果が左右される点は、審査員にもたらされる「適正化システム」の作用を検討する上で、多くの示唆を与える。
＊9　最高裁判所（二〇一六）のデータによれば、平成二十六年に出された議決の対象人員は一七九三人、そのうち、議決別に見ると起訴相当は九名、不起訴不当は一一四名となっており、合計一二三名、割合は六・九％である。さらに同年に実際、審査会の議決を受けて、検察の事後措置で起訴されたのは二十名となっており、これらを単純計算すると議決が検察の再考を促す契機となる割合は約一六％とかなり低い。
＊10　こうした相手の主張へのカウンターを行う際の、対抗的クレームを分析したものに草柳（二〇〇四）がある。草柳は夫婦別姓の導入に反対する側による顕著な反論のパターンを分析しており、その中では「道徳的におかしい」、「社会に認められていない」など道徳規範以外にも、別姓が破壊的結果を招くとする論法、相手論者の人格に問題を還元する手法などが取り上げられており、今後、司法参加における一般市民の反論の方法や判断基準を検討していく

上で参考になる。

＊11　司法研修所検察教官室編（二〇一六）九五頁、によると、「起訴猶予」処分を行う際、検察官は個々の事件ごとの諸般の事情を考慮しつつ、刑罰を科さないことが犯人の社会復帰を容易にするかどうか、刑罰を科さなくとも社会秩序を維持できるかどうかに重点をおき、刑事政策的観点の下で判断すべきとされている。運用上は「長い間の検察実務の経験によってある程度の慣行上の尺度」なるものがあるが、それは一定の幅を示すにすぎず、さらにこの尺度は社会生活、時代の変化に応じた流動性を持つという。

▒参考文献

大出良知（二〇一一）「検察審査会の強制起訴権限実現前史」『現代法学』第二〇巻。

木下冨雄・林春男（一九九一）「社会的ルールの構造」木下冨雄・棚瀬孝雄『応用心理学講座5　法の行動科学』福村出版。

草柳千早（二〇〇四）『「曖昧な生きづらさ」と社会』世界思想社。

越田崇夫（二〇一二）「検察審査会制度の概要と課題」『レファレンス』第六二巻二号。

最高裁判所事務総局（一九九八）『検察審査会五〇年史』。

最高裁判所事務総局刑事局（二〇一六）「平成26年における刑事事件の概況（上）」『法曹時報』六八巻二号。

司法研修所検察教官室編（二〇一六）『検察講義案　平成27年度版』法曹会。

宝月誠（一九九八）『社会生活のコントロール』恒星社厚生閣。

山崎優子（二〇〇九）「裁判員への知識の教示とその効果」岡田悦典他編『裁判員制度と法心理学』ぎょうせい。

第2章 「規範的主体」から「リスク管理主体」への転回
――倫理的弁護士像をめぐって――

山田恵子

【提題】 あなたが或るトラブルに巻き込まれ、弁護士に相談したところ、その弁護士から「あなたは、そんな当たり前のことも分からないのですか！」との非難を受けたとしよう。あなたはたまらず、その弁護士に、「あなたは、「弁護士が一般市民にそのような横柄な言い方をしてはならない」といった当たり前のことも分からないのですか！ あなたには、倫理・モラルがないのですか！」と非難し返したとする。

さて、あなたの非難を受け、今、その弁護士が次のような返事を返してきたと仮定して欲しい。

〈A〉「〈A－1〉私の発言が、弁護士として横柄で非倫理的であるか否かはさておき、〈A－2〉あなたとのトラブルが深刻化し、ひいては訴えられる等のリスクがあるので、ここは冷静に、あなたの非難を受け容れてひとまず謝罪し、今後、私の発言は全て「しずかったー（ネガティブな言葉をポジティブな言葉に変換するアプリ）」を通すようにします。」

もし、あなたが〈A〉の返答について、居心地の悪さを感じたり、不快に思うことがあるとすれば、それは何ゆえだろうか。あるいは、もしあなたが、〈A－1〉／〈A－2〉の返答に反論を試みようとするならば、いかなるロジックを要するであろうか。

1　問題の所在

近年、弁護士の不祥事問題がマスメディアを賑わせている。[*1] とりわけ、二〇一一年以降、巨額の横領・詐欺により弁護士が逮捕される事件が相次いで発生したのを契機に、「弁護士の倫理・モラルの低下」をめぐる種々の現象は、法学的／社会的空間における一つの中心的トピックを形成しつつある、と言っても過言ではない。

ところで、かような「弁護士倫理」（弁護士の倫理の低下）をめぐる問題の顕在化にかかる要因の一つとしてしばしば言及されるのが、「消費者意識の覚醒」である。これは、弁護士倫理問題（非倫理的行為）の顕在化が、市民の弁護士に対するクレイム申立ての増加（たとえば、懲戒請求、弁護過誤訴訟の増加等）と並行的事象であることを、その根拠とする。本章では、この「消費者意識の覚醒」に連なる言説、すなわち、「市民－弁護士」間の関係を弁護士サービスの「消費者－供給者」関係に定位させ、「弁護士は、（一）消費者たる市民のニーズに応答的なサービスを提供し、（二）消費者である市民が十分な情報のもとで自身のニーズに最も適合的で応答的な弁護士を選択・利用できるような環境を提供すべきである」との主張を包含する言説を、「consumerism（消費者主権）」と呼ぶことにしよう。*2

本章で検討に付すのは、consumerism の理論的浸透とそれに伴う倫理的弁護士像の転回が、提題の「問い」自体を失効化していく過程、である。以下、本章では、統計的数値を手掛かりに、弁護士に対するクレイム申立て現象における consumerism の浸透の一端を確認する（2）。次に、consumerism の浸透を契機に、「弁護士倫理」の定式化それ自体が変容を遂げ、また、それに呼応する形で、「倫理的弁護士」の主体像が「規範的主体」から「リスク管理主体」へと転回を遂げつつある――提題の〔A－2〕の回答を増殖させつつある――との見方を呈示する（3）。その上で、「リスク管理主体」としての倫理的弁護士像が、市民・弁護士間の弁護士倫理をめぐる規範的かつ自省的なコミュニケーション――提題の〔A－1〕にかかるコミュニケーション――を消滅させていく、そのメカニズムを解析することにしたい（4、5）。

2　弁護士に対するクレイム申立ての概況

✣クレイム申立て件数

まずは、弁護士に対するクレイム申立ての概況を、『弁護士白書』に記載の統計的数値を基礎に確認しておこう。無論、クレイムの処理主体・機関は種々に存在するのであって、弁護士に対するクレイムの量的変遷について、その全貌を把握することはきわめて困難である。ここでは便宜的に、弁護士会の設置する三つの公式法機構（市民窓口／紛議調停／懲戒請求）*3 におけるクレイム申立て件数を手掛かりに概観したい。

図1　クレイム申立て件数の推移（1998年-2015年）

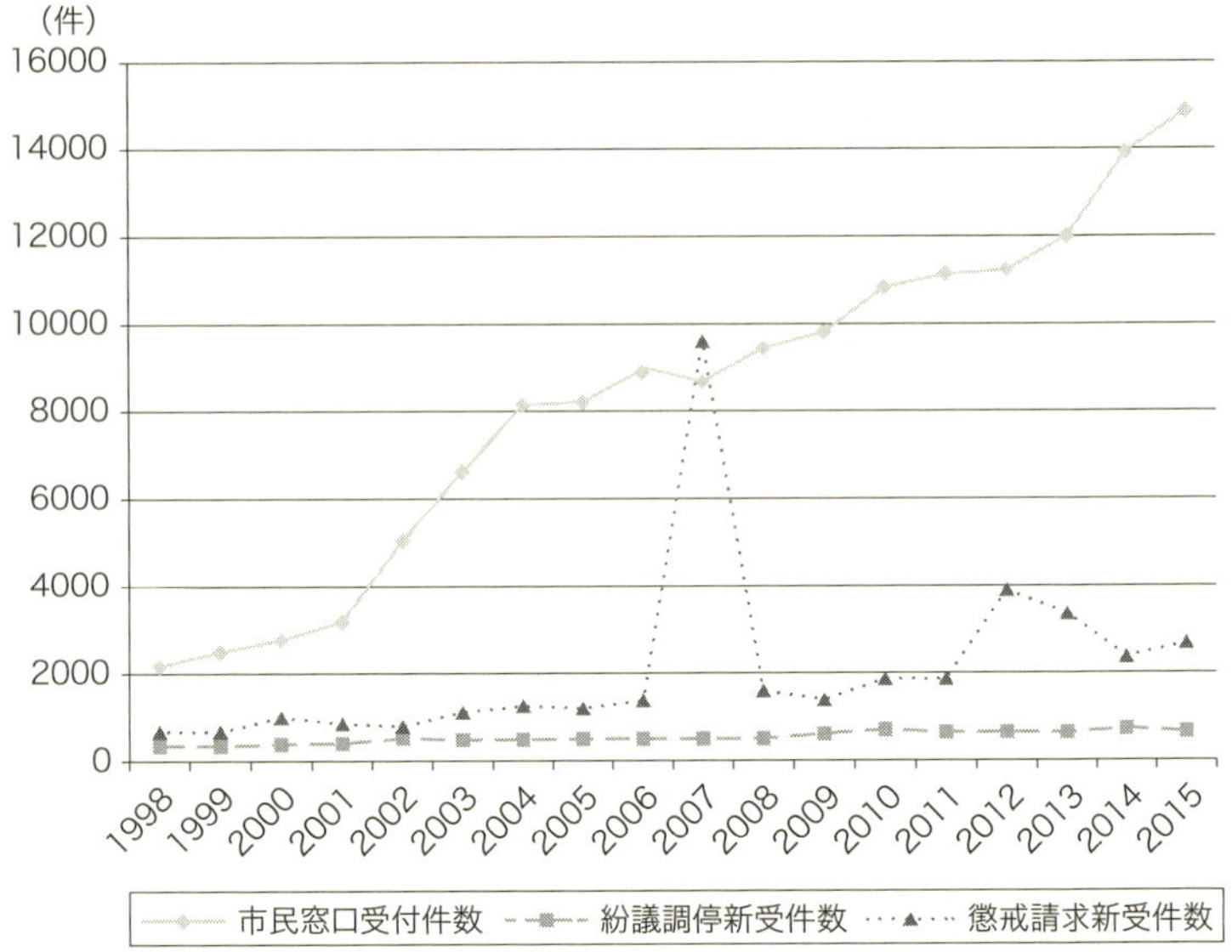

（注1）　市民窓口受付件数につき，2003年以前の数値は，市民窓口を設置していない弁護士会があり，また弁護士会ごとに苦情の受付方法・統計方法が異なっている状況下での統計である（2004年以後は各会統一の基準に基づいた統計である）。

（注2）　懲戒請求新受件数につき，2007年の件数が突出するのは，光市母子殺害事件の弁護団に対する懲戒請求が8095件あったことによる。また，2012年・2013年の増大は，1人で500件以上の懲戒請求をした事例が5例あったことによる。

（出所）『弁護士白書』各年版をもとに作成。

図1によると、一九九八年から二〇一五年までの「市民窓口」への苦情申立て件数（市民窓口受付件数）は、二二〇三件から一万四八二二件へと飛躍的に増大している（約六・七三倍）。市民窓口が全国の単位会に設置され、苦情の受付方法・統計方法が統一された二〇〇四年以降に限ってみても、約十年間で一・八三倍に上昇しており、ここから、弁護士に対するクレイム申立ては確実な増加基調にあることが分かる。加えて、「紛議調停」の新受件数も、件数自体は低調といえ、一九九八年（四〇

図2　苦情受付状況の推移（2004年－2015年）

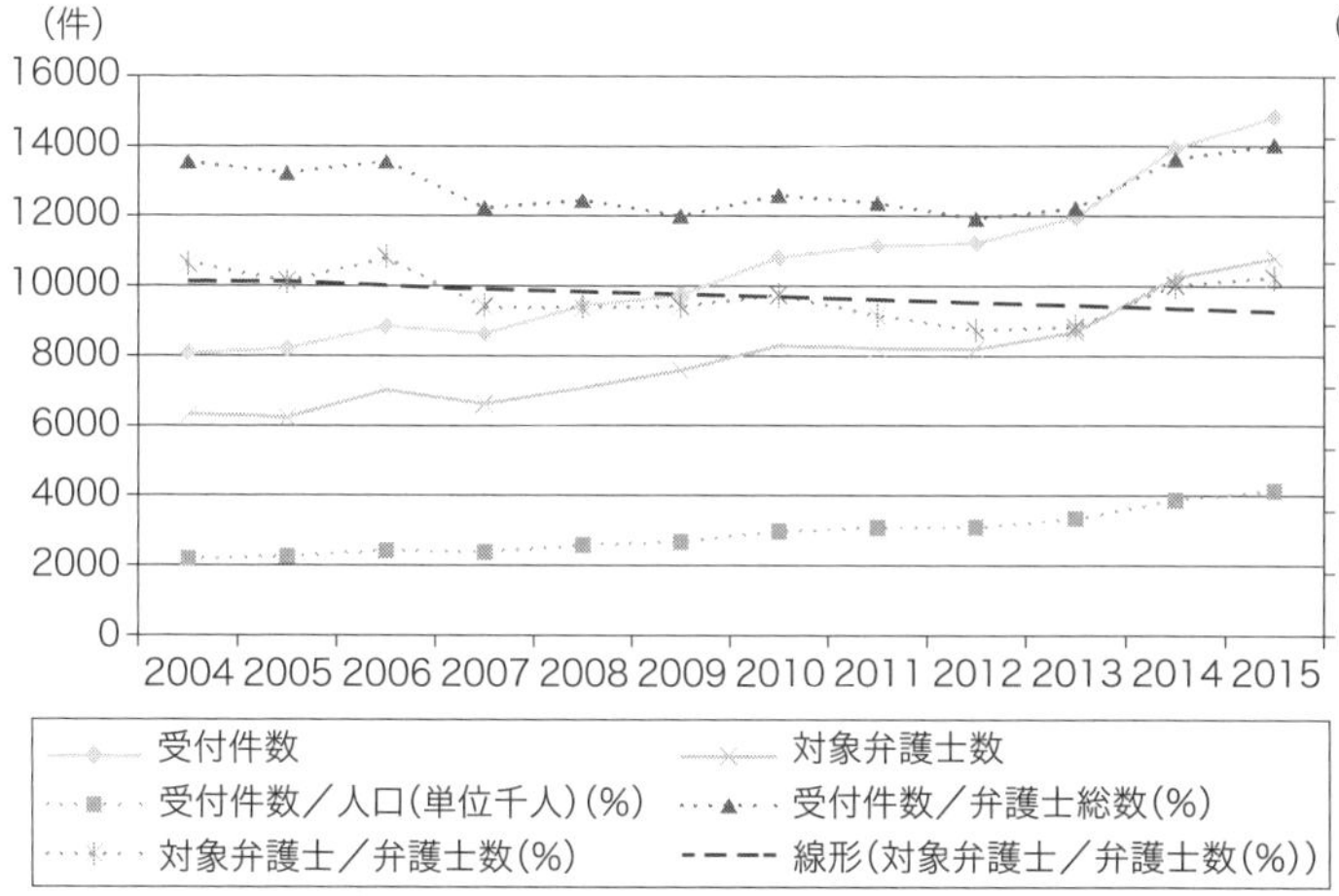

（出所）『弁護士白書』各年版をもとに作成。

三件）から二〇一五年（六五〇件）まで約一・六一倍と漸増傾向を示しており、さらに「懲戒請求」の新受件数も、同期間において、七一五件から二六八一件へと約三・七五倍に上昇している。すなわち、弁護士へのクレイム申立ては総じて、増加の一途にあるといってよい。

では、かかる弁護士へのクレイム申立て数の増加は、「（クレイムを受けるべき）非倫理的な弁護士数の増加ないし弁護士の質の低下」と同義であろうか。本章ではこの点につき、弁護士に対するクレイムの発現形態としてより原初的位相にある（とみなしうる）市民窓口への苦情申立てを素材に検討してみたい。

二〇〇四年以降の市民窓口受付件数および苦情を受けた弁護士数（以下「対象弁護士数」という。）を基礎に、各年の人口数・弁護士数に対する苦情受付件数の割合、さらに全弁護士数に対する対象弁護士数の割合とその線形近似を示したのが、**図2**である。

ここから、市民窓口に対するクレイム申立ての現象としては、①対象弁護士数が――苦情受付件数の上昇よりやや緩やかではあるが、なお――約一・七倍（六三四六人から一万七八三人に推移）と堅実な上昇基調にあること、さらに②日本の人口比（単位千人）を加味したときの苦情受付件数の割合が、苦情受付件数および対象弁護士数の増加率をわずかに上回る形で、六・三％から一一・六％へと約一・八四倍に増加していること、が看取しうる。他方、③弁護士数の増加率を加味するならば、弁護士一人に対する苦情受付件数の割合は必ずしも増加傾向を示しておらず（三四－三九％台で推移）、さらに、対象弁護士数の各年の割合（二四－三〇％台で推移）とその近似直線に鑑みると、対象弁護士数の比率は、漸減傾向さえ示していることが分かる。

かくして、「市民窓口」へのクレイム申立て現象に限局するならば、①日本における弁護士数の増大は、クレイムを受けるべき非倫理的弁護士（ないし質の低い弁護士）を純増せしめるが、それを上回る形での、弁護士全体としての非倫理化傾向の強まりを帰結するわけではない（対象弁護士数の比率の減少に鑑みれば、一人の弁護士が複数のクレイムを受けるケースの増幅を暗示する）。むしろ、②弁護士に対するクレイム申立ての増大は、市民のクレイム申立て行動の増大の帰結である――すなわち、弁護士の非倫理行為は、市民（私たち）の行為と相互構築的である――との一つの解釈が導かれる。

✣クレイムの諸特徴

では、以上のような市民窓口に対するクレイム申立て行動の増大は、何を意味するであろうか。二〇〇四年から二〇一五年までの苦情申立て主体（図3）、苦情内容（図4）、苦情処理結果（図5）[*4]に関する統計的数値を手掛かりに若干の読み込みを交えれば、弁護士に対するクレイム申立て行動をめぐる現象には、「consumerism」の浸透の一端を垣間見ることが可能である。詳細は省くが、ここでは、さしあたり次の

図３　苦情主体別受付件数の推移（2004 年－2015 年）

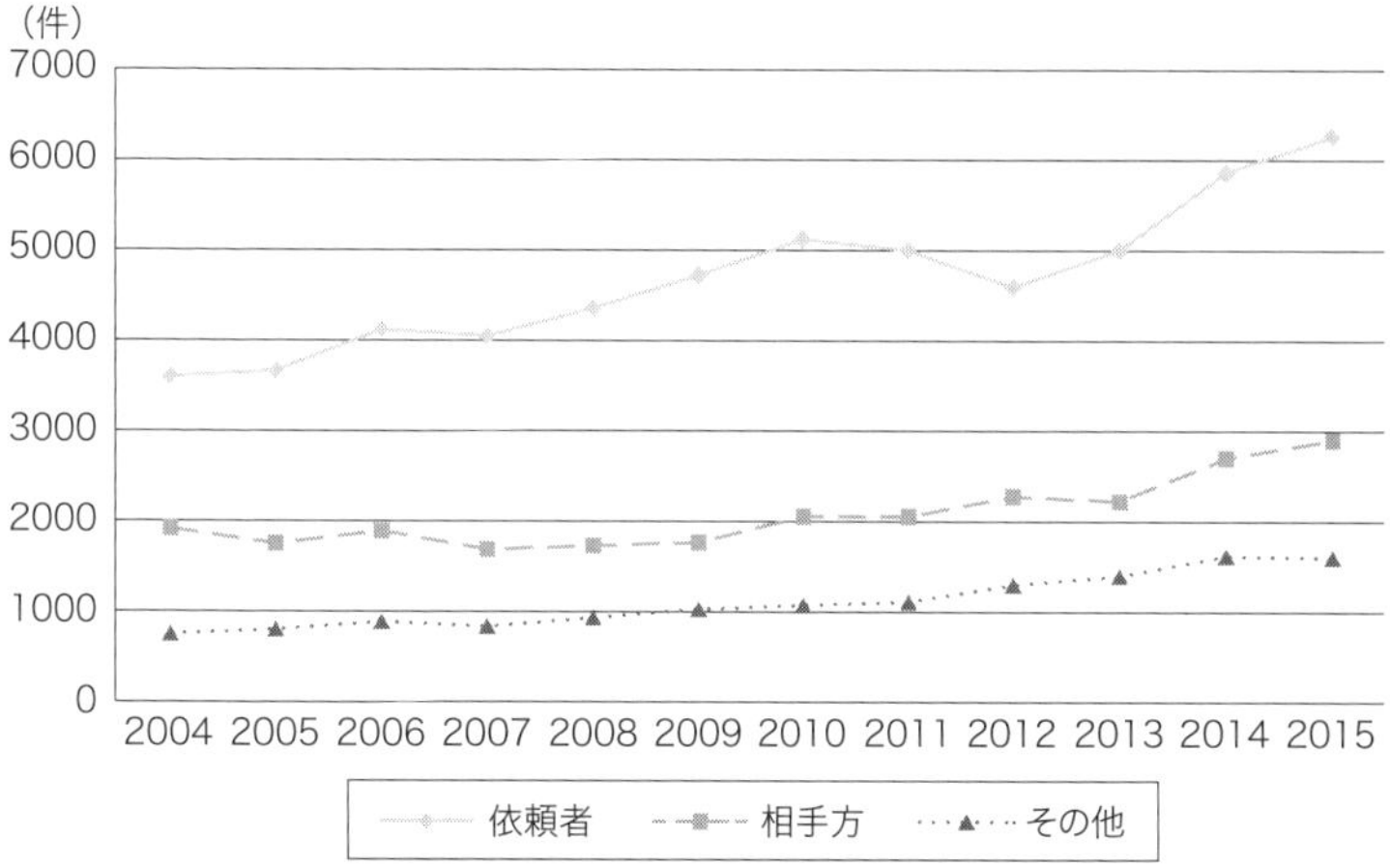

（出所）『弁護士白書』各年版をもとに作成。

三点を確認しておけばよい。

第一に、図３によれば、苦情申立ての主体について、「依頼者」（二六二八件増／一・七二倍）、「相手方」（九七四件増／一・五倍）はもとより、「その他」（八一七件増／二・〇三倍）もまた着実な上昇基調にあることがうかがわれる。「その他」に弁護士等の専門家が含まれうる点を勘案すれば安易な解釈は控えるべきだが、弁護士サービスの実際的利用者のみならず潜在的利用者もまた――当該サービスの潜在的消費者として――弁護士に対するクレイム申立てに駆動されていると解釈でき、ここから、市民の消費者意識が醸成していると読み込むことが可能である。

第二に、図４に表れているように、弁護士に対する苦情内容の第一位を恒常的に占め、かつ苦情件数を飛躍的に増大せしめているクレイム類型は、弁護士の「対応・態度」（二三九二件増）であり[*5]、その上昇件数は、二位の「処理の仕方」（一四一七件増）、三位の「処理の遅滞」（八三八件増）を大幅に上回る。かかる数値から、市民が弁護士に対し「消費者たる市民を尊重したコミュ

図4　苦情内容の推移（2004年－2015年）

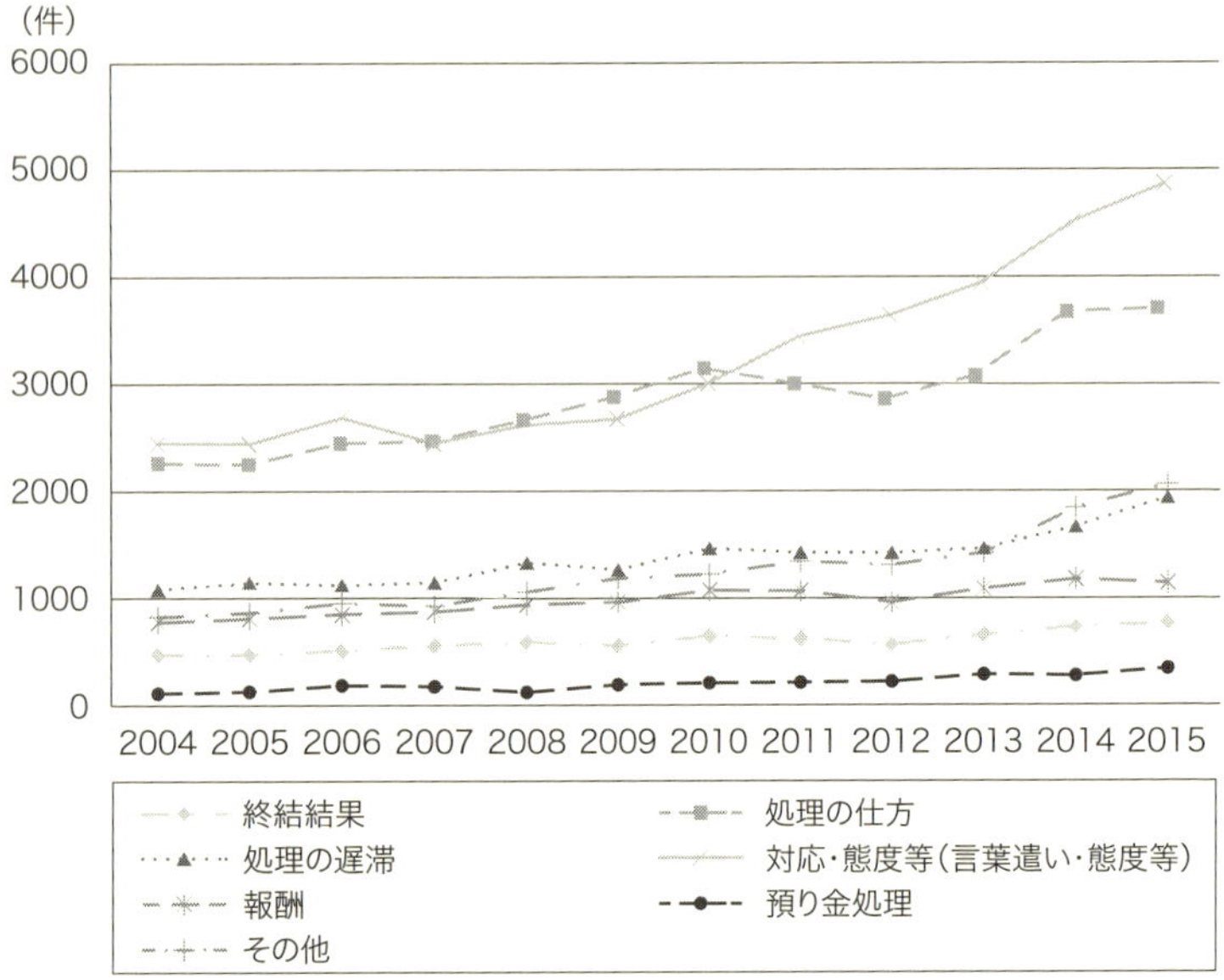

（出所）『弁護士白書』各年版をもとに作成。

ニケーション」を要請していると読み取ることができよう。加えて、「処理の仕方」については、「市民窓口に寄せられる内容の多くは、事件を依頼している弁護士のやり方に不安があり、弁護士会の市民窓口での相談を通じて、他の弁護士から（依頼している弁護士と同様の）説明を聞いて安心するといったケースが少なくない。窓口を通じてセカンドオピニオンを求め、確認し安心するというケースは、市民窓口の重要な機能となっている」（藤井 二〇〇八、二九頁）と指摘されているところであり、当該指摘は「十分な情報のもとで自分のニーズに最も適合的で応答的な弁護士を選択し利用していく」消費者像に適合的である。

第三に、苦情処理結果（**図5**）については、「話を聞いてもらえればよい（苦情を言えればよい）、というだけで終わった」とする層が、多少の変動を示しつつ、恒常

図5　苦情処理結果（割合別）（2005年－2015年）

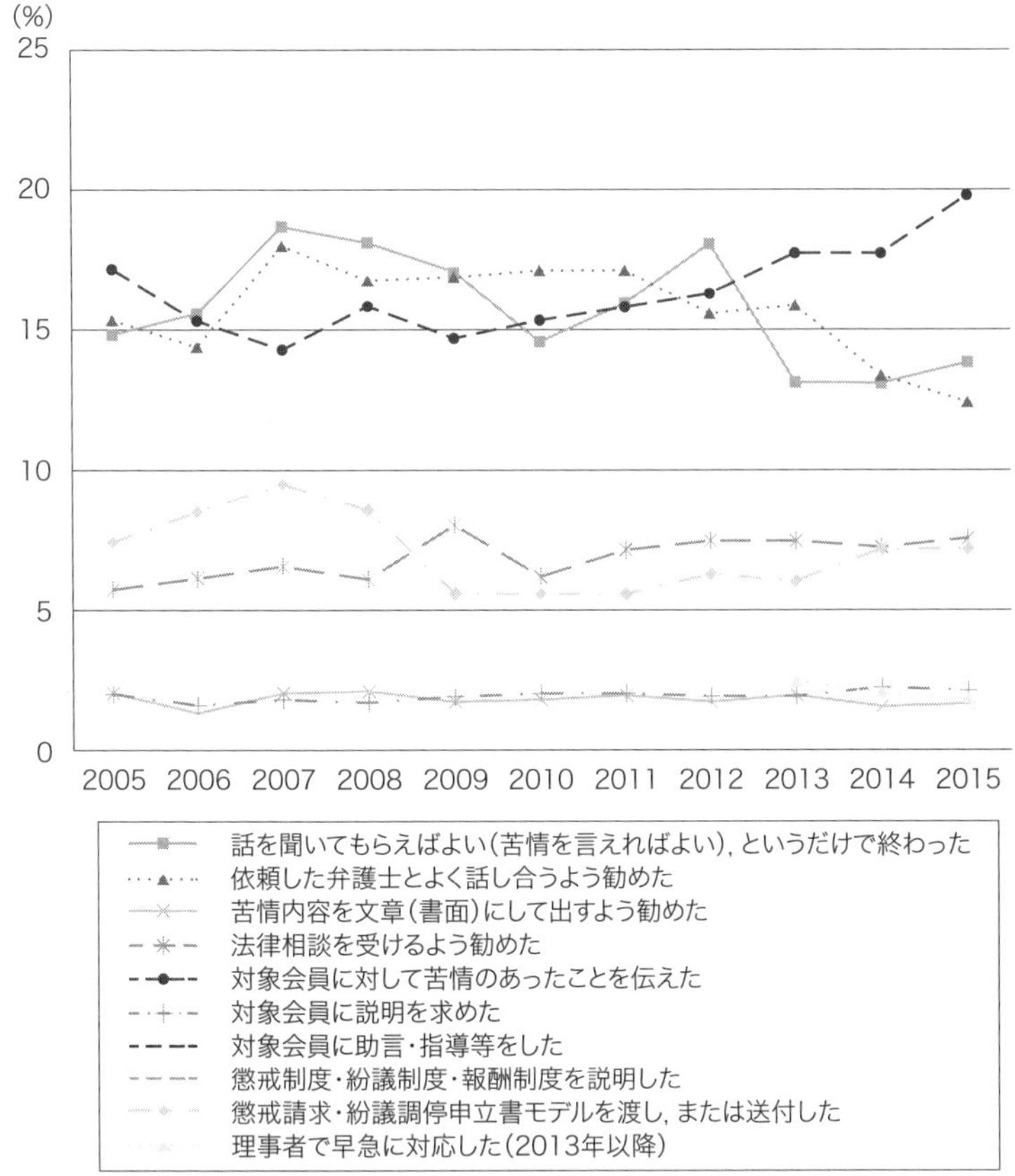

（出所）『弁護士白書』各年版をもとに作成。

的に上位に位置する。[*6]この点に鑑みるならば、「弁護士にクレイムを申し立てる」という行為それ自体に対する市民の抵抗意識が希薄化している——クレイムを申し立てることそれ自体が消費者の権利として意識されている——との推測を導くことも可能であろう。[*7]

以上、要するに、市民窓口における弁護士に対するクレイム申立てにかかる統計的数値は、consumerism の浸透の一端を強く推認させるものである。

❖ consumerism の再帰的構築

もっとも、以上のような解釈は、市民窓口の社会的／制度的布置（社会的認知度、アクセスに伴う地理的・心理的コスト、制度の運用実態等）、弁護士の非倫理的行為に関する社会的関心の消長、といった主体・制度間の相互作用にかかる諸要因を完全に捨象したものであるから、社会学的に妥当な解釈とは言い難い*8。加えて、上述の如き、（単位会（部分集団）別の数値の集計に基づく）全国レベル（全体集団）での数値変動は、単位会（部分集団）別の変動と必ずしも一致するものでないから、全国レベルの数値変動のみを基に弁護士に対するクレイム申立て現象の意味を推測・解釈すること自体、そもそも誤りと言わねばならない*9。

その上で、本章であえて主張したいのは、かような「見かけ（appearance）」の数値が、しばしば弁護士倫理をめぐる学術的ないし一般的議論において、consumerism 言説が流布する程度に十分な資料として活用されうる――実際に活用されてきた――、という点である。逐次の参照は避けるが、懲戒請求ないし弁護過誤訴訟の傾向を検討する中で、本章とほぼ同型の数値分析に基づき、それら請求・訴訟の増大にかかる原因の一端を「消費者意識」に帰属させる分析は枚挙にいとまがなく、さらに、より一般的言説（TV・新聞等）においても、同種の分析により、かかる「見かけ」の数値が、「消費者意識の伸長」を懲戒請求等の増大の要因と見る根拠として動員されてきた／いる。

しかるに、以上のような「見かけ」の数値を根拠とした弁護士に対するクレイム申立て増加の要因をめぐる非社会学的・静態的記述の生産（と当該記述の引用による反復）が、弁護士倫理問題をめぐる consumerism 言説の構築に寄与し、以て「弁護士倫理問題（の一部）は consumerism の浸透の顕れである」との言説を再生産し続けてきた／いると解釈しうる。

3 「規範的主体」から「リスク管理主体」への転回

❖「弁護士倫理」の語られ方

では、以上のような consumerism の理論的浸透は、「弁護士倫理」の定式化――別言すれば「倫理的弁護士像」――に変容をもたらしたと言えるだろうか。

この点につき、本節では、知的・学術的議論において「弁護士倫理」がいかなる志向のもとで記述されてきたかに着目し、一定の解読を試みる。もとより、筆者の能力および紙幅の制約上、弁護士倫理に属する諸議論を包括的に参照・分析することは到底なし得ない。本節では、二〇〇四年以降――前節の量的分析と平仄を合わせる趣旨である――に公刊され、かつ法実務家・法科大学院生向けに「弁護士倫理」[10]を教示する実践的目的下で執筆されたテクスト（のうち、さらにその問題意識を明確に著したもの）に限定した上で、探索的検討を行う。

❖倫理的弁護士像の転回

管見の限り、先述の弁護士倫理テクストに現出する「倫理的弁護士像」は、以下の四つの系統に分節化される――無論、本系統の区別は、理論的区別可能性に基づくものであって、現実的区別可能性を示唆するものではない[11]。

①規範的主体

第一の系統は、弁護士倫理を「弁護士の役割規範の実現手段」とみなす類型である。塚原ほか編著（二〇〇四［第二版二〇〇七］）は、「公共的精神と社会常識やビジネスの倫理以上に高い倫理性に依拠してその業務を行うということが、社会が法曹を信頼する理由である。法曹倫理を学び、それを内面化することは、プロフェッションとして成長するためには不可欠なことである」（ii頁［iv頁］）と論及し、また、森際編（二〇〇五［第二版二〇一一］）は、国民にとって良い法曹とは、「真に信頼される司法とは何か、という問いに身をもって応えることができる法曹のことである」（i頁［i頁］）、「法曹がその職業倫理に従って行動するのは、それが倫理的だからではなく社会正義を実現するからである。弁護士倫理の場合には、それが依頼者の権利を実現するために必須の手段であるからである」（二〇一一、六頁）と指摘する（その他、本類型に属するものとして、小島ほか編（二〇〇四［第二版二〇〇六］）、高中（二〇〇五）、加藤（二〇〇六）、飯村ほか（二〇〇六［二〇一四］）、小島ほか編（二〇〇七））。

これらの行論において、「弁護士倫理」は一貫して弁護士の役割規範の観点から捕捉されており、consumerism は「弁護士倫理」の問題設定の中に一切組み込まれていない。かような図式の下では、当該役割規範を内面化した「規範的主体」こそが「倫理的主体」としての布置を持つ、と解釈できよう（なお、本系統は理論的には、市民のニーズを中核とする consumerism に対し、法専門家に固有の役割を強調する professionalism を対置するものであるから、「非・consumerism 戦略」を採用するものと解釈できる）。*12

②失敗回避主体

第二の系統は、弁護士倫理を、現実に生起した弁護士の過誤（規範違反）の反転として捕捉・整序する類型である。本系統は、早期には、飯島・飯島（二〇〇三、二〇〇五）を得ているが、かかる問題視角が叢生するのは、二〇一〇年以降であると見てよい。代表としては、懲戒事例・弁護過誤事例を分析した上で弁護士が遵守すべき「教訓」（行為規範）を導出する、加藤（二〇一〇）、高中（二〇一一）、飯島・飯島（二〇一三）、加藤（二〇一五）があり、さらに本系統の最も顕著な達成として、ヒヤリハット事例の分析をも射程に収めた『弁護士の失敗学——冷や汗が成功への鍵』（高中ほか 二〇一四）がある。本書は、「国民の権利意識は一年前とは比較にならないほど強くなり、社会全体が専門家に対して厳しい目を向けている状況下では、過誤が懲戒処分に繋がり、最悪の場合には弁護士の身分を喪失することとすらある」（四頁）、「肝心なことは、失敗の発生をいかにして少なくするか、失敗をしたときにどのように影響を最少化するかという点にある」（三頁）と叙述し、「失敗の回避」という問題意識を前面に押し出す。

本系統においては、先の「規範的主体」と異なり、consumerism とそれに伴うクレイム申立ての増大が、弁護士倫理の問題設定の中に位置づけられ、対処（回避）さるべき事象としての布置を与えられている。ただし、ここで注意を要するのは、consumerism の発想が、法曹倫理問題（顕在化）の解決手段の位相において機能しているわけではない、という点である。本類型において解決手段として措定されるのは、あくまで失敗の反転として抽出された行為規範（修得すべき行動準則）であって、consumerism 的手法ではない。

かくして、本類型においては、consumerism の帰結（失敗の顕在化）を念頭に置き、他者の失敗を「他山の石」（同前、四頁）として行為する主体（「失敗回避主体」）こそが、倫理的弁護士としての布置を獲得するものといえよう（本系統は、consumerism が惹起した非倫理的行為の顕在化を是正する志向性を包摂するのであって、「反・consumerism 戦略」であると解釈できる）。

なお、本系統の特徴として注目すべきは、弁護士倫理が「○○の追及」という「肯定的相関物」としてではなく、「○○の回避」という「否定的相関物」として定式化された点にある。この「否定的相関物としての弁護士倫理」という構制は、後に述べる通り、今日まで維持・強化され続けている。[13]

③トラブル回避主体

第三の系統は、弁護士倫理を、依頼者（市民）との相互作用において生じるトラブルの反転として記述する類型である。まず注目すべきは、二〇〇八年公刊の『新規登録弁護士のための民事弁護実務ハンドブック』の改訂版において、「依頼者とのトラブル」という項目が「関心の高い項目」として新設されたことであろう。その後、二〇一五年に公刊された『自由と正義』六六巻一一号において「トラブルを避ける」と題した弁護士倫理特集が組まれ、この中で「依頼者とのトラブルを避けるにはどうすればよいか」（三七頁）という問題意識が明確に打ち出されるに至っている。ここでは、「依頼者（市民）の満足」という要素が強調され、弁護士は、依頼者とのトラブルを回避すべく依頼者の満足度を向上することが目指される（桑山・伊藤 二〇一五）。

以上の叙述から明らかであるが、本系統においては、consumerism の発想が弁護士倫理の問題設定の位相のみならず解決の位相においても現象するに至っている（「順・consumerism 戦略」[14]）。かくして、本系統における倫理的主体とは、consumerism の帰結（トラブル）を回避すべく、市民の満足度を向上せしめる知識・技法（consumerism 的手法）を駆使する、「トラブル回避主体」として捕捉されることになろう。

ところで、本類型（「トラブル回避主体」）の基本的な問題意識は、先の「失敗回避主体」の系統に一部包含されている。たとえば、加藤（二〇一五）は、「弁護士の執務に倫理上の問題を感じることがある。それは、当該弁護士の専門的知識の不足やスキルの未熟、事案に対する咀嚼度合いの不十分さに起因するものであることが多いが、当事者との関係形成のあり方や相手方への対応の適否によるものではないかと感じられるケースもある」（一二頁）と指摘している。ただし、この叙述において「弁護士－市民間」の関係性が問題化されるのは、弁護士の「規範の違反」という「事実（失敗）」の反射効として、である。それに比して、本系統が志向するのはあくまで「依頼者とのトラブル（の可能性）」それ自体であるから、問題の位相を異にする。

④リスク管理主体

第四の系統は、弁護士倫理問題を不可避的に生じるリスク問題に置換したうえで、弁護士倫理を「リスク管理」として記述する類型である。弁護士業務それ自体を「リスク」と見做す視角は、『弁護士のためのリスクマネジメント――事例にみる弁護過誤』（平沼 二〇一二）を端緒として――ただし、本書の構成・内容それ自体は②失敗回避型を採用する――、石田・武田（二〇一六）、升田（二〇一六）など徐々に逓増している。たとえば、次の叙述を参照されたい。

> 弁護士を取り巻く社会環境の変化、経済環境の変化、国民の意識の変化、依頼者の弁護士に対する認識の変化等の事情は、弁護士数が激増する現在の状況において、弁護士が業務を行う場合のリスクを増加させ、多様化させている。弁護士の抱えるリスクがクレーム、示談、懲戒請求、訴訟の提起等として実際に現実化する可能性が相当に存在することに鑑みると、弁護士の業務は、相当に危険な職業

になりつつあるということができよう。（升田 二〇一六、七頁）

この叙述からは、consumerism とその帰結が、単なる「トラブル」でなく「リスク」として捉えられていることが分かる。当該認識を前提するならば、consumerism は弁護士の意思を基底とする手法（役割規範／行為規範／技法）によっては決して解消し得ない事象としての位置価を持つことになろう。

しかるに、当該系統から導出されうる一つの主体像は、consumerism に対抗・対処すべく、「役割規範／行為規範／トラブル回避技法」を具備する主体では決してなく、consumerism を予め自らの行為に折り込み、その「リスクを管理するシステム（アーキテクチャ）」を選択する主体である[*15]——本章では、当該戦略を、弁護士（および市民）が consumerism を折り込んだシステムを活用すればするほど、consumerism が再帰的に構築されるという意味で、「再・consumerism 戦略」と呼ぶ——。預り金口座開設の義務化、共同受任体制（による相互監視化）、苦情処理手続の弁護士事務所内への組み込み、といったシステム（アーキテクチャ）は、弁護士を倫理的行為へと回路づけ、以て弁護士を倫理的主体へと導くのである。

❖小　括

以上、簡単に概観してきたところによれば、consumerism の理論的浸透は「弁護士倫理」の定式化を「役割規範」から「リスク管理」へと徐々に変質させている。また、それに呼応する形で、「倫理的弁護士像」は「規範的主体」から「リスク管理主体」へと次第に重心を移動させつつある（各系統に属する諸テクストの公刊年を比較せよ）[*16]。これは、とりもなおさず、「市民が、「(自身の抱く）あるべき弁護士像」か

表1　弁護士主体像の系統

	規範的主体	失敗回避主体	トラブル回避主体	リスク管理主体
問題次元	規範	固定的事実（規範違反）	相互作用的事実（市民の満足）	可変的事実（不確定性）
責任主体	弁護士	弁護士	弁護士／依頼者（関係）	不確定
戦略	非・consumerism（professionalism）	反・consumerism	順・consumerism	再・consumerism

らの偏差として現実の弁護士にクレイムを申し立てれば申し立てるほど、すなわち「規範的主体」を要求すればするほど、逆に、弁護士は「リスク管理主体」へと動機づけられ、「規範的主体」から離反していく」というねじれを生むことを意味しよう。問題は、このねじれが何に起因するか、である。次節では、「規範的主体」から「リスク管理主体」への転回を特徴づける諸要素を分節化してみたい。

4　弁護士倫理の「脱倫理化」

弁護士倫理の言説空間における「規範的主体」から「リスク管理主体」への転回（**表1**）には、大きく分けて「倫理の事実化」と「責任主体の不可視化」、二つのモメントを剔出しうる。

✣ 倫理の事実化

第一のモメントは、弁護士倫理を事実の次元において捕捉しようとするモメントである。弁護士倫理が、「〇〇の追及」ではなく、「〇〇の回避」の観点から捕捉される否定的相関物としての布置を強化しつつあることはすでに述べた。重要なのは、この否定さるべき構成物の変遷（「固定的事実（規範違反）」→「相互作用的事実（トラブル）」→「可変的事実（リスク）」）が、

「規範的要素の希薄化」および「不確定性要素の増大化」を次第に強めている点である。かかる構制の変遷は言うまでもなく、「弁護士倫理」を、規範的次元（何が弁護士倫理であるべきか）においてではなく、事実的次元（何が弁護士倫理違反であるか）において捕捉する傾向を促進させる（換言すれば、弁護士倫理を「規範」から「マニュアル」へと転化させる）とともに、弁護士間ないし市民・弁護士間における弁護士倫理の「共有可能性」を著しく低下させる――共有さるべき対象それ自体が不確定であるのだから。無論、「共有可能性の低下」は「交渉可能性の低下」と同値でない（むしろ、交渉可能性を拡充しうる）。とはいえ、「リスク管理主体」において、当該交渉自体がリスク（高コスト）であるとみなされるならば、弁護士倫理をめぐる規範的議論は――一部の研究者・実務家を除けば――必然でも必要でもない、ということになる（かくして、弁護士倫理を敢えて規範的次元の俎上に載せるのであれば、そのためのレトリックが必要となる）。

❖責任主体の不可視化

第二のモメントは、「責任主体の不可視化」である。「規範的主体」および「失敗回避主体」の系統においては、役割規範を逸脱する／失敗回避に失敗するのは「弁護士」である（ことが明瞭である）から、非倫理的行為の責任主体は弁護士であるとの想定が――近代法の「認識＝行為」連関図式の下では――容易である。他方、「トラブル回避主体」の系統においては、トラブルが相互行為的に生起するゆえ、「市民・弁護士」のいずれか／両方が責任主体でありうるが、いずれが責任主体であるかを決定すること自体がトラブルとなりうるから、責任主体を曖昧化するよう動機づけられる。さらに、「リスク管理主体」の系統においては、リスクが社会内在的に生起する以上、そもそも責任主体の特定化は原理的に困難である（それゆえ、リスクの「責任主体」でなく「管理主体」を決定することになろうが、その決定自体がリスクとなる)[*17]。

すなわち、今日の倫理的弁護士像の転回は責任主体を不可視化し、弁護士倫理の問題を「エージェント(市民/弁護士)」の責任として語る必要性・自明性を消滅させる。ここで想起されるのが、詐欺・業務上横領罪で懲役十四年の実刑判決を受けた元弁護士の次の陳述である――「弁護士会が積極的な調査をしていれば、もっと〔詐欺・横領が：引用者注〕早く明らかになった可能性が高いと思う。弁護士には互いに尊重し合う土壌があるので、監督が遠慮がちで慎重になる傾向があると考えていた」(『西日本新聞』二〇一四年六月二十九日)。かりにこの論理を押し進めれば、次のようなレトリックが可能となる。「倫理的主体」である弁護士(ないし市民)が、「不完全なシステム(アーキテクチャ)」ゆえに「非倫理的主体」の見かけを烙印されている、と。かくして、非倫理的行為が顕在化したとしても、弁護士・市民は、その発生/管理責任を「システム(アーキテクチャ)」に帰属させることで、自身の(規範的)倫理性を自省せずとも、「倫理的主体」としての位置を獲得し続けることが可能となるのである。

5 おわりに

――弁護士倫理の「再倫理化」に向けて――

ゴードンとサイモン(Gordon & Simon 1992)はかつて、弁護士倫理教育が懲戒規則の知識の教授に終始することにより、かえって弁護士の倫理的で自省的な判断能力を損なう危険性がある、と論じた。本章の分析から明らかなのは、今日の日本における「倫理的弁護士像」の転回は、弁護士(および市民)の倫理的で自省的な判断能力を損なうのみならず不要せしめる方向へと展開している、ということである。かような状況下で、にもかかわらず／それゆえにこそ、弁護士・市民間の「規範的かつ自省的な弁護士倫理をめぐるコミュニケーション」の再構築（弁護士倫理の「再倫理化」）を試みるとするならば――すなわち、あなたが冒頭の弁護士の回答に「違和感」を覚え、弁護士倫理の内容・当否それ自体を熟議したいと思うのであれば――、いかなる言説が必要となるであろうか。

中山（二〇〇九）は、リスク社会における公共性の在り処を論じる中で、熟議民主主義／リスクの個人化と市場化／リバタリアン・パターナリズムの諸議論を経由しながら、当該社会における公共的決定の可能性を次のように主張する。

> （1）（リスク社会においては、誰もがリスク現実化の加害者や被害者となる可能性から逃れられないがゆえに）最終的には各人がリスク管理者となるという可能性の承認。（2）（各人各様のリスク認知のバイアスや対立する利害を相互に修正し、それと同時に新たな創意工夫を生み出すために）多様なステイクホルダーの参加のもと、様々な水準で行われる開かれた熟議。（3）（熟議のための素材として）多様なステイクホルダーにより、多様な前提に基づいて、多様な角度から実施されるリスク評価、ならびにリスク認知のバイアスを考慮に入れた暫定的な選択肢のメニュー。
>
> しかし、これだけではまだ十分ではないだろう。（中略）それは、熟議を終了させ、それにより暫定的な決定をもたらすとともに、事態の変化に応じて決定の効力を解除し、再び熟慮のプロセスを開始させるような、そうした手続的条件をルール化すること、さらには、リスク現実化の脅威に等しく直面する全てのステイクホルダーが、こうした手続的ルールに等しくしたがうことである。（一四六ー

一四七頁)

以上の主張が正鵠を得たものであるとすれば、今後、私たちに残された課題は、「弁護士倫理をめぐる規範的・自省的コミュニケーション」において、それら四つの条件がいかなる相互行為的あるいは制度的環境の下で可能となるのか――その方法の可視的で報告可能な特徴にかかる社会科学的・経験的解明であるといえよう。

＊1　この点につき、弁護士の懲戒関連記事の出現数を分析した菅野（二〇一五）を参照。

＊2　かかる弁護士モデル（「法サーヴィス・モデル」）を主張するものとして、棚瀬（一九八七）。

＊3　「市民窓口」とは、弁護士の活動に関する市民の要望または苦情を受け付ける窓口として単位会に設置された制度を（市民窓口設置規則一条）、「紛議調停」とは、弁護士の職務に関し、弁護士と依頼者等との間で紛争が生じた場合に、弁護士会が自主的に当事者双方の主張を聴いた上で紛争解決を図る制度を（弁護士法四一条）、「懲戒請求」とは、弁護士・弁護士法人が、弁護士法又は所属弁護士会・日本弁護士連合会の会則に違反し、所属弁護士会の秩序・信用を害したり、その他職務の内外を問わず品位を失うべき非行があったときに当該弁護士・法人の処分を求める制度（同五八条）を指す。

＊4　便宜上、「その他」は省略している。

＊5　鈴木（二〇〇八）によれば、この主たる原因は「弁護士の業務基盤が市民に依拠するものであるとの認識の欠如」である。言うまでもなく、このような解釈は、consumerism 的理解を示すものといえよう。

＊6　もっとも、経年変化を観察するならば、苦情処理結果として、「話を聞いてもらえればよい」が全体に占める比率は減少基調にあり、逆に「対象会員に苦情のあったことを伝えた」が増加基調にある。これは、二〇一三年二月に、日本弁護士連合会が各単位会に対し「市民窓口に寄せられる苦情情報について、同一人に対して複数回の苦情が

ある場合には、そのような苦情があった旨を本人に通知する制度を導入すべきである」との要請を行い、単位会が当該制度を導入した効果とみることができる。たとえば、東京弁護士会では、二〇一三年六月に「弁護士業務等に関する市民窓口設置規則」を改正、当該制度を施行したところ、二〇一二年まで二百台前半で推移していた「対象会員に苦情のあったことを伝えた」件数が、二〇一三年には三三五件へと急上昇している。後に述べる通り、市民窓口受付件数にかかる統計的数値は、制度の運用実態に左右されると考えるほうが適切なのである。

＊7　ただし、市民が第三者（市民窓口）に苦情を申し立てる行為は、むしろ市民が「弁護士との直接的な交渉力を具備しない」という点で、consumerism の不貫徹であるとも解釈しうるのであり、質的分析の精査を経る必要があることは論をまたない。

＊8　この点はすでに、高橋（二〇一七）が懲戒請求にかかる概括的数値を分析する中で鋭く喝破している。

＊9　単位会別の苦情受付にかかる量的・質的分析は別稿に譲りたいが、さしあたり、次の点を言及しておきたい。二〇〇五年・二〇一〇年・二〇一五年の「県民人口あたりの苦情受付件数」（絶対値）と「都道府県別弁護士数あたりの苦情対象弁護士数」（相対値）を算出したところ、東京・大阪は、絶対値のみで各年とも上位を占める。他方、北海道・愛知・京都・岡山・福岡は、絶対値・相対値ともに恒常的に上位を占めており、単位会の――より構造的な――個別的状況が示唆されるものと解釈できる。

＊10　なお、ここでの「弁護士倫理」とは、弁護士法、弁護士職務基本規程等の実定規則（の集合体）に限定されない、「弁護士の行為準則」に関する言説一般を指すものとする。

＊11　すなわち、各系統の倫理的弁護士像は、現実には――また、テクストの中においてさえも――移行／重畳／相互浸潤しうる。さらに付言するならば、日本弁護士連合会が二〇一三年、二〇一四年に各単位会に要請した「総合的な弁護士不祥事対策の取組」、二〇一七年の「預り金等の取扱いに関する規程」の強化および「依頼者見舞金制度」の創設は、いずれも異なる倫理的弁護士像を包含するものである。

＊12　なお、森際は、「弁護士の増加に伴う競争激化で、一部の弁護士が生活に困り、倫理を問われるような行動を取ることがあり」、重要なのは「弁護士職域の拡大」であると主張している（『産経新聞』二〇一四年二月一日［森際

コメント部分〕」。通常、「弁護士職域の拡大」は、consumerism の延長線上で捉えられようが、日本の弁護士倫理問題における文脈においては、（一）consumerism により生じた「競争を緩和・軽減」するとともに、（二）「埋もれた市民の権利を救済する」こと（＝profession としての役割を果たすこと）を企図する戦略とみなしうるから、「非・consumerism 戦略」として把捉する方が適切であろう。

＊13　「肯定的相関物」・「否定的相関物」という語彙は、福井（二〇一三）に着想を得ている。

＊14　弁護士倫理をめぐる言説において、「依頼者の満足」はそれ自体「目的」でなく、「依頼者とのトラブル」を回避するための「手段」としての布置を持つ、というのが筆者の見立てである。それゆえ、「トラブル回避主体」において、consumerism はイデオロギーとしてではなく、手段として機能していると考え得る。

＊15　リスク論、アーキテクチャ論に立ち入るのは、明らかに本稿の域を出る。さしあたり、ベック（一九九八）、ギデンズ（二〇〇二）、ルーマン（二〇一四）、Sunstein（二〇〇五）を参照のこと。

＊16　かかる理解は、consumerism のみが倫理的弁護士像の変遷を促進する、との主張を含意するものでは決してない。

＊17　たとえば、日本弁護士連合会は二〇一七年に「依頼者見舞金制度」を創設した。これが意味するのは、非倫理的行為（横領）に伴う損失の負担を「日本弁護士連合会に所属する全弁護士」が負う――全弁護士がリスク管理者である――ことの制度的決定であるが、リスク社会においては、この決定がさらなるリスク（モラル・ハザード、日本弁護士連合会の統合の弱化等々）の源泉となりうる。

参考文献

飯島澄雄・飯島純子（二〇〇三）『新人弁護士の肝に銘ずべき10か条』東京布井出版／レクシスネクシス・ジャパン。

――（二〇〇五）『弁護士倫理――642の懲戒事例から学ぶ10か条』レクシスネクシス・ジャパン。

――（二〇一三）『弁護士心得帖』レクシスネクシス・ジャパン。

飯村佳夫ほか（二〇〇六）『弁護士倫理〔第一版〕』慈学社。

――（二〇一四）『弁護士倫理〔第二版〕』慈学社。

石田京子・武田昌則（二〇一六）「相手方・第三者との関係におけるコミュニケーションに関する倫理問題――通信機器を用いたコミュニケーションを中心に」日本弁護士連合会編『日弁連研究叢書　現代法実務の諸問題〈平成二七年度研修版〉』第一法規。

宇佐美誠（二〇〇二）「弁護士倫理序説――中立的党派性批判」『中京法学』三七巻一・二号。

加藤新太郎（二〇〇六）『コモン・ベーシック弁護士倫理』有斐閣。

――（二〇一〇）「弁護過誤を避けるために」『判例タイムズ』一三二一号。

――（二〇一五）「民事裁判実務と弁護士倫理」『法曹時報』六七巻一二号。

鎌倉利光（二〇一六）「近年の懲戒事案の傾向について」日本弁護士連合会編『日弁連研究叢書　現代法実務の諸問題〈平成二七年度研修版〉』第一法規。

菅野昌史（二〇一五）「弁護士懲戒制度の動向と新聞記事にみるその背景」日本法社会学会二〇一五年度学術大会ミニシンポジウム「司法改革後の専門職・依頼人関係の変動と課題」（二〇一五年五月九日）報告。

ギデンズ、アンソニー（二〇〇二）『左派右派を超えて――ラディカルな政治の未来像』松尾精文・立松隆介訳、而立書房。

桑山斉・伊藤芳晃（二〇一五）「よい委任契約書・説明書をつくる――依頼者の満足向上の観点から」『自由と正義』六六巻一一月号。

小島武司ほか編（二〇〇四）『法曹倫理〔第一版〕』有斐閣。

――（二〇〇六）『法曹倫理〔第二版〕』有斐閣。

小島武司ほか編（二〇〇七）『テキストブック現代の法曹倫理』法律文化社。

鈴木三郎（二〇〇八）「東京弁護士会の市民窓口の運用状況について」『自由と正義』五九巻一号。

高中正彦（二〇〇五）『【実務法律講義⑧】法曹倫理講義』民事法研究会。

――（二〇一二）『判例弁護過誤』弘文堂。

高中正彦ほか編著（二〇一四）『弁護士の失敗学――冷や汗が成功への鍵』ぎょうせい。

高橋裕（二〇一七）「弁護士における統合とその弱化――綱紀・懲戒事例を手がかりに」『法社会学』八三号。

棚瀬孝雄（一九八七）『現代社会と弁護士』日本評論社。

塚原英治ほか編著（二〇〇四）『プロブレムブック　法曹の倫理と責任（上）（下）〔第一版〕』現代人文社。

――（二〇〇七）『プロブレムブック　法曹の倫理と責任〔第二版〕』現代人文社。

東京三会有志・弁護士倫理実務研究会編著（二〇一三）『改訂　弁護士倫理の理論と実務　事例で考える弁護士職務基本規程』日本加除出版。

中山竜一（二〇〇九）「リスク社会における公共性」飯田隆ほか編『岩波講座　哲学10　社会／公共性の哲学』岩波書店。

日本弁護士連合会編（各年）『弁護士白書』日本弁護士連合会。

日本弁護士連合会弁護士業務改革委員会（二〇〇八）『新規登録弁護士のための民事弁護実務ハンドブック（改訂版）』日本弁護士連合会。

日本法律家協会編（二〇一五）『法曹倫理』商事法務。

平沼高明法律事務所編（二〇一一）『弁護士のためのリスクマネジメント　事例にみる弁護過誤』第一法規。

福井康太（二〇〇五）「リスク社会の紛争と法――紛争解決の構造転換をめぐって」『阪大法学』五四巻六号。

藤井篤（二〇〇八）「市民窓口制度とその運用の状況」『自由と正義』五九巻一号。

ベック、ウルリッヒ（一九九八）『危険社会――新しい近代への道』東廉・伊藤美登里訳、法政大学出版局。

升田純（二〇一六）『なぜ弁護士は訴えられるのか――判例からみた現代社会と弁護士の法的責任』民事法研究会。

森際康友編（二〇〇五）『法曹の倫理〔第一版〕』名古屋大学出版会。

――（二〇一一）『法曹の倫理〔第二版〕』名古屋大学出版会。

森際康友編著（二〇一七）『職域拡大時代の法曹倫理』商事法務。

ルーマン、ニクラス（二〇一四）『リスクの社会学』小松丈晃訳、新泉社。

渡辺千原（二〇〇一）「プロフェッションの概念に関する一考察——アメリカのプロフェッション論・弁護士倫理を参考に」『立命館法学』二七五号。

Gordon, R. and Simon, W. (1992) "The redemption of professionalism?" in Nelson, R., Trubek, D. and Solomon, R. (eds) *Lawyers' Ideals/Lawyers' Practices: Trans formations in the American Legal Profession*, Cornell University Press.

Ishida,Kyoko (2011) *Ethics and Regulations of Legal Service Providers in Japan:De-regulation or Re-regulation? Remaining Problem after the Justice System Reform*, VDM Verlag Dr. Muller.

Sunstein,Cass R. (2005) *Laws of Fear : Beyond the precautionary Principle*, Cambridge University Press.

＊本章は、科研費（24243002）・科研費（15K21490）の成果である。

第3章　紛争当事者が真実を語るとはどのようなことか

上田竹志

【提題】　最近公表された最高裁判所の判例（最一小判平成二七年一一月三〇日民集六九巻七号二一五四頁）は、最高裁が当事者本人の上告受理申立てを認めて原判決を破棄した、興味深い事例である。

上告受理申立理由書[1]に基づいて（その記載を信じれば——まさにそれが本章の主題である——）、事案の経緯を物語風に脚色すると、以下のようになろうか。

Kは心身にトラブルを抱えていた。Kは平成十一年から、あるアパートの二階に住んだ。古いが賃料は安く（三万二〇〇〇円）、一階に住むオーナーはKに優しかった。

平成十六年、オーナーが成年後見開始の審判を受け、介護施設に入居した。アパートに戻る見込みはない。弁護士Aがオーナーの後見人となった。

平成二十一年十月、AはKに建物の退去要求をした。Kは、まだ契約時期が残っているはずだと考えたが、Aや不動産会社が強く明渡しを求め、Kは不安になった。Kはオーナーのお見舞いもしたかったが、Aの指図でか、面会を拒絶された。Kは、いったんは退去も仕方ないと考え、Aも退去料百万円を提示したが、その後Aとうまく連絡が取れない。

平成二十三年十月に、オーナーが死去した。Aは「もう私とは関係ない」と言って、アパートを相続したはずの相続人の連絡先も教えてくれない。立ち退きの話も、どうなったのか分からない。どうすることもできず、Kは賃料を供託してアパートに住み続けた。

平成二十四年四月、突然に、Aがオーナーの相続人の代理人となって、Kに建物明渡請求訴訟を提起した。Kは、いったん提示された退去料に加え、Aの対応の拙さから退去や再就職ができなくなったことで、提訴までの一年間の間に二四〇万円（再就職の月収二十万円×十二か月）の損害が生じたと考え、これを退去料（三四〇万円）として主張した。

第一審の審理が長引き、平成二十五年四月に裁判官が交代した。新しい裁判官Bは、二二〇万円もの立退料を認める和解案を作り、Kに強く勧めた。同年五月、Kは首を縦に振ったが、本当にそれが一番いい結論なのか、すぐには分からない。弁護士相談へ行くと、もっと払ってもらえるはずだという。また、KはAの謝罪も求めたかった。Kは話し合いの継続を求めた（期日指定の申立て）。形の上では立退料の増額（二八〇万円）を求めたが、Bはそれを認めず、訴訟終了を宣言した。

Kは控訴した。ほかに方法があっただろうか。すると控訴審裁判所の裁判官C（実際は三人いるが、ここでは一人にまとめて表記する）は、「Kが平成二十二年から一貫して三四〇万円の立退料の支払を求め、一度も譲歩したことがないのだから、立退料二二〇万円の和解はKの真意によらず無効である」とした。そして、Kの立退料の請求を「およそ考慮するに値しない高額なもの」として、立退料を四〇万円とする判決を出した。

Kは、第一審への差戻しを求めて最高裁に上告（受理申立て）した。和解が有効だという第一審の訴訟終了宣言判決に対して控訴したKが、和解の無効を判断した控訴審判決にも不服申立てするのは奇妙である。もっとも、立退料を大幅減額されたのが不満というのであれば分からないでもない。ところが、Kが上告した（主たる）理由は退去料でもない。Cが認定した、「三四〇万円の退去料を一貫して求め、一度も譲歩したことはない」という事実が誤っているというのである。上告受理申立書は長大で、法律家が用いる定型からも外れているが、ご一読いただきたい。

Kは原告と「本当の意味で和解をしたかった」と述べ、申立書の末尾を、「本当は、退去料など出してもらわなくても、ただ、「次回の契約更新はしないから、今回の契約期間内に退去してくださいね」と、そう伝えてもらいたかった、本当ならそれだけで済んだことなのに……」と結んだ。


さて、この申立書を受け取った最高裁の裁判官はどう思うだろうか。Kは、退去料が四十万円に減額されたことが不満で、第一審への差戻しを求めているのか、そうではない何らかの正義を訴えているとすれば、Kは差戻審で何がしたいのだろうか。被告への応答は、正義の実現につながるのか、それとも司法がゴネ得に屈することになるのか。

そしてKは、「本当にお金の問題ではないんです」と言いたいだろう。しかしその「本当に」は、どうやったら相手に伝わるのだろうか？

1　「自分が正しい」とは

多くの紛争においては、当事者の主張が正しいかどうかが問題となる。各々の当事者としては、多くの場合「自分が正しい（本当のことを言っている）」と言いたいだろう。しかし、「自分が言っていることは本当だ」と言うことは、どんな場合に必要で、どのような形式の下で可能なのだろうか。

第一に、もし仮に、今この世界に自分一人しかいないのであれば、真実の確認は問題にならない。青い花を見ている人がいるとしよう。「花が青く見える」と思っている人が、

「「花が青く見える」というのは本当だ」

と考えるのは冗長だ。何か特殊な考え方に陥っているのでもない限り、こんなことをいちいち意識に上らせることはないだろう。

第二に、「花が青く見える」という言明が真実であることを、いったん自分で正当化しようとすると、「「花が青く見える」のは本当だ」だけでは済まないだろう。

「「「花が青く見える」のは本当だ」というのは本当だ……（以下続く）」

という、無限後退にあっという間に陥ってしまいそうである。

なお、この理は、自然科学的発想に慣れた人には、奇異に思えるかもしれない。真実とは、主張内容と世界の状態とが一致している場合を言うとすれば、

「「花が青く見える」のは本当だ。なぜなら、目の網膜が特定の波長の光に反応して、その信号が脳に到達し、脳が光を青色と解釈しているからだ。以上！」

という理由を付ければ、そこで証明が終わるような気もするからだ。しかし、無限後退というのは非常に手強い（手強いというか、言明の内容に全く依存しない点で、無差別で形式的なものだ）。上記の異論に対しては、簡単に

「「「花が青く見える」のは本当だ。なぜなら、目の網膜が特定の波長の光に反応して、その信号が脳に到達し、脳が光を青色と解釈しているからだ。以上！」というのは本当だ。なぜなら……」

を付け加えることができるのだ。

つまり、真実であること（の証明）は、単一の主体にとっては、無意味か、パラドキシカルなものである。[*2] 真実の証明に意味があるのは、紛争当事者が相手方や裁判所に対して自分の主張が真実であることを（証拠の提示や証言を通じて）証明するとか、自分の科学的発見が真実であることを科学者共同体の共通ルールに則って（論文雑誌に投稿し、批判に耐え抜くことなどを通じて）証明するといった、主張を発する者と、それを受け取る者がいる場面、すなわち社会的な場面においてである。[*3] そして、ある主張の真否

を決めるのは、普通は主張する者ではなく、その主張の受け手である。

2 真実証明の方法

紛争において、自分の主張が真実であると主張することの歴史は長い。とはいえ、筆者は史学の素養がなく、正確な歴史描写はおよそ不可能である。したがって、以下は学術的批判に耐えられる記述ではないが、筆者の興味の赴くまま、目についたいくつかの制度を必要に応じて断片的に紹介するにとどまる。

❖古代ギリシャ[*4]

古代アテナイの民衆裁判において、判断を担当する陪審員は法の専門家ではなく、抽籤で選ばれる素人の市民だった。このため、陪審員は事実認定や法適用を専門的・技術的に行うのではなく、当事者やそれを代弁する弁論家は、陪審員の理性のみならず、陪審員の感情や弁論者の徳にも訴えることとなり、その技術が弁論術と呼ばれた。

訴えの提起に際して、当事者は形式に則った宣誓を行わなければならず、陪審員はその宣誓を聞いて、抽象的な法と個々の事件事実との結びつきを判断した。

アリストテレス「弁論術」において、法廷弁論における証明の方法は五つ（法律、証人、契約、拷問、誓言）挙げられている。[*5]これを見ると、誓言が証明方法として挙げられ、誓言に反した場合は違約金の罰が用意された。証人の証拠力も、信頼できる証人（必ずしも現実に出廷する人だけでなく、引用や諺も証言に含まれたようである）の序列が語られた。一番信頼できる証人は昔の人びとの詩や名句など、その次に信頼できるのは「見知らぬ人びと」、その他、一番信頼されない、すなわち「危険に与かる証人」（おそらく利害関係人）がいるとされた。

そして、弁論の成功は、主張した言明と世界との一致（真実）を必ずしも意味しない。元来、弁論術は命題の普遍的な正しさを証明するための技術ではなく、「たいていの場合がそうだ」という蓋然的な論拠に基づいて、聞き手（民会の聴衆や法廷の陪審員など）の納得や説得を目標とするものだった。*6

❖古代ローマ*7

古代ローマの民事訴訟の中で最も古いものは法律訴訟と呼ばれ、その中で最も一般的なものは、神聖賭金式法律訴訟と呼ばれた。

この訴訟の手続は法律で厳格に定められている。最初に、原告が権利主張を行い、被告がこれと相容れない権利主張を行う。その後、場合によっては法務官を交えたやりとりが続いた後、原告が神聖賭金の挑発を行う：「私は、五〇〇アスの神聖賭金をもってあなたに挑む」。被告がこれに応える：「わたしもあなたと同様に」。その後、争点決定の後、裁判人の面前での手続で、どちらの当事者が宣誓した主張が正当かを判決する。敗訴者の賭金は没収される。

法律訴訟を含むローマの民事訴訟で認められた証拠方法には、宣誓・証書・証人・鑑定人および検証があった。*8 証人の証言は、証人の社会的地位や性格上の特質にも依存し、*9 宣誓は証拠方法としてだけでなく、さまざまな局面で用いられた。また、社会の発達に伴って文書が徐々に社会に流通し、証書の証拠力は特別に高いものと評価されてきたようである。また、鑑定人の主なものとして、筆跡鑑定人および測量技師がいる。彼らが用いられることは多くなかったが、その意見は裁判に大きな影響力を持っており、証拠方法というより、裁判所の判断能力を補助する者と考えられていた。[*10]

❖古ドイツ[*11]

古ドイツ（紀元五世紀末頃〜）の訴訟手続における重要な証拠方法は宣誓であり、宣誓の方法は当事者のみによる単独宣誓から、宣誓補助者（当事者の宣誓が真実であることを宣誓する。何人の宣誓補助者が必要かは、事件の性質などによる）による補強までさまざまな方法があった。のみならず、証人も自分の五感作用で認識した出来事を物語るのではなく、当事者が主張したことを誓言したのであり、その意味で、宣誓補助者と近い役割を担った。宣誓が許されない場合や必要な数の宣誓補助者をそろえられなかった場合の、最後の証拠方法は神判であり、その最も重要な方法は決闘だった。

証拠評価は厳格な法定証拠主義に基づいていた。すなわち、証明は、証明する当事者が法の要求する方式を満たした（たとえば、完全な形式を満たした宣誓行為を行った）ときに成功する、という原則が妥当していた。これだけでは、真実との一致が図られるとは考えがたい。しかし、当時の宣誓は自由人の誇りや自己意識に基づいて行われており、[*12]宣誓は宣誓者の人格を賭けたものであった。また、宣誓の証拠力は、「宣誓がなんら批難を受けないでなされるならば、相手方当事者だけでなく、法的共同体を構成する全員も満足する」という事情に由来したと説明される。[*13]

❖ドイツ民事訴訟法[*14]

十九世紀中盤までのドイツは、統一的な訴訟法典を持たず、各ラントが訴訟法を整備していたが、そこには証拠方法としての宣誓制度が残されていたようである。一八七七年に制定されたドイツ民事訴訟法も、これを引き継いだ宣誓制度を残していた。それによれば、原告・被告はそれぞれ自己の主張について証明責任を負い、それに従って事実を主張・立証するが、弁論および証拠調べの結果、裁判官の心証が確信まで至らなくても、どちらか一方の証明行為に有利に傾いていれば、裁判所はそちらの当事者に宣誓を命じることができた（裁判宣誓）。なお、普通法時代のハノーファー王国一般民事訴訟法では、証明が半分に達した場合（裁判官の心証に優劣が付けられなかった場合）は、自らの知識に基づいて宣誓できる当事者に宣誓が課され、同等の知識を有する場合には従来の品行や世評に基づき（！）、より信頼に値する当事者に宣誓が課された。

❖現代日本における「正しさ」の証明

現在のわが国の民事紛争処理制度を見ると、訴訟制度は原則として、「真実に基づく裁判」を理想とする。それを受けて、証明とは、具体的な事実主張が真実であるとの確信を裁判官に得させるべき手続（当事者および裁判所の活動）をいう。[*15] 証明に際しては主張と世界との一致が問題となるが、裁判で問題になる事実の多くは、いわゆる歴史的事実であり、自然科学的な推論になじまないものも多い。そこで、その確信は一〇〇%のものである必要がなく、真実性の高度の蓋然性が確信されればよい。[*16] 訴訟の本体（本案）についての証拠調べ手続は法定されており、証人尋問・当事者尋問・鑑定・書証・検証の五種類に限られる。自然科学的な知見は、鑑定・検証などで特に問題となる。証拠の重要性は事件ごとに異なるが、多くの場合、書証（文書）がいわゆる「動かぬ証拠」として重視される。

宣誓が単独で証拠方法になることはなく、宣誓は、証人や鑑定人に対して要求されるにとどまる（民訴二〇一条、二一六条）。宣誓の上偽証をした場合は、偽証罪に問われる（刑一六九条）。

提訴に際しての担保提供は、訴訟手続中、ごく限られた場合にのみ要求される（民訴七五条）。いったん判決が出た後は、仮執行の可否をめぐって、裁判所が勝訴敗訴当事者双方に担保提供を命じる可能性がある（民訴二五九条）。ただ、仮執行宣言を付することができるのは、財産上の請求に関する判決に限られる。これは、上訴審において判決が取り消された場合、仮執行を受けた当事者の損害を塡補することが担保制度の趣旨だからである。また、仮差押えや仮処分における担保提供（民保一四条）や、仮差押解放金・仮処分開放金の供託（同二二条、二五条）は多用される。ここでも問題となるのは、仮差押え・仮処分後の本案訴訟で、保全命令と異なる判決が出た場合に、保全処分を受けた当事者の損害をいかに塡補するかである。

3　真実を語ること

✣真実の証明

ここまで見ると、本章の主題である「自分の主張が正しいことの証明」には、少なくとも①当事者や関係人が自らの社会的地位や金銭を賭けて宣誓的な行為を行う、②動かぬ証拠や専門知などをもって主張内容と世界の状態との一致を吟味する、という二つの側面があったように思われる。[*17]

歴史的には、証拠方法の重点は①から②へと移ったが、証拠方法の重点はいまだ文書や証人であり、証明の程度は高度の蓋然性でよしとするなど、自然科学的な真実検証とは異質なものである。自然科学的な真実証明は、法的真実証明を強く促す論拠の一つではあるが、決して決め手とはならない。[*18]

私見によれば、裁判は、その規模がどれほど小さくても、社会的決定としての本質を持つ。[*19] したがって、そこで行われる真実の認定も社会的なものであり、社会構成員の賛同が必要である。自然科学的な真実証明も、そのような社会構成員の賛同が得られやすい証明形態の一つとして捉えるべきであろう。そして、宣誓もまた、社会の構成員として、構成員たる地位（それが宗教的なものか、市民権のようなものかなどは、社会形態に応じて多様であり得る）を賭けて行われる社会的主張と、社会に対する賛同の要求という側面があったものと思われる。

❖ 真実の機能

社会において、何者かが自己の主張や判断を真実であると言い、社会の構成員がそれを承認するとき、それによって当該主張や判断の内容を、その後の社会的コミュニケーションにおいていちいち吟味しなくてよくなり、コミュニケーションの後戻りのコストが大幅に縮減される（または、主張判断内容を覆そうとする者に、そのコストを負わせることができる）。これによって、真実であると社会的に確定された事項が、その後の社会的コミュニケーションの基盤となる。他方、主張や判断が不実であると判断された＝社会から受け容れられなかった場合、主張者はコミュニケーションの後戻りコストを負担したり、それ以後の社会的コミュニケーションで発言権を失ったりするだろう。これを真実の社会的機能と考えるべきである。

したがってここには、通常考えられているような言明と世界との一致としての真実に替えて、誰が真実であるとの社会的擬制を行い、真実として社会的承認を受けられないリスクを負うかという問題がある。両者は基本的に帰属先が一致するが、両者の性質は異なる。真実の社会的擬制は、真実の主張者の自己正統化の要素を含み、主張者の内的論理に基づいて行われる。他方、真実の社会的承認は、前述のように社会的コミュニケーションを通じて行われるため、主張者の内的論理に依存することができない実践的・経験的なものである。

　そこで、真実の社会的擬制にかかる主張者の言説領域の妥当範囲と、真実の社会的承認にかかるコミュニケーションの妥当領域が、社会内においてどのように分配されるかが問題となる。

❖真実の社会的擬制と、真実の社会的承認

　歴史的に見ると、裁判における真実の証明をめぐる諸制度には、社会的決定における真実の社会的擬制の権能およびリスクの帰属のさまざまなあり方を見てとることができるように思われる。
　たとえば、神聖賭金式法律訴訟では、相争う当事者は対抗的に真実を主張し合い、神との関係や金銭などを賭金に、自らリスクを負って主張の真否について対決する。対決に勝った者が真実の社会的擬制を獲得する。ここには、ある意味で最もミニマムで原初的な真実の社会的擬制、真実の社会的承認リスクの分配プロセスを見ることができる。[*20]
　古代ギリシャにおける弁論の論拠としての証言では、説得力は宣誓者・証言者の社会的地位に依存しており、民衆がその判定者だった。アリストテレス「弁論術」によると、宣誓（誓言）は絶対的なものではなく、その説得力を弁論術によって操作可能である。また、相手に宣誓を要求しないのは、自分は裁判官を信用するが相手を信用しないからであるとか、自分が宣誓をしないのは宣誓が金銭の代償であって自分はそういう賤しいことを望まないからだなど、裁判官への信頼や自身の徳（および相手方の悪徳）などを論拠にしていることが注目される。[*21] つまり、宣誓行為自体に真実擬制の力があったわけではないと解釈できる。
　陪審員は弁論に従って最終的な結論を決める。真実の社会的擬制権能は、陪審員の抽籤制度に基づく、

陪審員と社会構成員全体とのある程度の一致によって社会全体に帰属したと思われる。仮定された理念型として、もし社会全体が真実の社会的擬制を行うならば、擬制された真実が受け容れられないリスクの領域はなくなる。もっとも、その結論内容がしばしば適正でなく、社会全体にとってのリスクとなる（あえて言えば、未来の社会全体から当該真実が承認されない）ことはあり得る。

古ドイツにおける宣誓制度は、反証の余地がないものであり、かつその効果は法定証拠主義的な、完全な真実擬制であったため、証明責任を負う宣誓者は真実の社会的擬制権能を与えられていた反面、宣誓内容が真実でないこと（正確には、その宣誓内容が社会に受け容れられないこと）のリスクを負わされていたと解釈できる。そのため、宣誓者は宣誓に先んじて、自らの宣誓内容を十分に吟味しなければならなかった。社会的擬制の言説領域は宣誓者個人にまで狭められ、社会的承認の領域が社会全体にまで拡張されていると解釈することもできる。宣誓者は明示的にせよ黙示的にせよ、真実の社会的承認のコミュニケーションを、法廷外で遂行しなければならなかっただろう。宣誓補助者についても、「宣誓補助者が当事者のした宣誓が真実であるという確信を得るに至った原因については、相手方も裁判所も、これを知らなかった。…当事者が、その宣誓が真実であることについて、自分の人格をかけようとするほど、確信を有する人々を見出したという事実で十分であった」と説明され[*22]、その実質的機能は、社会的承認のコミュニケーションの一種と捉えることができる。他方、法定証拠主義的な証拠評価制度により、裁判所はその宣誓内容が真実であることを主体的に判断するのではなく、真実の社会的承認リスクを負う必要も生じなかったことになる。

現代日本においてはどうだろうか。裁判における真実証明は、自由心証主義（民訴二四七条）によってカバーされている。そこでは、当事者が提出できるのは訴訟資料（事実主張および証拠）だけである。証拠方法は、「厳格な証明」の原則の下、厳密に分類されており（民訴一九〇条–二四二条）、不定型な証拠方法は採用されない。証拠調べの結果は、裁判官の有する経験則を通じて事実認定に影響をもたらし、高度の蓋然性というハードルを超えて裁判官の内心に確信を持たせられた事実主張が、認定事実として判決の基礎にされる。鑑定意見や検証結果などがもたらす自然科学的な知見さえも、裁判官の自由心証に回収され、それを超えた法定証拠主義的な効力（裁判官に真実を認定させる強制的な効果）は持たない。*23 当事者の（真実の）語りも、当事者尋問における供述や、陳述書の記載内容として訴訟資料化する。当事者が自らの語りに込める思いと、制度上の自由心証主義との落差を利用した、いわゆる「ガス抜き」としての当事者尋問が語られるほどである。

当事者の提出する証拠によっても主張事実の証明（高度の蓋然性の確信）に至らない場合は、証明責任の法理によって判断がされる。これは、少なくとも規範内在的には、真偽不明の場合の裁判所の判断内容を拘束する規範（客観的証明責任、証明責任規範）の問題であると考えられている。当事者の敗訴リスクは、裁判所の判決内容拘束から反射的に生じる主観的責任にすぎず、規範的な規律の対象ではないように扱われることが多い。

判決理由中の事実認定には裁判の拘束力が及ばない（民訴一一四条一項）が、これは単に不可争性が及ばないという意味にとどまる。弁論主義や証明責任といった規範的な限定が付くにせよ、当該事実認定の正しさが判決主文（結論）の規範的正統性を支えていることは間違いない。事実上、裁判所が認定した事実が社会的に一定程度尊重されることもあり得る。当事者が、裁判所の事実認定に不満を持つことも多い。

当事者は資料提出について、裁判所との関係で前記のような敗訴リスクは負うが、真実の社会的承認のリスク（事実主張が社会に受け容れられないことから生じる、信用喪失や発言権喪失のリスク）は負わない。当事者の真実義務は、現在日本において制度化されておらず、訴訟内においては仮定的主張も広く許される（「お金は借りていない、仮に借りたとしてもすでに弁済した、仮にまだ弁済していないとしても消滅時効を援用する……」）。構造上、主張の一部が主観的真実に反せざるを得ないような訴訟形態もある（民訴四一条参照）。[*24] 当事者尋問も、当事者に対して自らの利益に反する真実の陳述を強制するのは酷との理由で、宣誓を任意的にとどめている（民訴二一〇条による同二〇一条一項の不準用）。

以上、現代日本の当事者は、裁判内容との関係では、訴訟資料の提出権者（いわゆる審尋請求権の議論に連なる）、または自らが訴訟資料の客体たる地位を有する（尋問を受け、供述する当事者）にとどまり、法廷において裁判官をも拘束する宣誓の権利がなく、真実の社会的擬制の権能も、その社会的承認のリスクも帰属しないといえる。

真実の社会的擬制を行うのは市民個人でも社会全体でもなく、制度としての裁判所である。個々の裁判官は、法曹資格取得に際して法的判断の資質を問われるにすぎず、それ以外の特別な事実認定トレーニングを受けるわけでもなく、また法学以外の専門知識について明るいわけでもないが、制度上は事実認定の権限を独占する。

これに伴って、真実の社会的承認のリスクも裁判所が負うこととなるが、これは個別事件の当事者あるいは法以外の部分社会システム（経済・科学・政治・宗教など）からの、司法不信・裁判不信の原因となり得る。リスクは個別事件を超えて分散され、希釈され得るが、社会的決定のリスクがゼロになることはあり得ない。

なお、筆者は現代においても裁判宣誓制度を復活させよと主張するものではない。かつての宣誓制度は、社会的に雑多な権力関係・政治関係や社会資源の格差などを、容易に法廷内に再現させる制度でもあり得るからである。また、現代社会においては、立法にせよ司法にせよ、社会的決定のための制度が高度に機能分化しており、個別の社会構成員が直接にその決定に影響を与えるようなショートカットは望ましくないこと、制度的に賭金として利用できる社会構成員全員に共通の社会資源（市民権や生命など）がないことを考えれば、宣誓制度を維持し得ないことは当然の帰結にも思える。

ただここでは、真実の証明や真実の機能が社会的なものであり、真実を語る権能やリスクの社会的分配態様が時代や制度ごとに相当に異なること、そして現在におけるその帰属もまた決して自明ではないこと、訴訟制度の外側では、非定型な真実の社会的擬制の権能および社会的承認のリスクの、流動的な帰属が常にあり得ることを指摘したい。

4　真実を語る主体と、その受け容れ方

❖問題の状況

以上を踏まえて提題に戻ろう。確認すると、本章は、Kの主張内容が本当に本当だ、と言っているのではない（Kが「強欲な賃借人」である可能性（後述）は、社会的には最後まで排除できない）。Kが真実を語っているか否か、すなわちKの言明と世界の状態との一致の条件を検討したいのでもない。あくまで、本件における一連の判決や上告受理申立理由書において、裁判所とKの間で交わされた真実をめぐるコミュニケーションのあり方や、その形式が検討対象となる。

提題で問題となっている真実は、控訴審の裁判官Cが認定＝社会的に擬制したKの行状である。Kは自

らの意思を社会的真実として擬制させる方法を持っていない。それを擬制できるのは裁判所のみである。Cが認定した「Kは一貫して三四〇万円の退去料を要求し、一度も譲歩したことがない」という過去の事実は、Kが強欲な意図を持っているということを社会的真実として擬制する事実上の機能を持っていたと解される。これが、判決の受け手であるKにとって受け容れがたい、一種の侮蔑に近いものだったため、Kは上告受理申立てに至ったと読める。[*25] ここでは、真実の社会的擬制権能を一手に担う裁判所の、真実の社会的承認リスクが顕在化している。

Cの認定事実は、そのまま現在のKの手続的意思の真実性につながる。Kが真面目な意図で上告をしたのであり、退去料目当てではないことを、Kはいかに表明し、裁判所はいかに応答すればよいか。現在の手続的意思は、証明や事実認定の対象ではない。強いて言えば、宣誓や担保の対象となるが、現代日本において、Kが自己の意図の真摯さについてリスクを負う（何らかの賭金を積むことができる）正規の制度は存在しない。それに対応して、裁判所もKの主張を正規の方法で取り上げ、斟酌することができない。

制度内在的な真実擬制という土台の上で問題を処理できない以上、Kと裁判所は、真実をめぐるコミュニケーションを制度外で展開しなければならなくなる。Cは制度の内側で（控訴審判決文における認定事実として）社会的真実を語り、Kはそれを受け容れなかった。次は、Kが制度の外側で（上告受理申立理由書において、定型的な記載を逸脱する記載として）真実を語り、最高裁がそれを受け容れるか、受け容れるとして訴訟制度の建前とどう折り合いを付けるかが問題となる。

❖ Kの真実告発

この点、上告受理申立理由書を読むと、Kの主張にいくつかの特徴があることが分かる。

第一に、Kが自らの利益を放棄するような表現で、控訴審判決の不当性を挑発的に告発していることである。Kは、控訴審がKを「三四〇万円の立退料にこだわる強欲な賃借人」であるかのように認定したことに強い不服を表しており、証拠を挙げてそれに反論するとともに、四〇万円という立退料の相場があるならば早くそれを言ってくれれば済む、控訴審判決の理由からすると、むしろなぜ原告が四〇万円を支払わなければならないのかが不思議だなどと記して、立退料の金額が問題でないことを強調する。

第二に、Kが本件の経過について不満を持ったのは、もっぱら法律家（弁護士、裁判官のほか、本章では触れないが裁判所書記官も含む）の対応である。特異なことに、対立当事者であるはずのオーナーやその相続人本人に対して、Kはほとんど不満を表明していない。本件紛争は、賃貸借の居室明渡しの可否や退去料の額をめぐる賃貸借紛争ではなく、Kと民事司法に関わる法律家との間の人格紛争といえるほどである。

そして、K自身が意図したかどうかは不明だが、Kが指摘したさまざまな事実は、現代日本の民事司法の、やや「不都合な真実」に触れるものでもある。

①KはA弁護士の対応の拙劣さを非難する。これは、「一方当事者の代理人」という立場で「国民の権利を守る」法曹としての弁護士、という立場のジレンマに合致する。弁護士が依頼人のニーズを適切に汲み上げるべきことは、近年もリーガル・カウンセリングの議論などを通じて主題化されるが、相手方当事者への配慮については、その必要性自体が議論の対象となる。[*26] 一般論としても、相手方当事者に過度に配慮すれば、依頼人との関係で弁護過誤のおそれも生じるため、弁護士は、法的な建前を自己正当化の道具にして、ある程度割り切って相手方に対応せざるを得ない。

②B裁判官はKに和解を勧め、事件の引継ぎ後わずか二か月足らずで和解をまとめたようである。裁判

官が平均三年程度で転勤を繰り返し、手持ち事件の状況が顧慮されないことは、日本の司法政策上の特徴でもある。また、日本の裁判官の手持ち事件数は多く、全件について判決を作成することは困難だが、訴訟上の和解が成立すれば調書記載で済み、上訴の可能性もないため（本件は例外である）、裁判官にとって和解は便宜である。

加えて、訴訟上の和解は判決と異なり、柔軟な解決内容が許容される。本件の和解内容は、Kにとって相当に有利な内容であり、B裁判官がKの立場を慮ったことが見て取れる。BがKに対する後見的な配慮から、しかしまさしく和解内容がKにとって有利であるがゆえに、十分に時間をかけてKが納得に至るのを待てずに、強く和解を勧めた可能性もある。そのことでBを非難するのは困難であろう。

③C裁判官は、二回の期日で結審し、判決を言い渡したようである。民事控訴審は近年、「事後審的運用」とも呼ばれるあり方へ移行していると指摘され、一回期日で審理が終結することも稀ではない。[*27] また、本件建物の状況、家賃の額など、建物明渡事件として通常抽出される事実だけを見れば、控訴審判決による紛争解決の内容は、法律家から見て、むしろ常識的な内容にも読める。

しかし、この事後審的運用は、第一審の手続経過における社会的コミュニケーションの機微を脱落させるおそれがある。第一審で成立した和解で認められた高額の立退料は、弁護士Aへの損害賠償請求という、本件訴訟の周辺紛争まで含めて今回のトラブルを包括的に解決するために、しかし裁判所からKに損害賠償請求の提訴を勧めることはまた別の問題を生じ得るが[*28]ゆえに、Bが苦肉の策として出した便宜的な金額だった可能性がある。[*29] これらの機微を、いわゆる事後審的運用で適切に汲み取れるかは問題であり、本人訴訟、とりわけKの弁論能力に問題があったと思われる[*30]本件においてはいっそう疑問である。

以上、Kが指摘した本件の経緯は、そのいずれもがただちに違法の問題を生じさせるものではない。しかし反面、最高裁にとってはやや「耳が痛い」一片の真実を含む。思い当たるフシがないではない、たしかに現行制度の運用上、そういうことが起きるかもしれない、のである。

こうした、権力格差がある状況で自らを危険にさらしつつ、聞き手にとって耳が痛い諫言を含む真実を告発することは、[*31]制度的な真実の社会的擬制が担保されていない社会領域で真実を語る営為としては、あり得る態様である。

✣最高裁判所の応答

それでは、最高裁はKの真実の告発に応答したのだろうか。最高裁の結論は、原判決破棄、控訴棄却（自判）である。結論だけを見ても、一見Kの上記主張との対応関係は見出せない。また、判決理由はきわめて技術的な訴訟法上の理由に関する一般論であり、そこからKへの個別応答の兆候を見出すこともほとんどできない。ほとんど、というのは、結論に至る判決理由の論理に、やや不可解な点があるからである。[*32]

Kの不服は、第一に控訴審判決における事実認定に向けられているのだから、それへの応答は原判決破棄となり、その点でKの希望は叶えられているようにも見える。しかし反面、上告審は法律審であるため、差戻しをしない限り原審が適法に認定した事実に拘束される（民訴三二一条一項）。他方、原審の和解無効原因の存否判断を、手続上の誤りとして職権調査事項と解すれば、最高裁自身による職権調査ができる（民訴三二二条）。もっとも、判決文を見る限り、最高裁は本件の経過等を形式的に確認するだけで、Kの意思等につき実質的な調査を行っていないように見える。

①本件を第一審へ差し戻す可能性

Kは上告受理申立理由書で、第一審への差戻しと再審理を求めている。しかし、第一審への差戻しのためには、その前提として、第一審和解が無効であるとの判断が必要だが、その判断は容易ではない（後述②）。

また、仮にKが本当は「強欲な賃借人」だった場合はどうか。かりに和解無効を認めて、差戻第一審で本案審理が再開すれば、そこでKが改めて占有権原を主張したり高額な立退料を請求するおそれがある。これは、裁判所にとっては避けたい事態である（Kに裏切られ、裁判所がゴネ得という最悪の暴力に門戸を開くことになってしまう）。これを防止する手段がないではないが、上告受理申立理由書との関係で禁反言を問うなどの一般条項による例外処理に依存せざるを得ず、差戻審がこれを適切に行うかは定かでない。Kの上告受理申立理由書の記載は、権利放棄とまで読めるわけではないからである。

上記とは反対に、仮にKの主張が真実だとしても、今度は審理の長期化やそれに伴う紛争解決の遅延に、Kの心身や経済的条件が耐えられるかが問題となる。

以上、Kが求めた第一審への差戻しと再審理は、Kの主張の真偽にかかわらず、最適な選択肢とは言えなさそうである。実際に、最高裁は事件を原審にも第一審にも差し戻していない。

②第一審和解を無効と評価する可能性

では、最高裁の自判の内容をどう評価すべきか。ここで、問題をさらに複雑にしているのは、最高裁の示した法理上、第一審和解が有効でも無効でも控拆棄却という結論は変わらず、また判決文を見ても、最高裁が第一審和解の有効性をどのように自判したか、記載が欠けている点である。*33

最高裁の判決文中、判決理由として（つまり、主文を導くために不可欠の法理として）不利益変更禁止（民訴三〇四条）に触れ、かつ控訴棄却の直前で「以上説示したところに従い」と表現していることから、最高裁は和解を無効と判断した可能性が高いと解する。

しかし、最高裁は原判決を全部破棄した以上、控訴審の認定事実または職権調査の結果に基づいて、第一審和解が無効だったか否かにつき、改めて法適用を行わなければならないはずである。のみならず、一般に和解無効原因は意思表示の錯誤（民九五条）などに限定されるため、原審が重視した「本件和解が真意に出たもの」か否かは、それだけでは訴訟上の和解の有効性を左右しないように思われる。他に、和解無効原因となり得るKの意思等は、判決文に調査の結果が記されていない。最高裁は、どのような理由で本件和解を無効と評価し得るのであろうか。

本人訴訟において裁判官が和解を強く迫り、当事者本人が和解内容を理解・納得しないまま合意に至ることは、たとえ和解内容が本人に有利でも望ましくないと、判決文中にないものの最高裁が実質的に考えた可能性もないではない。しかし、和解勧試の法的規律は、和解交渉プロセスの微細な局面にメスを入れる作業であり、安易な一般化は難しい。理解・納得も（「真意」と同様）評価概念であり、理解や納得が欠けているとの事後的評価が和解無効を導くのでは、訴訟終了原因の約半数を占める訴訟上の和解の制度的安定を揺るがすことになる。最高裁が、本件第一審和解を無効と明言するのは難しいようにも思われる。

仮に、原審の和解無効判断があるから最高裁で改めて説示不要と解するならば、Kとの関係が問題となる。控訴審の無効原因判断の構成要素である三四〇万円の立退料請求の事実認定や、それゆえ本件和解がKの真意に出たものでないとの評価を、最高裁はすべて支持したのだろうか。これは前述のとおり法的に問題があるのみならず、Kにとっても納得しがたいだろう。最高裁としては、上告審判決の定型句である

「原審の適法に確定した事実関係（によれば）……」を書きづらいところである。実際に、その定型句も判決文には書かれなかった。

③第一審和解を有効と評価する可能性

では、最高裁は、控訴審の認定事実または職権調査の結果に基づいて、第一審和解に無効原因はないと考え、不利益変更禁止によるまでもなく控訴を棄却したのか。しかし、そう解すると「以上説示したところに従い」の文言が控訴棄却を導く理由として機能しなくなり、最高裁判決からは自判の理由（法適用）が完全に欠けることとなる。

Kとの関係を考えると、正面から和解を有効と判断すれば、和解の訴訟終了効が発生し、再審理や「本当の和解」を求めるKの希望、とりわけAの謝罪を求める希望は取り上げられなかったこととなる。この点、第一審和解の退去料の額二二〇万円は、実質的結論としてはそれなりに妥当であり、また黙示的にせよAへの損害賠償請求が認められなければ支持し得ない点に、最高裁の応答を汲み取ることも不可能ではない。しかし、この金額自体、第一審でBが苦肉の策として出した額であるという前述の推測が正しければ、最高裁が和解の根拠となる論理を判決文で明示することは困難であろう。

④最高裁の「応答」の痕跡

判決文は、以上の諸問題を「以上説示したところに従い」の一言で済ませ、ぼやかしているようである。第一審和解について有効無効いずれの判断を明示することも困難だが、いずれの判断をしても同一の結論（おそらくは最高裁が考える本件の最適解）に至ることは可能であるという、本件の特異な状況を、最高裁は利用したのではないかと推測される。しかし、第一審和解の有効性につきいずれの判断をしたと仮定しても、判決理由に不備があり（民訴三三八条一項九号）、いわば不完全な二股掛けと称し得る。

きわめて緻密な法的推論を行う近年の最高裁が、このような不備を犯すことは珍しい。この判決のわずかな疵、判決理由中に自判の理由が書かれなかったことに、Kに対する最高裁の「応答」の痕跡を見ることも可能と考えるが、それを裏づける証言や資料があるわけではなく、すべては推測の上に推測を重ねた試論の域を出ない。つまり、本章は社会的真実を根拠――どんな根拠があり得るだろうか？　本章もまた、真実をめぐる社会的コミュニケーションの中にいるのだが――とともに示すものではない。

＊1　民集六九巻七号二一五八頁以下に掲載。

＊2　ニクラス・ルーマン『社会の科学1』徳安彰訳（法政大学出版局、二〇〇九年）一〇七頁以下を参考にした。

＊3　「「家の戸締まりをした」と思っていたのは間違いだった」という、単一の主体による命題の真偽判断もあるではないか、という反論があるかもしれない。しかしこの場合も、主体が時間的な分割によって複数化している。

＊4　サリー・ハンフリーズ「古代ギリシャにおける法、法廷、司法過程」葛西康徳・高橋秀樹訳（『法政理論』三一巻二号）二五四頁以下。この文献については、五十君万里子教授（九州大学）からご示唆をいただいた。

＊5　アリストテレス「弁論術」山本光雄訳『アリストテレス全集16』（岩波書店、一九六八年）八七頁。

＊6　アリストテレス、前掲、一一二頁、ディオゲネス・ラエルティオス『ギリシャ哲学者列伝（中）』加来彰俊訳（岩波書店、一九八九年）三九頁など。

＊7　以下は、船田享二『羅馬法　第四巻』（岩波書店、一九四四年）三八七頁以下による。

＊8　船田、前掲、五三七頁。なお、少なくとも方式書訴訟において、証拠方法が厳格に制限されるということはなかったようである。

＊9　アルトゥール・エンゲルマン『民事訴訟法概史』小野木常・中野貞一郎編訳（信山社、二〇〇七年）二一五頁。

＊10　杉山悦子『民事訴訟と専門家』（有斐閣、二〇〇七年）九頁以下。

＊11　以下の叙述は、エンゲルマン、前掲、七頁以下による。

＊12　同前、五一頁。

＊13　同前、五五頁。

＊14　以下の記述は、竜嵜喜助『証明責任論』（有斐閣、一九八七年）一三頁以下による。その他、川嶋四郎「1877年のドイツ民事訴訟法における当事者宣誓制度（1）～（3・完）」（『法政研究』六六巻三号四九八頁、四号五二八頁、四号五二八頁、六七巻一号三五〇頁）参照。

＊15　松本博之・上野泰男『民事訴訟法〔第8版〕』（弘文堂、二〇一五年）四二三頁。

＊16　最一小判昭和二三年八月五日刑集二巻九号一一二三頁。

＊17　ギリシャ悲劇における真実の解明について、ミシェル・フーコーは「オイディプス王」「イオン」を題材に、①神が示す真実の徴としての神託、②当事者が語る真実としての誓いや試練、③証言や物証など、真実の断片としての動かぬ証拠といった、真実が顕現する階層的で多様なあり方を分析する。ミシェル・フーコー「真理と裁判形態」西谷修訳『フーコー・コレクション6』（ちくま学芸文庫、二〇〇六年）四七頁以下、『自己と他者の統治』阿部崇訳（筑摩書房、二〇一〇年）一七八頁以下。

＊18　たとえば、ルンバール事件最高裁判決（最二小判昭和五〇年一〇月二四日民集二九巻九号一四一七頁）では、医師のルンバール施術とその直後に生じた患者の病状の激変との因果関係が問題となり、鑑定書四件中因果関係を直接に肯定したものが一件のみだったにもかかわらず、因果関係を認定しなかった原判決を経験則違背として破棄した事例である。同判決の評釈として、伊藤眞・加藤新太郎編『民事事実認定』（有斐閣、二〇〇六年）一五頁（伊藤眞）は、事実認定に正義の価値判断が影響することを肯定する。

＊19　より小規模な社会において、立法と司法の区別は現代ほど明確ではなく（たとえば、古代アテナイにおける民会と民衆裁判の関係など）、裁判もまた社会的決定としての意味を持ち、それゆえに、最終的には当該社会の構成員

の大方の賛同を得られるようなものでなければならなかった。古ドイツにおける立法と司法の未分化について、雉本朗造「判決ノ無効」『民事訴訟法の諸問題』(有斐閣、一九六一年)二八五頁。
＊20　その他、「イリアス」における対抗当事者による真実の挑発プロセスについて、ハンフリーズ、前掲、二六七頁、フーコー「真理と裁判形態」前掲、三八頁。
＊21　アリストテレス、前掲、九四頁以下。
＊22　エンゲルマン、前掲、五五頁。
＊23　本章の主たる論題ではないが、鑑定結果が裁判所の判断を拘束するかどうかも、歴史的に興味深い多様な立法例がある。鑑定意見が裁判官の判断を拘束しないとする例(現代の各国民事訴訟法がそうである)、拘束する例、複数の鑑定意見が一致すればそれに従う例、裁判所が十分と認める異議がない場合にのみ拘束力を認める例、損害額の認定に際しては三人の鑑定意見の平均値を採用する例などを挙げることができる(杉山、前掲、八頁以下)。
＊24　山本弘「多数当事者訴訟」竹下守夫・今井功編『講座新民事訴訟法Ⅰ』(弘文堂、一九九八年)一六〇頁。
＊25　もっとも、事実認定の誤りは本来、法律審への上告受理申立理由になる理由ではない(経験則違背を法令違反に含めることはできる)。Kも、民訴三〇四条・一五〇条、憲法一三条違反などを申立書に挙げるが、法律論は明らかに主たる上告理由ではない。
＊26　加藤新太郎『コモンベーシック弁護士倫理』(有斐閣、二〇〇六年)一四六頁以下、森脇康友編『弁護士の倫理〔第2版〕』(名古屋大学出版会、二〇一一年)一二八頁、一三一頁。
＊27　問題状況の概観として、松本博之「控訴審における「事後審的審理」の問題性」『民事訴訟法の立法史と解釈学』(信山社、二〇一五年)四九〇頁以下。
＊28　提訴を促す釈明(民訴一四九条)が適法かどうか、問題となり得る。また、賃貸人からの賃貸借契約解約申入れが不法行為に当たるか否かが問題となることもあるが(東京地判平成一八年八月二五日判例秘書登載、当該裁判例については、七戸克彦教授(九州大学)からご示唆をいただいた)、賃貸人自身ではなく、代理人弁護士に対する損害賠償請求権を立退料に含めてよいかは検討の余地がある。また、弁護士に対する損害賠償請求は、独立の本案訴訟

としては請求認容の見込みが必ずしも高くないと思われる。
＊29　あえて内訳を憶測すれば、当初の立退料百万円に加えて、Aの行為によって生じた損害を二四〇万円とした上、Kの対応にもそれなりに拙いところがあったことから、過失相殺を五割と計算して一二〇万を認定し（あるいは、端的に発生した損害を月額十万×十二か月と認定し）、本来合算は困難だが、立退料の法的性質の多様性を隠れ蓑に合算して、二二〇万円ということになるか。
＊30　控訴審の第二回口頭弁論期日において、Kは心身の不調から口頭陳述ができず、筆談の方法を用いた。この点、Kの陳述を禁じ、訴訟上の弁護士の付き添いを命じるべき（民訴一五五条）だったとの指摘もある（堀清史「判批」『平成28年度重要判例解説』一四五頁）。実際的な解決方法の一つだが、本文で指摘した弁護士A・第一審裁判官B・控訴審裁判官Cの行為態様が示すように、民事司法を作動させる法律家の論理に翻弄されたKを、法律家たる弁護士の付添いによって適切に応接できるか、なお検討の余地がある。事実、Kは第一審和解の直後、一度弁護士（D）を選任した後、Dにも不信感を持ったのである。
＊31　本件におけるKの上告受理申立理由書の記載は、晩年のミシェル・フーコーが古代ギリシャからヘレニズム時代までの言説分析を通じて析出した、真理を語るさまざまな形態の社会的営為「パレーシア」の混合体のようなものにも見える。ミシェル・フーコーのコレージュ・ド・フランスにおける一連の講義録（ミシェル・フーコー『主体の解釈学』廣瀬浩司・原和之訳、筑摩書房、二〇〇四年、『自己と他者の統治』前掲、『真理の勇気』慎改康之訳、筑摩書房、二〇一二年）、および『真理とディスクール』中山元訳（筑摩書房、二〇〇二年）など参照。
＊32　本文のここからの記述はきわめて技術的な論点に関わるが、以下の分析を前提とされたい。
最高裁は、①「和解による訴訟終了判決である第一審判決に対し、被告のみが控訴し原告が控訴も附帯控訴もしなかった場合において、控訴審が第一審判決を取り消した上原告の請求の一部を認容する本案判決をすることは、不利益変更禁止の原則に違反して許されない。」②「そして、和解による訴訟終了判決に対する控訴の一部のみを棄却することは、和解が対象とした請求の全部について本来生ずべき訴訟終了の効果をその一部についてだけ生じさせることになり、相当でないから、上記の場合において、控訴審が訴訟上の和解が無効であり、かつ、第一審に差し戻すこ

となく請求の一部に理由があるとして自判をしようとするときには、控訴の全部を棄却するほかないというべきである。」として、原判決を破棄した上、③「そして、以上説示したところに従い、上告人の控訴を棄却することとする」とする（番号筆者）。

原判決の全部破棄により、控訴審判決が存在しない状態になった後、理論的には、最高裁は下記の判決のいずれかを選ぶことができ、いずれを選択するにしてもその理由を示さなければならない（民訴二五三条一項三号）。

（a）和解無効事由を再審理するための原審差戻し（民訴三二五条一項）。改めて和解無効が認められれば、差戻控訴審で本案審理を行うか、期日再開または差戻しによる第一審での本案審理がなされる。

（b）原審の認定事実および職権調査に基づいて、第一審和解を有効と判断する控訴棄却（民訴三二六条一号）。

（c）原審の認定事実および職権調査に基づいて、第一審和解は無効だが、自判の上、①②で示した不利益変更禁止の原則により控訴棄却（同前）。

（d）原審の認定事実および職権調査に基づいて、第一審和解を無効と判断し、判決理由中でそのことを示した上、控訴認容・第一審弁論再開（同前）。

最高裁判決の結論は控訴棄却であるから、（b）（c）のいずれかであることが明らかである。

最高裁が（c）を選択したと解すると、①②は、いずれも控訴棄却（③）の結論を導く理由となる。「以上説示したところに従い」の表現が、この解釈を支持する。（b）を選んだ場合、①②は主文1（原判決破棄）を導く根拠としてなお機能するが、③に至るために①②は不要のため、③の理由は判決文中存在しない（「以上説示したところに従い」に対応する説示がない）ことになる。

＊33　小田真治「判批」（『ジュリスト』一四九九号）八八頁が指摘するように、最高裁は、「原審としては、仮に本件和解が無効であり、かつ、被上告人の請求の一部に理由があると認めたとしても……」との仮定表現を用いて、この点についての原判決の判断に対する評価を留保したままにする。

コラム1　日和幼稚園事件について

二〇一一年三月十一日に発生した東日本大震災。当時、宮城県石巻市の私立日和幼稚園に通っていた私の娘・愛梨（あいり）は、乗っていた幼稚園の送迎バスが津波に襲われ、その後の火災により亡くなりました。

震災から三日後、焼け焦げた送迎バスのすぐそばで、私たちは変わり果てた姿となった愛梨を含む五人の子どもたちを見つけました。震災直後の私は、日和幼稚園が高台にあったため、愛梨は安全な場所にいるはずだと信じていました。それなのに、なぜ。どうして幼稚園は、送迎バスを安全な高台から海沿いの低地に向けて出発させたのか……。

東日本大震災は未曾有の自然災害でしたが、私たち遺族は、愛梨を含む五人の子どもたちは今も生きていなければおかしい、亡くなるはずはなかったと考えています。もう二度と、このような悲劇を繰り返さないために、一人でも多くの方に事件のことを知ってもらいたいと思います。

＊

愛梨たちが送迎バスに乗せられ被災した状況を改めて確認すると、おかしなことがいくつもあります。私たちは、真実を知るために他の保護者へ聴き取りを行い、説明を求めるなど独自の調査を行いましたが、結果は驚くことばかりでした。大津波警報のサイレンが鳴り響く中、幼稚園は安全確認をしないまま、高台の幼稚園から海側に向けて送迎バスを発車させていました。さらに、愛梨を含む亡くなった五人の子どもたちは、本来「乗るはずのない」バスに乗せられていたのです。五人の子どもたちは全員、海とは反対方向の内陸部に自宅があり、沿岸部に自宅がある子どもたちと一緒のバスで海側へ向かうことは本来ないはずでした。

被災後の幼稚園の対応にも、多くの問題があります。そもそも幼稚園は子どもたちの捜索活動を一切行わず、近くにいた消防の方への救助も求めていません。一人だけ助かった送迎バスの運転手は、被災後すぐに幼稚園へ戻っていますが、バスの正確な場所を幼稚園に伝えませんでした。当日の夕方、夫が愛梨を迎えに幼稚園へ行きましたが、バスが被災した事実は知らされていません。一方、被災現場の近くに住む方の話では、「津波が引いてから、助けて、助けてという子どもたちの声が聞こえた」、「子どもの声は、夜中まで聞こえていた」と証言されています。被災現場での火災発生は被災から約十時間後とされていて、ひょっとしたら助かる可能性もあったのではないかと思うと、悔しくてたまりません。

幼稚園には、被災前後の状況についてきちんとした説明をしてほしいと何度も求めました。ですが結局、最後まで十分な説明はありませんでした。亡くなった子どもたちへの謝罪もなく、対応に誠実さが見られませんでした。最終的に私たちは、弁護士の先生に相談して幼稚園側に内容証明郵便を送り、幼稚園側から「津波は予見不可能で、責任はない」との回答がなされたため、最後の手段として民事裁判の道を選びました。

裁判を選んだ理由は、何よりも、真実を明らかにしたいとの思いでした。お金目当ての裁判と思われることは本意ではなく、当初は刑事告訴を希望していましたが、弁護士の先生からのアドバイスで民事裁判を選択しました。司法の手に委ねることで、少しでも真実に近づきたいとの思いと期待がありました。ですが、実際に始まった民事裁判では、私たちが自分たちで調べたことを法廷で包み隠さず話したのに対し、幼稚園側は自分たちに都合の悪い事実を隠そうとするばかりで、誠実な態度は最後まで見られませんでした。

一審・仙台地方裁判所では、事件について幼稚園の法的責任を認める全面勝訴判決となりましたが、幼稚園側が控訴、仙台高等裁判所で裁判が続くことになりました。最終的には、仙台高裁で訴訟上の和解が成立しています。

私たちにとって和解に応じることは、まさに苦渋の決断でした。とても悩み、考えましたが、幼稚園側が一審判決で認められた法的責任を認め、子どもたちと私たち遺族に「心から謝罪する」ことや、自然災害から子どもの安全や生命を守るためにきわめて重要な日頃の防災体制構築が日和幼稚園では不十分であったことなどが和解条項に盛り込まれたため、最終的に和解に応じました。私たちにとって和解は決して「仲直り」ではありませんが、和解条項の前文に「重大な結果を風化させてはならず」、「今後、このような悲劇が繰り返されることのないよう」、「犠牲が教訓として長く記憶にとどめられ、後世の防災対策に活かされるべき」との裁判所からのメッセージが加えられたこともあり、私たちはこの和解を今後に活かしていく道を選択することにしました。

現在、私たちは「日和幼稚園遺族有志の会　子どもの安全を考える」を立ち上げ、愛梨たちの被災現場を中心に事件を伝える「語り部活動」を続けています。また、文科省

「学校事故対応に関する調査研究」有識者会議でのヒアリング（二〇一五年九月）などの機会を通して、国や行政・教育機関に事件の経緯と教訓を伝え、防災対策に向けた取り組みを促す働きかけを行っています。これからも、日和幼稚園事件のことを多くの人たちに知ってもらい、一人でも多くの方に、将来の子どもたちの命と安全を守るための対策を私たちと一緒に考えていただければと願っています。

（語り手：佐藤美香【日和幼稚園事件遺族】、聞き手・構成：小佐井良太）

第Ⅱ部　貶められる人びとのほうへ

第4章 「ヘイト・スピーチ」で問われないもの
——見える主体と見えない主体——

土屋明広

【提題】 突然、あなたの目の前に差別的、侮蔑的な言葉——「○○人のDNAは汚れている」、「○○人は侵略者の末裔だからここに住む資格はない。出て行け!」——を叫びながらデモ行進を行う集団が現れたとする。この時、あなたは何を思い、どのように行動するだろうか。本章は、このときの私たちの思考に潜む不可視の前提について問おうとするものである。

先ほど挙げた差別的、侮蔑的な言葉は、いわゆる「ヘイト・スピーチ」と呼ばれるものであり、その名宛人たちを「人種」や「民族」、「出身地」などの「属性」によって一括りにし、その集団すべてを対象にするという特徴を持つ。それゆえに、「○○人は△△だ」という言明は、その発せられた空間にいる○○人にとどまらず、そこに居合わせていない○○人にも及ぶものになる。

それでは、あなたが「○○人」ではなく、その社会でのマジョリティである「××人」であった場合、先のような状況に直面した時(インターネットも含む)、どのように思い、どのような行動をとるのだろうか。「嫌なものを見た」、「聞きたくない」と思い、そのまま立ち去る(動画を画面上から消す）のかもしれないし、あるいは毅然とした態度で「やめろ！」と抗議する（書き込みをする）のかもしれない。もしくは、同調（書き込んだり、行進に参加したり）するのかもしれない。

しかしどのような選択であっても、そこには二つの暗黙の前提が潜んでいないだろうか。それは第一に、○○人や××人といった属性を持つ個人・集団が存在すると考えていることである。たとえば「たとえ○○人であっても差別はいけない」、「○○人も私たち××人と平等な存在である」、あるいは「○○人は私たち××人に不利益をもたらしている」といった考え方は、自分も含めたすべての個人を「○○人」や「××人」という属性に当てはめて捉えることを前提にしていると思われるのである。

第二は、マジョリティである自分たちがマイノリティの擁護あるいは非難する立ち位置にあるとの前提である。たとえば、ヘイト・スピーチに接したときに、ある人は「××人として恥ずかしい」、「××人として○○人に謝りたい」と思うかもしれない、逆に別の人は「私たち××人にひどいことをした○○人は批判されて当然」などと考えるのかもしれない。しかし、このように評価すること自体、マイノリティに対して自分たちマジョリティが優位な立場に在ることを前提にしてなされているのではないだろうか。

以上の二つの暗黙の前提は、問う必要のない〈当たり前〉のこととされているのかもしれない。しかし、これらの前提を問わないことはいったい、何を意味しているのだろうか。本章は、このような問題意識のもとに、ヘイト・スピーチをめぐる議論を検証してみたい。

1　はじめに

「ヘイト・スピーチ」という言葉が社会的に認知されたのは、流行語大賞に選ばれた二〇一三年だとされている（前田 二〇一三）。「ヘイトスピーチに関する実態調査報告書」（平成二七年度法務省委託調査研究事業、公益財団法人、人権教育啓発推進センター、二〇一六年三月発表）によれば、二〇一二年四月から二〇一五年九月までに行われた「ヘイトスピーチを伴うデモ・街宣活動」（インターネット上の公開情報等に基づく）は、合計一一五二件、年平均約三二九件であり、「ほぼ毎日、全国のどこかでそれらの団体によるデモ・街宣活動が行われていたという計算になる」（三三頁）と報告されている。しかしながら、法務省調査以前からヘイト・スピーチは存在していたのであって、民事事件および刑事事件として大きな注目を集めた京都朝鮮第一初級学校事件が発生したのは二〇〇九年から二〇一〇年であった。[*1]

社会問題化とともに法制化の動きが本格化し、二〇一六年五月二四日に日本においてはじめてヘイト・スピーチに関する制定法、「本邦外出身者に対する不当な差別的言動の解消に向けた取組の推進に関する法律」が成立、六月三日に公布、施行された（以下、解消法）。本解消法は、「ヘイト・スピーチ」という文言こそ使用していないが、「本邦の域外にある国又は地域の出身であることを理由として、適法に居住するその出身者又はその子孫を、我が国の地域社会から排除することを煽動する不当な差別的言動」が「許されないことを宣言」し、「人権教育」「人権啓発」などによって「解消に向けた取組を推進」することを目的に制定されたものである（前文）。罰則規定がないなどその実効性に疑問も付されているが、法制定と連動する形で大阪市では「大阪市ヘイトスピーチへの対処に関する条例」が同年七月一日に施行され、二〇一七年四月には、三件の動画投稿による表現活動が「ヘイトスピーチ」に認定、同年六月には投稿者名が公表された。また、川崎市はヘイト・スピーチ・デモ目的の公園使用申請を不許可処分にするなど、自治体レベルでの規制の動きが広がっている。[*2]

また、先述した京都朝鮮第一初級学校事件の民事裁判では、第一審において人種差別撤廃条約を民法七〇九条解釈に適用して原告（被害者）の「無形損害」などが認められ、同事件刑事裁判においても排外主義団体の言動が威力業務妨害罪や侮辱罪にあたるとされた。[*3] これらの流れは、今後の司法がヘイト・スピーチに対する制限として作用していくことを予想させるものである。

だが、後述するように象徴的な意味にとどまる解消法よりも、罰則付きの規制法やヘイト・クライム禁止法、より包括的な人権擁護法の制定を望む声も強い。その一方で、これらの法規制に慎重な意見も有力である。今後は、解消法の効果や自治体の動向を見据えながら、具体的なヘイト・スピーチ対策や法規制の是非について緻密かつ詳細な議論が期待されるところである。

以上のように現在も継続中のヘイト・スピーチをめぐる議論ではあるが、そこにある種の違和感＝居心地の悪さもつきまとっているように思われる。その一つがマジョリティ側によるマイノリティ側への「属性」付与にまつわる問題である。本章で論じるように、ヘイト・スピーチを対象とする議論は、どのように論じるにしても、ある人びとに特定の「民族」や「人種」といった「属性」があることを前提とする。さらに、その際に単なる「属性」付与にとどまらないマジョリティとマイノリティをめぐる、ある関係性が設定されると考えられる。本章は、これら「属性」と「関係性」の二つに焦点を当てて、ヘイト・スピーチに関する議論を検討することを目的とする。

最初にヘイト・スピーチをめぐる議論をまとめながら、本章の問題意識を明らかにし（2）、マイノリティへの一方的な「属性」の付与と「関係性」の設定が意味することを検討し（3、4）、結論としてヘイト・スピーチの論じ方についての議論が必要であると主張する（5）。

2　ヘイト・スピーチとは何か

❖ヘイト・スピーチの定義

ヘイト・スピーチの定義は多様であるが大まかに、その対象を広く捉えるものと狭く捉えるものに分けることができる。前者としては「特定の民族や国籍を有する人々などに対する憎悪を表明し、憎悪を煽る表現」（市川 二〇一五、一二二頁）、「主として人種、民族等の集団的属性に基づいて個人や集団を誹謗する言論」などの定義がある（曽我部 二〇一五、一五二頁）。後者としては「差別的表現とは、広くは、弱者、少数者に対する侮辱的、差別的な言論等の表現行為を指す」（木下 二〇〇八、一一六頁）との定義や、弁護士としてこの問題について取り組んできた師岡康子による「広義では、人種、民族、国籍、性などの属性を有するマイノリティの集団もしくは個人に対し、その属性を理由とする差別的表現であり、その中核にある本質的な部分は、マイノリティに対する「差別、敵意又は暴力の煽動」（自由権規約二〇条）、「差別のあらゆる煽動」（人種差別撤廃条約四条本文）であり、表現による暴力、攻撃、迫害である」（師岡 二〇一三、四八頁）との定義などがある。

この後者の定義はヘイト・スピーチを、当該社会におけるマジョリティとマイノリティの布置関係を背景にした強者から弱者への差別的、侮蔑的言動として絞り込む点に特徴がある。この定義はより実態に即したものと考えられるが、[*4] その結果としてマイノリティによるマジョリティへの差別的、侮蔑的言動はヘイト・スピーチに該当しないことになる。

解消法の定義はより限定的である。解消法は、ヘイト・スピーチのことを指すと思われる「本邦外出身者に対する不当な差別的言動」について、「専ら本邦の域外にある国若しくは地域の出身である者又はその子孫であって適法に居住するもの（以下この条において「本邦外出身者」という。）に対する差別的意識を助長し又は誘発する目的で公然とその生命、身体、自由、名誉若しくは財産に危害を加える旨を告知し又は本邦外出身者を著しく侮辱するなど、本邦の域外にある国又は地域の出身であることを理由として、本邦外出身者を地域社会から排除することを煽動する不当な差別的言動」と定義する（第二条）。本条文を字義通りに解釈すれば、ヘイト・スピーチの要件は、対象が国外出身者とその子孫であること[*5]、言動の目的が差別意識の助長・危害を加えることの告知・著しい侮辱、ルーツを理由として地域社会から排除しようとするものであること、と理解することができる。

❖ ヘイト・スピーチ規制についての議論

ヘイト・スピーチに対する法規制は、その実害性を重く見た規制賛成派と表現の自由保障を重視する規制慎重派に分かれて論じられてきた。規制賛成派は、国際条約やそれに基づく自由権規約委員会、人種差別撤廃委員会による勧告、ヨーロッパでの法制度（特にドイツやイギリス）を参照して、ヘイト・スピーチが人格権を侵害するものであること、社会に安心して住まう権利を侵害するものであることなどを理由に、表現の自由保障の枠外にあると立論する[*6]。たとえば、曽我部は近年明らかになってきたヘイト・スピーチの害悪（恐怖と動悸、呼吸困難、精神疾患等）を理由として、「特定個人に対するものでなくても、不特定又は多数のマイノリティの人々に向けて直接訴えかける誹謗は刑罰をもって禁止しうると考えるべき」とする（曽我部 二〇一五、一五五頁）。

「害」をより広く捉える議論もある。前述の京都朝鮮第一初級学校に子どもを通わせる保護者であった金尚均は、ヘイト・スピーチを、個人を構成する歴史性（いま、ここにいる）と社会性（他者とのコミュニケーション）、その具体化としての属性（=人格の一部）の否定、すなわち地域や社会からの排除と存在の否定を意味し（金 二〇一四a）、人間の尊厳から導かれる「対等かつ平等であるはずの社会的地位を侵害・危険にさらし、そのことによって継続的に不当な地位に貶め」る個人を越えた社会集団同士の共存を否定するものであるとして、刑事規制が必要だと論じる（金 二〇一四b、一六〇－一六一頁）。[*7]

他方、規制慎重派はアメリカの判例や学説をベースにして、表現の自由の価値――「自己統治の価値」「自己実現の価値」――を侵害する可能性があるとして規制賛成派を論難してきた。そして、言論には言論でもって対抗する「対抗言論の法則」や、思想の優劣は市場に委ねるべきという「思想の自由市場論」に基づいてヘイト・スピーチに対処すべきだとする。

しかし、慎重派であっても「極めて強い立法理由（真にやむを得ない〔compelling〕規制目的）を実現するために厳密に選択された要件のもとでのみ許される」（木下 二〇〇八、一二七頁）や、単なる主観的不安にとどまらない、社会的に根拠のある反応、社会における人びとの平和的共存が脅かされる危険が客観的に存在すると言える場合にヘイト・スピーチ規制を認める（毛利 二〇一四、一三五頁）など、一定の条件を課した上で規制を認める傾向にあると言える。[*8]

❖ 枠組み（議論の前提）を考察する

以上、簡単にまとめてきたようにヘイト・スピーチに関する議論は、論者によって定義や規制の是非、方法についてさまざまである。しかし、いずれの議論（論者）もヘイト・スピーチを問題視し、解決すべき課題としている点では共通していると言えるだろう。そしてまた、本章にとって重要な点として、これらの議論が特定の個人・集団に特定の「属性」を結びつけて論を進めていることでも共通していることを確認することができるだろう。

この第二の共通点は、ヘイト・スピーチを他の言論と異なるものとして捉えようとする以上、必然的とも言える。なぜならば、ヘイト・スピーチをその他の言論と区別する指標を、マイノリティの持つ「属性」に基づく憎悪表現とする以上、ある言論をヘイト・スピーチとして認定する際に、その言論内に名宛人たるマイノリティが持つとされる「属性」が含まれていること、それに加えて当該マイノリティが、その「属性」を備えていること、の二点を確認しなければならないからである。さらに言えばこれらの確認は、ヘイト・スピーチを論じる際に、繰り返し行われている作業とも言える。たとえヘイト・スピーチについて否定的に論じるときであっても、その言論に内包されている「属性」と、その「属性」をもった人たちの存在を、その都度、（再）確認し、（再）固定化していると考えられるのである。

次節では上述の反復的に行われている確認作業の中で、さらに遂行的に達成されている二つのことについて検討したい。それは、第一に、名宛人であるマイノリティが、その「属性」を保持していることが先取り的に「本質化」されることであり、第二は、それと同時にマジョリティの存在が言及不要なものとして「無徴」化されることである。

3　ヘイト・スピーチ論の前提　その一

——属性の本質化——

❖本質化される属性

たとえば、「〇〇人は遺伝的に劣っている」という発話は、「〇〇人」と「遺伝」を、否定的な評価を介して結びつけることで、ヘイト・スピーチとして成立する。そしてそのとき、そのヘイト・スピーチに対して、「〇〇人は劣っていない」、「われわれ××人と〇〇人は平等な存在である」と反論することはあっても、そもそも「〇〇人」の存在を疑うことはあまりない。つまり、ヘイト・スピーチによって明示化・表面化された「属性」の存在は、その言論への肯定、否定いずれの評価であっても暗黙の前提にされていると考えることができるのである。このようにヘイト・スピーチは発せられる現場において、ある「属性」を特定の個人・集団に付着させ、その場に居ない第三者をも巻き込みながら、その「属性」を疑い得ないものとして「本質化」させていくのである。

しかし、「属性」が本質的なものではなく、構築的な性質を持つものであることは繰り返し指摘されてきたことでもある。たとえば、バリバールは「民族」という属性について「国民国家」の生成と関連させながら次のように論じている（二〇一四［原著一九九〇］、一四五－一五〇頁。ルビは訳書）。「国民的《ナショナル》共同体」とは「民族」という「想像上の産物」が刻み込まれてはじめて成立可能になる。*9 そのため国民的共同体を形成するための「根本問題は民族《ピープル》を創出することである。より正確に言えば、それは、民衆《ピープル》が絶えず自己自身を国民的《ナショナル》共同体として創出することである」（同前、一四五頁）と論じる。つまり、バリバールによれば国民国家を創り出すためには、「民衆」を一体化させる対象としての「民族」が必要となるが「民族」はアプリオリに存在するものではない。それゆえ「民衆」が自ら同一化していく「民族《ピープル》的統一のモデル」が先置されていなければならないことになる（同前、一四六頁）。ここに「国民的共同体」と「民族」の目的的、共時的な構築を見て取ることができるだろう。

またこのときに、「国民的《ナショナル》イデオロギー」が、「われわれ」と「外国人」との間に作られる「象徴的な差異」、「外的な国境」によって達成され、国民的共同体構成員に「われわれは自分自身に属していると同時に、同類の仲間に属しているという」「二重の意味での「所属」の意識」を植えつけることになると論じられる。その結果、「エスニック的所属」が「自然化《ナチュラリゼーション》」されるとともに「国民《ネイション》の純化」が達成されるのである。[*10]

以上のバリバールの議論に従えば、「民族」は本質的なものではなく、国民国家成立に際して民衆の身体内に「自然化」された「属性」だということになる。そしてこのときに「われわれ」を画定するために設定されるのが、「われわれ」とは異なる「属性」をもつとされる他民族、他国家である。このような意味で「民族」という「属性」は、自他の差違をつくり出しながら、構築されていく運動だと言えるだろう。

以上のように、「民族」とは予めそのように存在してきたもの（本質化＝自然化）として構築されてきた後天的な属性であると考えることができる。そしてこの概念の構築性については「人種」についてもあてはまる。[*11]にもかかわらず、私たちがヘイト・スピーチに向き合うときに、「〇〇人」という属性に疑問を付さないのであれば、それほどまでに私たちの内面には、「人種」や「民族」といった認識枠組が深く組み込まれているということなのである。

❖「属性」付与における非相互性

しかしここに「同一国内におけるマジョリティ－マイノリティ関係」という要素を加味すると、「属性」＝構築されたものとの理解だけでは不十分になる。というのも、「人種」「民族」属性は、同一国内においてはマジョリティによってマイノリティに一方的に付与されることが圧倒的に多く、しかもその「属性」には、ほとんどの場合、マジョリティとは異なる性質が具備されるからである。そして、その性質が否定的な評価を伴う場合、それは典型的なレイシズムの表現形態となる。ヴィヴィオルカは、レイシズムを「ある人間集団を身体的特徴によって捉え、その特徴と集団成員の知的・精神的特徴を関連づけることであり、場合によってはそれに基づいてその集団を下に位置づけ、排除することである」（二〇〇七〔原著一九九八〕、一五頁）と定義しているが、[*12] そのときに想起されているものは、同一国内で優位に立つマジョリティからの偏差（差異）である（森 二〇一四、四－五頁）。つまり、マジョリティを中心に、その中心から離れた「属性」を持つとみなされるのがマイノリティであり、それゆえにマジョリティよりも劣った存在として位置づけられることになる。このような態度についてフレドリクソンは「人種主義的な態度」「イデオロギー」だとする（二〇〇九〔原著二〇〇二〕、五頁）。

他方でマイノリティが、たとえ一方的に付与された＝押しつけられた「属性」であったとしても、マジョリティに対抗するためにその「属性」を本質化＝自然化させる戦略を駆使して成果を上げてきたこと、そのことが結果的に「人種のリアリティ」を増幅させてきたことも指摘されている（竹沢 二〇〇九、一六頁）。しかしながら、マジョリティがマイノリティに対して「属性」を一方的に押し付けることと、マイノリティがマジョリティに抵抗するために自らすすんで「属性」を本質化させることとは、双方の当該社会における立場性の違いから同一に論じることはできないと思われる。このことについて次節で改めて論じたい。

4　ヘイト・スピーチ論の前提　その二
――マジョリティの「無徴」化――

❖無徴としてのマジョリティ

酒井直樹は、「白人」について論じる論稿において、「注目すべき特徴をもった対象が人の注目を引くその性格のことを「有徴」とよび、「無徴」とはそのような注目を引く性格をもたないことを示す。文化人類学では、「無徴」を正常性、「有徴」は異常性を表すものと考えている」（酒井 二〇一二、注六、二一一頁）と述べている。すなわち、マジョリティはマイノリティを有徴＝異常な存在に位置づけながら、自らを無徴＝正常な存在として特権的な地位に据えるのである。[*13] しかし、何故マジョリティは自らの特権性を獲得できるのであろうか。

この無徴側が有徴側に対して優位になるメカニズムについて酒井は、「排除される側は有徴として、排除する側は無徴として排除が行なわれるのが普通である」と述べて次のように論じる。本来、相手を表象する＝有徴化する者としての無徴（①）と、ある特定の属性を挙げて差別する＝有徴化する者としての無徴（②）は、それぞれ異なる審級（①「時間的審級」と②「空間的」・「共時的審級」）にある。そのため、表象の正当性（有徴の中身を正当化する「知の生産」を独占すること）と差別の正当性（自らが有徴側に対して優位になること）は異なる次元に属する議論のはずである。しかしそれにもかかわらず、無徴側は「まさに無徴であるために」、「自らの生産する知が中性的で客観的なもの」だとして「知」を独占して

「表象する者としての無徴」と「差別する者としての無徴」を混同させることで、有徴化する者としての立ち位置を獲得することになる（酒井 一九九六、二二〇－二二二頁）。

❖無徴である優位な存在としてのマジョリティ

以上のようなメカニズムを通してマジョリティはマイノリティに対する特権的な地位を不可視なままに正当化させるのであるが、このような酒井の議論を、無徴－有徴関係がすでに成立している状況に敷衍してみよう。すなわち、マジョリティが「〇〇人は△△だ」と述べるときに、マジョリティは、その名宛人であるマイノリティを有徴＝異常なものとして再措定し、自らの決定者としての優位性を無徴＝正常なものとして再提示していると考えられるのである。

そしてこのことは、マジョリティによるヘイト・スピーチ批判も例外ではない。つまりヘイト・スピーチを論難するときに、自らの当該社会における立ち位置を問わないのであれば、既存の無徴－有徴関係の存続に寄与してしまうことになり、そこから生み出されるマジョリティの特権性と差別者性を問われないままに放置してしまうことになるからである。このように考えるならば、前節で言及したマイノリティによる「属性」をめぐる戦略は、マジョリティによって異常なものとされた有徴を、本質化を通して正常なものへと転換させることで、正常と異常を決定する無徴－有徴関係を無効化させようとする試みとして理解することができるだろう。

5 ヘイト・スピーチの論じ方

✣マジョリティがヘイト・スピーチを論じる難しさ

マジョリティがヘイト・スピーチを語るとき、批判的なものであったとしても、出口のない迷路に入り込んでしまう。本章の課題に立ち戻って考察すれば以下のようになるだろう。ヘイト・スピーチに反対するマジョリティ側の人間、日本社会であれば「日本人」は、ヘイト・スピーチについて発言したり、議論したり、考察したりする際に、名宛人（被害者）に、特定の「属性」を付着させて有徴化する。しかし、その際、ヘイト・スピーチを発する人びとを批判することはあっても、自身のマジョリティ性――日本国家と歩調を同じくする、また日本国家とともに誕生し、マイノリティを産出し続ける「日本人」性――は問い返されることのない無徴なものとして据え置かれてしまう。そして、その結果としてヘイト・スピーチを批判するマジョリティは、自身の発言によって「属性」の本質化と同時に不均等な「マジョリティ－マイノリティ関係」を再生産することに「貢献」してしまうのである。

そしてこれはヘイト・スピーチの定義や法規制について語るときも同様である。国家法は、「国家」の存在を前提にする以上、国民（マジョリティ）とそれ以外の人びと（マイノリティ）を区別し、またその区別に立脚しているものでもある。このような国家法について論じる以上、たとえマイノリティをマジョリティと同等に扱う、平等化するという方向性であったとしても、その議論自体、マイノリティに対する生殺与奪権や「寛容」「不寛容」の決定権をマジョリティ側が掌握していることを再確認するものになってしまうのである（ハージ 二〇〇三〔原著一九九八〕、第三章）。

❖マジョリティであることを自覚しながら論じる

ヘイト・スピーチを語ることが、たとえ批判目的であったとしても、その論者の意図から離れてマジョリティとマイノリティの不均等な関係性を反復させるものであるならば、とくにその関係性において優位な立ち位置にあるマジョリティは何も語ることができなくなるのではないか。かといって本章で確認したように、ヘイト・スピーチが差別的な内容を含むものである以上、その発生原因を特定し、被害者の救済を図ることが無意味だという訳ではもちろんない。

そのため、本章のささやかな結論は、ヘイト・スピーチを批判的に論じるマジョリティ（筆者自身も含む）に対して、自分たちが「民族」や国家の中で生成された不均等な「マジョリティ－マイノリティ関係」の軸上に立たされていると自覚すること、そして、その関係性を――解消するのは不可能であったとしても――可能な限り均等なもの、あるいは可変的なものへ転換させようと試みることを求める、というものである。そしてこれらの自覚や試みは、ヘイト・スピーチの論じ方そのものの議論を要請することになるであろうし、マジョリティ（である筆者やあなた）の立ち位置を揺り動かし、掘り崩していくための第一歩になると思われるのである。

＊1　京都朝鮮第一初級学校への街宣活動が学校当事者たちに与えた被害については中村一成（二〇一四）を参照のこと。
＊2　自治体の動きを紹介したものとして、中村英樹（二〇一六）。
＊3　二〇〇九年十二月から翌年三月にかけて三回行われた街宣活動に対して、第一審判決は業務妨害・名誉棄損に

よってもたらされた損害（有形・無形）に対して、約一二〇〇万円の賠償額を命じ、学校周辺（半径二〇〇m圏内）での街宣行為を禁ずる差止を認め（『判例時報』二二〇八号、七四頁）、最高裁で確定している。以下を参照のこと、奈須（二〇一四）、守谷（二〇一五）、藤本（二〇一五）、中村英樹（二〇一四）。ただし、多くの論者が指摘するように同判決は「わが国の裁判所は、人種差別撤廃条約上、法律を同条約の定めに適合するように解釈する責務を負うべき」としつつも、「一定の集団に属する者の全体に対する人種差別発言が行われた場合に、個人に具体的な損害が生じていないにもかかわらず、人種差別的行為がされたというだけで、裁判所が、当該行為を民法七〇九条の不法行為に該当するものと解釈し、行為者に対し、一定の集団に属する者への賠償金の支払いを命じるようなことは、不法行為に関する民法の解釈を逸脱しているものといわざるを得ず、新たな立法なしには行うことはできないものと解される」と判示していることから、あくまでも従来の解釈枠組みを維持していると考えられる。以下も参照のこと、金（二〇一四a）。

＊4　どの社会的属性が焦点化され、攻撃の対象にされるのか、それがどのような意味を持つのかは、content *and* context によってさまざまであり、そのことが重要である。Herz and Molnar (2012) p.4 を参照のこと。

＊5　参議院・衆議院において「本邦外出身者」以外に対する差別的言動も許されるものではないとの附帯決議がなされている（安藤 二〇一六）が、条文化されていないことから、「本邦」内出身者のマイノリティ（被差別部落出身者やハンセン氏病元患者など）を掬えないとの批判もあり得る。曽我部（二〇一六）一五頁を参照のこと。

＊6　論者によって規制目的のウエイトは異なる。学説の状況については（奈須 二〇一三）を参照のこと。

＊7　ウォルドロンもヘイト・スピーチについて社会における安心感という公共財を破壊するものであり、安心から受ける基本的な社会的地位＝尊厳を損なうものであるがゆえに規制すべきであると論じる（ウォルドロン 二〇一五［原著二〇一二］）。

＊8　ヘイト・スピーチと似た言葉にヘイト・クライムという言葉がある。ヘイト・クライムとは、差別を動機として行われる犯罪のことで、差別行為を理由に罰が加重されるものである。ヘイト・スピーチは、表現が争点に、ヘイト・クライムは行為が争点になるとされているが、両者を截然と分ける議論もあれば（師岡 二〇一三、四〇頁）、後

者の一部に前者を含むとするものもある（前田 二〇一五、一六頁）。また、行為に焦点を当てる場合であっても、その行為の背景である動機を罰していることと変わりがない、との指摘もなされている（桧垣 二〇一四、三一三頁）。

＊9 ネーションを「想像の共同体」と論じたアンダーソンも参照のこと。アンダーソンによれば、ネーションは出版による言語の普及によって「想像」されることが可能になったとする（アンダーソン 一九八七〔原著一九八三〕）。

＊10 ただし、あらゆる民族が国民国家と同一化するわけではない。ゲルナーもバリバールと同様に民族の構築性について論じているが、国家と民族とを別々に生成したものと捉えている（ゲルナー 二〇〇〇〔原著一九八三〕）。

＊11 そもそも、「人種」間での生殖が可能であることに鑑みれば、生物学的には「人類」が「種」であり、「人種は、犬種と同様、人為選択によって生じ、身体的特徴や生息地域によって区別される分類にすぎない」ことになる（舟木 二〇一六、六四頁）。しかし、日常生活において「人種」の「人為選択」性が意識にのぼることはほぼなく、その自明性が疑われることもほとんどない。このような状況について酒井は「人種主義的世界観の普遍性は全世界に確立している」と述べている（酒井 一九九六、二一二頁）。

＊12 ヴィヴィオルカによれば、現在においては遺伝や生態学的な差異を指標とした「科学的レイシズム」から、言語や風習、思考法などの文化に着目した「文化的レイシズム」に移行したとされる。さらに国家制度によって異なる扱いを是認するという意味での「制度的レイシズム」が加わることで、レイシズムは社会的に許容されているとのフィクションが形成されると論じる（ヴィヴィオルカ 二〇〇七〔原著一九九八〕、三七‐三八頁）。佐々木（二〇一三）も参照のこと。

＊13 言語学者である池上は、「無徴項‐有徴項」の議論を紹介しながら「有徴項の一方を兼ねる無徴項は優性、有徴項の一方のみのものは劣性、という意味づけを伴っていることが広く見られる。たとえば、人間に関して用いられる表現では、その範疇に属する人間全体を表わす「無徴項」〔man ――引用者〕と〈女性〉のみに適用される「有徴項」〔woman ――引用者〕という対立が言語的に構成されていることが多い」と述べていることから、言語においても無徴と有徴が優勢と劣勢の関係性にあることを理解できる（池上 一九八四、一一六‐一一九頁）。

■参考文献

アンダーソン、ベネディクト（一九八七〔原著一九八三〕）『想像の共同体――ナショナリズムの起源と流行』白石隆・白石さや訳、リブロポート。

安藤美幸（二〇一六）「「本邦外出身者に対する不当な差別的言動の解消に向けた取組の推進に関する法律」の概要」『法律のひろば』六九巻八号。

池上嘉彦（一九八四）『記号論への招待』岩波新書。

市川正人（二〇一五）「研究ノート　表現の自由とヘイトスピーチ」『立命館法学』二〇一五（二）。

ヴィヴィオルカ、ミシェル（二〇〇七〔原著一九九八〕）『レイシズムの変貌――グローバル化がまねいた社会の人種化、文化の断片化』森千香子訳、明石書店。

ウォルドロン、ジェレミー（二〇一五〔原著二〇一二〕）『ヘイト・スピーチという危害』谷澤正嗣・川岸令和訳、みすず書房。

木下智史（二〇〇八）「差別的表現」『ジュリスト増刊　新・法律学の争点シリーズ　3　憲法の争点』有斐閣。

金尚均（二〇一五）「ヘイトスピーチとヘイトクライムの法的議論」『法学セミナー』七二六号。

――（二〇一四a）「京都朝鮮学校事件におけるヘイト・スピーチ」『法と民主主義』四八五号。

――（二〇一四b）「ヘイト・スピーチ規制の意義と特殊性」金尚均編『ヘイト・スピーチの法的研究』法律文化社。

ゲルナー、アーネスト（二〇〇〇〔原著一九八三〕）『民族とナショナリズム』加藤節監訳、岩波書店。

酒井直樹（一九九六）『死産される日本語・日本人――「日本」の歴史―地政的配置』新曜社。

――（二〇一二）「レイシズム・スタディーズへの視座」鵜飼哲他『レイシズム・スタディーズ序説』以文社。

佐々木てる（二〇一三）「近代日本の人種差別と植民地政策」駒井洋監修、小林真生編著『移民・ディアスポラ研究三　レイシズムと外国人嫌悪』明石書店。

曽我部真裕（二〇一六）「人権訴訟における民事訴訟の意義――ヘイト・スピーチ裁判を例として」『自由と正義』六六

七（六）。

――（二〇一五）「ヘイト・スピーチと表現の自由」『論究ジュリスト』一四。

竹沢素子（二〇〇九）「表象から人種の社会的リアリティを考える」同編『人種の表象と社会的リアリティ』岩波書店。

中村一成（二〇一四）『ルポ京都朝鮮学校襲撃事件――〈ヘイトクライム〉に抗して』岩波書店。

中村英樹（二〇一六）「地方公共団体によるヘイトスピーチへの取組みと課題」『法学セミナー』七三六号。

――（二〇一四）「判例評釈　人種差別的示威活動と人種差別撤廃条約」『北九州市立大学法制論集』四二巻一号。

奈須祐治（二〇一四）「民族学校に対する示威活動等が不法行為にあたるとして損害賠償と差止めが認められた事例」『新・判例解説 Watch』vol. 14。

――（二〇一三）「わが国におけるヘイト・スピーチの法規制の可能性」『法学セミナー』七〇七号。

ハージ、ガッサン（二〇〇三［原著一九九八］）『ホワイト・ネイション――ネオ・ナショナリズム批判』保苅実・塩原良和訳、平凡社。

バリバール、エティエンヌ（二〇一四［原著一九九〇］）「国民形態――歴史とイデオロギー」若森章孝訳、E・バリバール／I・ウォーラーステイン『人種・国民・階級――「民族」という曖昧なアイデンティティ』若森章孝他訳、唯学書房。

桧垣伸次（二〇一四）「ヘイト・クライム規制と思想の自由」『福岡大学法学論叢』五九（二）。

藤本晃嗣（二〇一四）「差別的発言を伴う示威行動とその映像公開が人種差別にあたるとされた事例」『新・判例解説 Watch』vol. 15。

舟木享（二〇一六）『現代思想史入門』ちくま新書。

フレドリクソン、ジョージ・M（二〇〇九［原著二〇〇二］）『人種主義の歴史』李孝徳訳、みすず書房。

前田朗（二〇一五）『ヘイト・スピーチ法 研究序説――差別煽動犯罪の刑法学』三一書房。

――（二〇一三）「ヘイト・スピーチを理解するために」前田朗編『なぜ、いまヘイト・スピーチなのか――差別、暴力、脅迫、迫害』三一書房。

毛利透（二〇一四）「ヘイトスピーチの法的規制について――アメリカ・ドイツの比較法的考察」『法学論叢』一七六巻二・三号。

森千賀子（二〇一四）「ヘイト・スピーチとレイシズムの関係性」金尚均編『ヘイト・スピーチの法的研究』法律文化社。

守谷賢輔（二〇一五）「人種差別撤廃条約における「人種差別」と人種差別的発言の不法行為の該当性――大阪高判平成二六年七月八日判例時報二二三二号三四頁」『福岡大学法学論叢』六〇（一）。

師岡康子（二〇一三）『ヘイト・スピーチとは何か』岩波新書。

Herz, Michael and Peter Molnar (2012) "Introduction," Michael Herz and Peter Molnar (eds.), *The Content and Context of Hate Speech*, Cambridge University Press.

コラム2　差別、排外主義と「恐怖」——「尊厳ある社会」の到来を信じて

日々の生活の中で、時に恐怖を感じるようになったのはいつからだろうか？

私は一九八〇年に生まれ、小・中・高と大阪の朝鮮学校に通い、その後京都にある大学に四年間通った。

日本で生まれた「普通の」日本人とは違う出自で生まれ、朝鮮学校というほぼ朝鮮人だけの日本の中にあっては特殊な環境で十二年間過ごした中で、たとえば大学受験資格に制限があるなど差別を感じたことは何度もあったが、生活の中で差別を強く感じることはあまりなく、差別から来る恐怖を感じることは、一度もなかった。

私が幼少期から学生時代を過ごした一九八〇年代−九〇年代は、まだまだ社会的、制度的差別は残っていたものの、表面的にはそれはダメなものであるとの社会的な共通認識はおそらくあった。たとえば朝鮮学校に対する差別事象が表に出た時には、どのメディアもそれはおかしいと報じていたし、世論もほぼ同じようだったと思う。

風向きが変わり始めたのは、二十一世紀に入った頃からだろうか（その前から「新しい歴史教科書を作る会」等の運動による教育の右傾化など、その兆しはあった）。

日韓共催によるサッカーW杯があった二〇〇二年、同じ年に平壌で日朝首脳会談があり、会談で金正日総書記が小泉純一郎首相（当時）に日本人拉致を認めたことにより、日本国内で「北朝鮮許すまじ」の世論が急速に高まっていった。

「北朝鮮許すまじ」の世論は朝鮮民主主義人民共和国による拉致は許せない、ということだけにはとどまらなかった（これは、排外主義の構造的本質が「拉致問題」ではなく、日本の植民地主義の未清算にあることを意味すると思う）。

二〇〇五年には『マンガ嫌韓流』（晋遊舎）が出版され、二〇〇六年には「在日特権を許さない市民の会」（在特会）が結成される。

この団体がどのような悪質な活動（扇動）をしてきたのか、しているのかはここで述べるまでもないだろう。

私も在特会結成当初に、それを案内（？）しているインターネットページを見た記憶がある。その時は「こんなバ

カな団体ができたのか」程度にしか思わなかった。

しかし、インターネット等を通して社会的認知度をどんどん上げていき、各地で数々のヘイトスピーチ、ヘイトクライム行為を繰り返していく。

私も京都で、東京で何度も在特会の差別街宣を目の当りにした。祖父母や両親から昔の話を聞いたり、歴史を勉強する過程で聞いたりする中でかつて酷い差別的暴言を言われたということは知っていたが、まさか自分が二十一世紀に入って面と向かって「朝鮮人帰れ」「朝鮮人は日本から出て行け」「朝鮮人殺せ」などと差別的暴言を吐かれるとは、夢にも思わなかった。

二十一世紀に入り日本では、街で、インターネット上で、朝鮮人などに対する差別言説が氾濫しており、しかも言説にとどまらず直接的な差別行為がなされることも少なくない。

しかし、これは一部の排外主義者がやっていることとは実は言えないのが日本の現状ではないだろうか?

二〇一〇年、当時与党であった民主党の目玉政策として導入された「高校無償化」法。

法の精神、そして条文を読むとどう考えても一般の公立や私立の学校（いわゆる「一条校」）以外の外国人学校にも適用されるはずなのだが、政治状況を持ち出し「国民の理解が得られない」として、かなり無理な理屈をこねくりだして朝鮮学校だけを適用から引き延ばした後、第二次安倍政権が誕生するや否や「高校無償化」法からの完全除外を決定した。

それだけではない。多くの在日朝鮮人と日本の市民の運動により不十分ながら勝ち取ってきた朝鮮学校に対する地方自治体からの補助金もどんどんとカットされていく（それを後押ししているのが産経新聞をはじめとした保守系メディアによる「朝鮮学校ネガティブキャンペーン」であることは言うまでもない）。

これは朝鮮学校だけに限ったことではなく、在日本朝鮮人総聯合会（朝鮮総聯）とその傘下団体に対して「法の厳格適用」の名の下、あらゆる弾圧を加えるということも平然と行っている。そしてそれをメディアがはやし立てる。

要するに今日本で起こっていることは、「官」が在日朝鮮人（特に「北朝鮮」とのつながりを持っていると思われる人たち）に対する差別弾圧を率先して行い、それに呼応して「民」も差別排斥を行うという「官民一体」となった対在日朝鮮人差別であり、それがこれまでにない「盛り上がり」を見せており、それを多くの民衆が「沈黙」という形で許容する、ということではないだろうか。

人は少しでも差別されたり排斥されたりするだけで恐れ

を感じるものだが、「官民一体」となった社会総体での差別弾圧を感じると、それは日々の生活でも恐怖を感じざるを得なくなるものである。

人間の思想信条は人の数だけ違うものであり、とある集団同士でも考えや見解が違うことも多かれ少なかれあるだろう。だから他者同士で意見が衝突したり争いが起きたりすることも時には致し方ないかもしれない。

しかし、だからと言って基本的な人権や尊厳を侵害するなどは、絶対にしてはならないはずある。

それが民主主義であり、法治国家のあるべき姿ではないだろうか？

ところがそこが捻じ曲げられている現状があり、それ故に私は恐怖を感じざるを得ないのである。

しかし、希望を捨ててはいない。

人間には良心があり、社会には正義が存在するはずだ。

今は正義と良心が見えにくい社会になっているが、最後には正義と良心が勝つはずである。

具体的根拠はないが、希望を持って、人間の未来を信じてこれからも生きていこうと思う。**（在日本朝鮮留学生同盟中央本部　委員長・金賢一）**

第5章　「先生ってゲイなんですか?」にどう答えるか

――少数者《マイノリティ》であることを否定するという差別を考える――

吉岡剛彦

【提題】　「きみってゲイ（あるいはレズビアン）なの?」。やぶから棒だが、もしそう尋ねられたら、はたしてあなたはどのように答えるだろうか。もちろん、これから本章を読もうとしてくれている読者が、恋愛感情をいだく相手方の性別はさまざまだろうし、生涯で一度も恋愛感情を持ったことのない人もいるだろう。そのことを承知しつつ、今は仮に、あなたが自分とは異なる性別の人（異性）に恋愛感情が向かう異性愛者だと想定しよう。世の中の多くの人たちは、異性愛者だと考えられている。冒頭の「ゲイ」とは、男性として同じ男性に恋愛感情が向かう（また「レズビアン」は、女性として同じ女性に恋愛感情が向かう）同性愛者のことである。

自分が実際には異性愛者なのに「同性愛者なの?」と訊かれたという状況だったら、なんの迷いもなく「いいえ、違います」と言下に否定するに決まっているじゃないか。いったい何が問題なの?と問い返されそうだ。そう、たしかに否定するに決まっているような気もするし、そもそも問うに値しない「非問題」を考えようとする無駄骨なのかもしれない。

しかし、である。もし「きみって同性愛者なの？」と問われて、そのときあなたの胸のうちに〈どうして私が、こんなぶしつけな質問をされなきゃいけないの？〉とか、〈自分が同性愛者だと勘違いされちゃ困る〉とか、〈そんなふうに疑われているんなら、一刻も早く打ち消したい〉とか、そんな感情がほんの一瞬でも去来するとしたら、そうした感情は、なにがしか問うに値するもののように思われるのだ。自分は異性愛者であるのに「同性愛者なのか？」と尋ねられたので「いいえ、違います」と答える。そのように、ゲイ（あるいはレズビアン）であることを否定するという一事に——よリ一般的には自分が少数者《マイノリティ》であることを否定するという行為のうちに——仮にそれが事実の表明であったとしても、何かしら問題が潜んでいないか。それが本章の考えてみたいテーマである。

1　はじめに

——「私はゲイではない」と言うことの差別性——

✣ 答えに窮する質問

近年（二〇一五年前後から）日本でも、テレビや新聞などで「ＬＧＢＴ」という言葉を目にしたり耳にしたりする機会がぐんと増えた。それぞれ「レズビアン（lesbian）」「ゲイ（gay）」「バイセクシュアル（bisexual）」「トランスジェンダー（transgender）」の頭文字で、性的少数者（セクシュアル・マイノリティ）の中の代表的なタイプである。筆者の場合、世間的な注目度の高まりに比例するように、地元の市民講座などでＬＧＢＴ（性的少数者）について講演依頼を受けることも多くなった。また、いくつかの大学で担当している自分の講義でも、数コマをあてて取り上げるようにしている。

すると、である。講話や講義が終わった後に、聴講していた市民や学生から（おそらくは興味本位の）ある質問を、ときおり受けるようになった。それが冒頭の「先生ってゲイなんですか？」である。全く私事ながら、筆者（男性）は年齢的に四十代半ばに差しかかるが、独身だ。このあたりも、きっと〝ゲイ疑惑〟（問題発言！）を呼び込む一因なのだろう。だが、これは筆者にとって、実に返答に困らされる質問である。

本章では、ひとまず筆者がゲイではなく、異性愛者だと仮定してみる。異性愛者を表す俗称をあえて用いるなら、筆者が「ノーマル」であり「ストレート」である場合となる。[*1] そのとき、先述した〈ゲイに間違われたら、とてもかなわない、即座に否定したい〉という思いに駆られてしまうのは、正直に言えば、ほかならぬ筆者自身の姿である。

❖「自分は部落民ではないと思うことが、すでに差別だ」

自分をXだとみなされたくない、自分をXと同一視されたくないという気持ちの裏側には、そのXに対する蔑視や嫌忌が貼りついている。映画「無責任男」シリーズや「スーダラ節」で有名だった俳優・コメディアンの植木等（一九二六―二〇〇七年）は、浄土真宗の僧侶であった父親の徹誡から「自分は部落民ではない、と思うことが、すでに相手を差別していることだ」と諭されたという。植木は「被差別部落[*2]」出身者ではなかった。植木等は、父親を評して「おやじは、差別に対してはピリピリと反応する感受性の鋭い闘士だった」と述懐している（植木 一九八七、七一、一二一頁）。

だって、事実に反するのだから、「私はゲイではない」「私は部落民ではない」と否定する。そのことの何が問題なのかと、いぶかしく思われる向きには、次のようなケースはどうだろう。特に欧米などへ海外旅行に出かけた「日本人」[*3]が、いかにも不愉快そうに「向こうで中国人に間違われた！」と話すのを聞くことがある。もともとアジア系の顔立ちは、互いに似通っており、非アジア圏の人たちから見れば、なおさら区別がつきにくいだろう。そのため中国人と日本人を混同することも充分にありうる。ただそれだけのことだから、本来は、さほど目くじらを立てるほどのことでもないはずだ。

にもかかわらず、少なからぬ「日本人」にとって、どうして「中国人」と間違われることが癪《しゃく》に障《さわ》るのだろう。この背景には、「日本人」の中に戦前からあって、近年（尖閣諸島などをめぐる領土領海紛争や、昭和期の日本による対中国侵略戦争の責任をめぐって）とりわけ顕著になっている対中感情の悪さがある。この数年（二〇一三–二〇一六年）というもの、中国に対して「良くない印象」（「どちらかといえば」を含む）を持つ「日本人」の割合は九〇パーセント前後で推移している（言論NPO 二〇一六、七頁）。これ自体きわめて由々しき問題だが、海外などで「中国人」と勘違いされた「日本人」の多くが「まったく失礼しちゃうよ」という口ぶりで語る理由は了解されよう。相当数の「日本人」が、「中国人」に対して嫌悪や軽侮の感情を持っているからである。したがって、外国で「アー・ユー・チャイニーズ？」と訊かれた「日本人」が「違います」と否定するとき、多くの場合、それは、単なる事実の提示にとどまらず、意識的にせよ無意識にせよ〈私が嫌っており、バカにしてもいる「中国人」と一緒にするな！〉という差別感情が埋めこまれているように思われるのだ。[*4]

ついムキになって「私はゲイではない」と否定したくなってしまう筆者の情動に付きまとう「差別」が、本章の課題である。けれど、なるべく辛気くささを排して、しかし事柄にふさわしい繊細《デリカシー》さも欠かさぬように用心しながら、これから筆を進めてみたい。それは差別問題を長年追究している社会学者が述べるように「ただ後ろ向きに「反省」するだけでなく、「差別してしまった自分」を……次の現在に向けて、よりよく生きるための〝手がかり〟として、どうしたら〝活用〟できるだろうか、という発想」に立って、である（好井 二〇〇七、三二－三三頁）。まずは、ゲイをふくめた性的少数者について、基本的なことがらを確認しておこう。

2　性的少数者《セクシュアル・マイノリティ》とは？
――同性婚合法化の拡がり――

❖性的少数者とは？

性的少数者とは、「性別」に関して、世の中の多くの人たち（多数者）とは異なる特徴を持つ人たちをいう。[*5] このとき「性別」を、三つの次元で考える。第一は「からだの性別」で、身体の生物学的・解剖学的な性別である。第二は、いわゆる「こころの性別」で、本人が、自分の性別をどのように認識しているか（自分を「女」または「男」として認識していたり、それ以外の仕方で認識していたり、あるいは、確固たる性別の認識を持てずに迷っていたり）という「性自認」である。そして第三は「好きになる性別」で、誰かを好きになったり、性欲を感じたりするとき、その恋愛・性愛の感情が向かう相手方の性別のことであり、「性的指向」ともいう。以上を踏まえる場合、社会の多数者（性的多数者）は、「からだの性別」と「こころの性別」が一致しており（これを「シスジェンダー」という）、かつ、「こころの性別」（性自認）とは異なる性別の人に恋愛感情をいだく（つまり「異性愛者」である）、という特性をいずれも有する人びとだと考えられる。

したがって、性的少数者とは、ⓐシスジェンダーではないという特性、または、ⓑ非異性愛者であるという特性を持つ人たちと考えることができる（ⓐとⓑの両方の特性をあわせ持つ人たちもいる）。前者ⓐは、「からだの性別」と「こころの性別」に不一致があり、そのために「からだの性別」に対する違和感があって、本人としては「こころの性別」である「性自認」に則《のっと》って生活していきたいと望む人たちである。こうした人たちを「トランスジェンダー」（性別違和者／性別越境者）と称する。出生時に割り当てられた性別（その多くは外性器の特徴などから産科医等が判定した「からだの性別」や、その性別を記した出生届に基づいて作成された「戸籍上の性別」）に対する不調和や拒絶感があり、みずからが自認する「こころの性別」のほうへ〝越境《トランス》〟して暮らしていこうとする人たちを意味する。このⓐの特性を持つ人たちは、自分自身の性別をめぐって、何らかの困難（生きづらさ）をかかえる可能性のある人びとだ。[*6]

❖異性愛主義の世の中で

他方、後者ⓑの特性は、非異性愛者であることだった。異性愛者とは、自分の「こころの性別」（性自認）と異なる性別（異性）の相手だけを恋愛対象とするタイプを指す。したがって、非異性愛者とは、同性の相手のみに、あるいは（異性の相手にも）同性の相手にも、恋愛感情をいだく人たちである。[*7] 恋愛は精神作用であるから、相手方の性別との異同は、本人の「こころの性別」（性自認）を基準に考える（松中 二〇一五、第一章）。このとき、「自分は女性である」という性自認を有しつつ、自分と同じ女性に恋愛感情が向かう人を「レズビアン」（女性同性愛者）、「自分は男性である」という性自認を有しつつ、自分と同じ男性に恋愛感情が向かう人を「ゲイ」（男性同性愛者）という。また、同性の相手にも異性の相手にも恋愛感情が向かう人を「バイセクシュアル」（両性愛者）。相手の性別を特には意識しないまま恋愛することで、結果的に同性にも異性にも恋愛感情が向かう人を「パンセクシュアル」（全性愛者）という。

　これらのタイプの人たちは、恋愛相手の性別が「同性」であることを原因として、何らかの困難（生きづらさ）をかかえる可能性のある人びとである。*8その人が「同性を好きになる」ということ（だけ！）によって、ときとして自殺さえ考えさせられてしまうような困難に見舞われる現実が今なお厳存する。その背景には、制度や慣習をはじめ、学校や家庭、職場や地域まで、あらゆる部面にくまなく張りめぐらされた「異性愛主義」の社会構造がある。異性愛主義《ヘテロセクシズム》とは、世の中のすべての人は異性愛者である（べきだ）という前提に立つことにより、それ以外の性愛のあり方は「異常《アブノーマル》」であり、「普通《ノーマル》」ではないのだから、差別的な扱いを受けて当然だ、と考える見方をいう（葛西 二〇一六、二二頁）。このように「普通《ノーマル》」とされる異性愛のみを「正しい」ものとみなす価値観によって「同性愛だけでなくトランスジェンダーや男性優位でない男女関係など、さまざまな性愛のかたちがみな見下される」ことになる（森山 二〇一七、一四六–一四八頁）。わけても学校では「同性に惹かれる生徒たち、また「男らしくない」「女らしくない」と周囲からみなされた生徒たちが、「ホモ」「オカマ」「レズ」「おとこおんな」といった言葉を投げつけられ、いじめの対象になる」ケースも多い（風間・河口 二〇一〇、一一八頁）。

❖欧米諸国を中心とした同性婚合法化の動き

　前述のように、このところ日本のメディアでも性的少数者への関心が俄然《がぜん》強まっているように見える。その背景には、ゲイなど性的少数者自身による人権保障や社会的認知を求める長い闘争の歴史がある。国外についていては、アメリカで一九六九年に起きた「ストーンウォールの反乱」*9が象徴的に挙げられる。国内では一九九〇年代の「府中青年の家」裁判*10が有名である。だが、最近にわかに「ＬＧＢＴ」が頻繁に取り上げられるようになったのは、同性カップルの〝結婚〟をめぐって、国内外で新たな動きが続いたことが大きな要因と考えられる。二〇〇〇年のオランダを皮切りに、特に二〇一三年にはフランス、[*11]イギリス、アメリカで、[*12]それぞれ同性カップルの法律上の結婚が承認された。欧米諸国を中心として、二〇一七年現在すでに二十か国以上で同性婚合法化が果たされ、国際的な拡がりを見せている。日本では、東京都渋谷区が、条例によって二〇一五年から「同性パートナーシップ証明」制度を始めたことで、世間の注目を集めた（ただし、同制度は「同性婚」とは明確に異なる）。[*13]

3　ならば肯定するという選択肢
——「ええ、ゲイですが、なにか？」——

✣異性愛者だとカミングアウトする？

改めて本章の課題に戻ろう。「先生ってゲイなんですか？」という問いかけを前に、筆者は——すぐにでも否定したいと躍起になる自分の気持ちを一方で強烈に感じながら——その場で口ごもってしまう。それは「いいえ、ゲイではありません」と否定する応答が、ゲイに対する差別感情と表裏一体であると考えるからだった。それを聞いた質問者が差別性を感じとるか、筆者がゲイでないことが事実かどうかは、この際、関係ない。筆者自身が今ここで「私はゲイではありません」と答えるとすれば、それは〈ゲイだと見られたくないという気持ちがあるからだ〉と自覚する限り、たとえ事実の表明であったとしても、否定の答えは選びにくい。それは、差別されるのが怖いからなのか、あるいは（自分ではとても認めたくないけれど）筆者の中にもゲイに対する忌避感がぬぐい去りがたくあるからなのか、ともかくゲイと同視されたくないという気持ちがあるためだと考えざるをえない。

こうしたジレンマの中で筆者は、たとえば講演のはじめに――自分がゲイであることを否定するのではなく――異性愛者としての自分のセクシュアリティ（性的指向）をみずから明かす、という方法を考えてみたこともある。ゲイであることの否定と、異性愛者であることの表明のあいだの差異はきわめて微妙で、なかなか区別しがたい。だが筆者が考えたのは「異性愛者であることのカミングアウト」としての自己開示である。

カミングアウトは「閉ざされたクローゼットから出てくる（coming out of the closet）」が元の意味である。本来は性的少数者が、家族や友人、同僚などに対して、自分の内側に秘めていた同性愛者であることや、性別違和のあることを打ち明ける行為をいう。[*14] これとは対照的に「異性愛者はカミングアウトする必要がなく、「ヘテロセクシュアル」というアイデンティティを主張「しない」という選択ができる」（大坪二〇一三、七八頁）。それは「異性愛は、どこにでも存在し、この社会のほとんどのことを枠づけているが、それはあまり自覚されていない。……あまりにありふれているからこそ、自覚できないし、むしろ無意識のなかに置かれている」（風間・河口二〇一〇、二〇四頁）ためである。そうであればこそ「異性愛者であるとカミングアウトする」実践は、異性愛《ヘテロセクシュアル》が、さまざまに多様でありうる性的指向のうちの一つ（one of them）にすぎないことを、聴講者（その多くは異性愛者だろう）に認識してもらうきっかけとしても有効ではないかと考えたのだった。

だが、この方策も結果的に断念した。自分が異性愛者であることを開示することが、やはりどうしても「私は当事者（ゲイ）ではない」ことを宣言し、自分自身を当事者から切り離し（差異化して）、みずからを多数者《マジョリティ》という〝安全地帯〟へかくまおうとする振る舞いのように思われてならなかったからだ。つまり、当事者であることの否定が帯びる差別性という問題に、ぐるりと一周まわって戻り着いた恰好である。

❖いっそ「私はゲイです」と肯定してみる

あなたはゲイなのかという質問に対して、「いいえ、違います」と答えるにせよ、「私は異性愛者です」と答えるにせよ、ゲイであることの否定自体に差別意識が付きまとうようだ。そうであれば、次に考えられるのは、ほかでもない、あえて「はい、そうです、私はゲイです」と肯定するという選択肢である。

ＬＧＢＴへの理解をうながす教材等を作っている団体のホームページに「ゆく！きりん先生」という四コマ漫画が掲載されている。[*15] いろんな動物の集まる教室で「きりん先生」が、性的少数者について授業を行う物語だ。ひととおり説明を聞いた後で生徒の一人である「あひる」が、「先生、わたし、そういう人達のこと別に差別してません」と殊勝に語る。すると、きりん先生が「じゃ、ひとつ宿題を出します。今日うちに帰ったら家族に〝実はわたし、同性愛者やねん〟と言ってみましょう」と提案する。先生は「それを言うとき、自分がどんなことを感じているか？　ちょっと自分を観察してみましょう」と続ける。同じコマでは「わたしは同性愛者」と告げられ、「え!?」と目を大きく見開いて絶句する両親やきょうだいを前にして、宿題のためにカミングアウトの演技をした生徒の「あひる」が、内心では「実はこれは学校で出さ

「ゆく！きりん先生」
（＊15 参照）

れた宿題なんだ、本当はちがうんだって早く言いたい……!」と念じている様子が吹き出しで描かれている。

ある論者は、性的少数者を見下す心が見え隠れする者は、決まって質問や意見を述べる前に「私はセクシュアルマイノリティに対する偏見は持っていませんが……」という「枕詞」を多用すると指摘する。「曲者なのは最後の「(逆説の)が」」であり、その後に性的少数者への「否定的な言葉」が続く(森山 二〇一七、七-八頁)。また、別の論者によれば、大学生に「同性愛」のイメージを尋ねると、最近は「人の恋愛は自由だから、同性愛であっても認めるべきだと思う」といった意見が大半を占めるようになってきた。しかしながら、同じ学生たちに「もしも、家族のなかに同性愛者がいたらどうする?」と重ねて質問すると、学生たちは豹変し、「えっ、いやだぁ」「ありえない!」という反応を示すという。これを受けて、この論者は「他人事ということであれば、あれほどまでに優等生的な回答をしていた人たちは、てのひらを返したように、いっきに「同性愛反対派」に回ってしまう」と述べる(風間・河口 二〇一〇、一七九-一八〇頁)。こうして見ると「きりん先生」の「宿題」は、かなり〝劇薬〟ではあるが、心理の表層部分だけで性的少数者を理解したつもりになっている多くの人たちには効果てきめんだろう。そして、生徒の「あひる」の「本当はちがうんだって早く言いたい」という心の声は、そのまま「先生ってゲイなんですか?」と訊かれて、それをただちに否定したいと焦燥する筆者自身の感情とまったく同質のものでもある。

✤「そうだ、朝鮮人だ、何が悪い?」

たとえ事実とは異なっていても、ゲイであること——より一般的にはマイノリティ当事者であること——を否定せず、むしろ肯定してみること。このことをめぐっては、辛淑玉が、俳優・米倉斉加年(一九三四–二〇一四年）を取り上げたエッセイが想起される（辛 二〇一〇、一六–一八頁）。

一九八〇年代、米倉は、モランボンという食品会社が販売する「キムチ」のテレビCMに出演した。現在以上に「朝鮮」差別が激しく、「キムチを食べる朝鮮人は、ニンニクくさい」といった悪口雑言が語られていた時代である。モランボンのCMはテレビ局から拒否され、同社のCMに出演する俳優もなかなか現れなかった。抜擢された米倉は、CMの中で朝鮮風のパジチョゴリを着て、白飯にのせたキムチを口いっぱいに頬ばった。だが米倉は、このCMを原因に、ドラマから降板させられ、メディア出演を断られて、仕事がなくなったという。辛は、これを「朝鮮人の味方をする者への兵糧攻め」と評した上で、次のようなエピソードを紹介している。

もちろん米倉さんの子どもも無事ではいられなかった。学校で「チョーセンジン」といじめられて帰ってきて、「ねぇ、お父さん、私の家は朝鮮人なの?」と尋ねたそうだ。／その時、米倉さんは微動だにせず「そうだ、朝鮮人だ。朝鮮人で何が悪い?」という趣旨の言葉を子どもたちにかけた。／米倉さんは、一九三四年に福岡で生まれた日本人である。しかし彼は、自分は日本人だとは決して口にしなかった。それは、このコマーシャルを引き受けるときの彼の覚悟でもあったのだろう。

辛淑玉は、みずからも在日韓国人として、人権問題に関わる講演や評論などを行っている。彼女は、米倉に対する敬意を込めて「朝鮮人と共に生きるということは、日本人の側にも相当の覚悟が必要なのだ」と述べている。これは「ゲイなど性的少数者と共に生きるということ」にも相通ずるものである。その「覚悟」の表現として、米倉にならえば、自分は異性愛者（もしくは性的多数者）だとは決して口にせず、毅然と「そうだ、ゲイだ。ゲイで何が悪い?」と言いきってしまう、という姿勢がありえよう。それは、実際にもゲイ(性的少数者)であることは「何も悪くない」という強い確信と、にもかかわらずゲイが社会的におとしめられていることに対する痛憤、だからこそ(自分自身が巻き込まれる恐れがあっても!)差別され抑圧されているゲイの側《がわ》に立とうとする連帯の決意によって裏打ちされた「覚悟」であるはずだ。

このようにゲイを演じる、[*16] あるいは、ゲイに「なる」[*17] という試みは、さまざまな気づきをもたらすとも期待される。かりに筆者が「はい、私はゲイですが、それが何か?」と答えたとき、質問者や、そのやりとりに耳をそばだてていた人たちは、どんな反応を見せ、どんな視線を投げかけるだろう。ああ、やっぱりねという、得心した表情を浮かべるだろうか。それとも、思いがけず〝地雷を踏んだ〟という顔つきで、どぎまぎしながらその場を取りつくろおうとするだろうか。あるいは、かすかに身をのけぞらせたまま、ボーゼンと固まってしまうかもしれない(笑)。また、そうした周囲の者たちの態度は、筆者のうちに、いかなる感情を生みだすだろうか。

4 沈黙するという中間地点 ——暫定的な解として——

❖ゲイを装うことの〝おこがましさ〟

しかしながら筆者は、この「はい、私はゲイです」と肯定する選択肢も取りえなかった。まずは、米倉斉加年ほどの「覚悟」を持ちあわせていないためでもある。だが、それ以上に、筆者が実際にはゲイではないにもかかわらず「私はゲイだ」と公言するとすれば、それはゲイ当事者(あるいは性的少数者)に対してあまりにも〃無礼な〃行いではないだろうか。人格（アイデンティティ）の根幹に位する性的指向――まさにそれをめぐって同性愛者らが日々苦悩している当のもの――について、嘘をつく行為である。

さらに、たとえば、まわりの男友達がその場に異性愛者しかいないことを当然視して「カノジョ欲しい」「女の子ってさぁ」と盛り上がる状況で無理をして話を合わせたり、男性に好意をいだく自分の性的指向が周囲に〃バレて〃いないかと恐れおののいたり、自分の家族にさえ（家族だからこそ！）そうした自分の苦境や恋愛相手について言いだせなかったり……少なからぬゲイ当事者が感じているであろう、そのような息苦しいまでの「クローゼット」（閉じ込められた状況）を、筆者はいっさい体験していないのである。しかも、いったんゲイだと公言するとしても、それは、いつでも「実はゲイだというのは見せかけ《フェイク》で、ほんとは異性愛者《ノーマル》でした」と種明かしできる〃脱出ボタン〃に片手を置いたままのことである。こうした条件下で「私はゲイです」と語る（騙《かた》る！）ことは、ゲイ当事者（性的少数者）をひどく侮辱するものであり、それ自体が差別的な行為というべきだろう。

❖沈黙という〈あわい〉で

「先生ってゲイなんですか?」。この問いにいかに応答すべきか。さまざまな選択肢を探す中で、[*18]筆者なりに当座、今のところ行き着いたのは、実に「答えない」という答え方、すなわち、問いに対して「沈黙する」という方途である。

一方で、「いや、私はゲイではない」と否定することにまつわる差別をまぬかれる。他方で、事実とは異なるのに「ええ、私はゲイだ」と肯定すること――というよりゲイを〃演技する〃あるいは〃僭称する〃こと――によって、ゲイ当事者を侮辱しかねない事態をも避けられる。質問には答えないまま沈黙することこそが、これら〝二兎を追う〟ことをなんとか可能にするように思われるからだ。

あなたはゲイなのかという問いに〈答えない／沈黙する〉ことは、ゲイであることを否定も肯定もしない〝どっちつかず〟の状態にあえて踏みとどまろうとする対処法である。もちろん、沈黙は、全くの中立ではなく、いずれかといえば〝暗黙のうちに肯定した〟と受けとめられることも多いだろう。「答えない」のは「答えられない性的指向を持つ（つまりゲイである）ということだろう」と当て推量されるパターンである。だが、こうした憶測ならば、はなから織りこみ済みだ。それに対しては、胸中で「私のことをゲイだと思いたければ思え」と応じよう。黙して答えないことをゲイの肯定であると誤解した質問者が、ひとり合点でニヤニヤとしたり、筆者に奇異な視線を向けたりするならば、それも甘んじて引き受けよう。ごくごくささやかなものだが、それがゲイ当事者と連帯しようとする筆者なりの「覚悟」である。

ここに示した〈答えない／沈黙する〉というあり方は、ゲイであることと、ゲイではないこととの中間に張りわたされた糸の上で、どちらかといえば少しだけゲイであることのほうへ傾きながら揺れている〝やじろべえ〟を想像させる。おそらく、この〝やじろべえ〟は、社会的少数者《マイノリティ》であることと多数者《マジョリティ》であることとの中間《あわい》に、あやういバランスで立っているわれわれ自身の姿でもある。われわれは、そのときどきの偶然の作用によって、たまたま多数者の側にいたり、不意に少数者の側へ転じたりする、定かならぬ存在である。だとすれば、その意味でも、境界線上で〝どっちつかず〟に耐えながら〈答えない／沈黙する〉ことが最もふさわしい選択肢だと（現時点では）思われるのだけれど、さてどうだろう？　もしもあなたが、もっと差別の問題にも目くばりのきいた、より好ましい答え方に思い当たったら、ぜひ教えてほしい。そして、最後に望むらくは、この論文自体が、ひたすら「筆者はゲイではない」と訴える差別的な〝弁明書〟になってしまっていないことを――。

＊1　もし筆者がゲイである場合、その問いに対して「ええ、ゲイですよ」と応答すれば、質問者の〝納得〟を得られるだろう。ある社会学者が、ゲイの友人のエピソードを紹介している（熊田　二〇一〇、一頁）。「友人は、発表などの時に、自分の立場（つまり彼がゲイであるかどうか）を明確にしてほしいという要請を、聴衆から強く感じることが多いという。そういう時「自分はゲイです」と告げると、「周りは一気に黙る」（もはやその要請を感じなくなる）そうである」。この社会学者は「周りが一気に黙る」事態について「友人はゲイである（と自認している）ため、ゲイについて研究することは彼自身にとっても有意義であり、妥当である」からだと解する。当事者がみずからの利害に関わる事柄を研究・発表するのであれば一般には了解されやすい、という解釈だろう。筆者自身は、異性愛者が多数を占めるであろう聴衆が、まさに「ノーマル」な集団にまぎれ込んだ〝異物〟（アブノーマルな存在）を見るように、自分たち聴衆から、ゲイである発表者をくくり出す一線を引こうとして、ぐっと息を詰めるような沈黙が、その「一気に黙る」の正体のようにも思うのだが。

＊2　部落差別については、たとえば、角岡（二〇〇五）、大谷（二〇一四）第六章を参照。

＊3　いったい「日本人」とは誰のことか?というのは大きな問題だが、ここでは、さしあたり「自分は日本人だ」と自認している人を指すと考えておく。この問題について、簡便には、ましこ（二〇〇八）を、詳細には、小熊（一九九五）を参照。

＊4　類似のケースに「在日認定」という近時の問題がある。これは、日本（政府）に批判的な人物を誹謗中傷するため「ある人物を事実や根拠の有無にかかわらず在日コリアンや、コリアン系の人物であると認定する」こととされる。一九九五年の東京都知事選に出馬したある候補者が「北朝鮮出身」という「在日認定」を受けた一件をめぐって、在日コリアンの研究者は「デマに振り回される有権者の意識にも問題があるが、それを必死に打ち消そうとする候補者の脳裏にも「他の国の人間ならともかく朝鮮人とは思われたくない」というレイシズムが潜んでいる」と指摘し、このような「候補者と有権者の共犯関係」を批判している（朴　二〇一一、一四三－一四五頁）。

＊5　性的少数者（ＬＧＢＴ等）については、多くの関連書籍が刊行されている。さしあたり、ＬＧＢＴ支援法律家

ネットワーク出版プロジェクト（二〇一六）、遠藤（二〇一六）、佐々木（二〇一六）、セクシュアルマイノリティ教職員ネットワーク編（二〇一二）、東京弁護士会LGBT法務研究部（二〇一七）、松中（二〇一五）、森山（二〇一七）、薬師ほか（二〇一四）などを参照。

＊6　なお、自分自身の性別に関して困難をかかえがちな他のタイプの性的少数者もいる。一個の身体のうちに、男女双方の性的特徴を併有するなど、性器や性腺、染色体などが典型的な男女とは異なっており、このために「からだの性別」自体が不分明で、男女いずれか一方に区分することが難しい人たちである（精巣と卵巣を一つずつ持つ、卵巣を持ちながらペニスに相当する大きさのクリトリスを持つなど形態は多様であり、人口比では数千人に一人程度とされる）。こうした人たちは「インターセックス」（中間的な性別／性分化疾患）と称される。インターセックスの人たちが、同時に性別違和を持つ場合もある。毎日新聞（二〇一三）など参照。

＊7　非異性愛者としての性的少数者には、自分の恋愛感情が向かう相手の性別（性的指向）が本人にも明確ではなく探求中である「クエスチョニング」の人や、そもそも恋愛感情や性的欲求をいっさい持たない「Aセクシュアル」の人などもいる。このように性的少数者が、けっしてLGBTだけに限定されない点には、充分に留意しておきたい。

＊8　ゲイおよびバイセクシュアル男性を対象に二〇〇五年に実施されたインターネット調査（有効回答数は五七〇〇件余）によれば、全体の六五％が自殺を考えたこと（自殺念慮）があり、実際に一五％前後は自殺を試みたこと（自殺未遂）があったという（日高ほか 二〇〇七、一〇－一一頁）。

＊9　ストーンウォールの反乱は一九六九年、米国ニューヨークで発生した。ゲイバー「ストーンウォール・イン」に対する警察の執拗な手入れ（不当捜査）に抗議して、客であった同性愛者たちが三日間にわたり立てこもった（河口 二〇〇三、一七－二〇頁、チョーンシー 二〇〇六、第一章、第二章）。

＊10　一九九〇年、東京都の公共宿泊施設「府中青年の家」において、宿泊者どうしの自己紹介の席上、「動くゲイとレズビアンの会」（通称：アカー）が「同性愛者の人権を考える団体」であることを他の宿泊者（団体）に公表したところ、その後「ホモ」という蔑称で呼ばれるなど嫌がらせを受けた。アカーが、これに対する改善を施設管理者の東京都教育委員会に求めたところ、むしろ都教委は「他の青少年の健全育成にとって、正しいとはいえない影響を

与えかねない」などの理由を挙げて、アカーの次回以降の施設利用を禁止した。この不当性を訴えて、アカーが提訴したのが「府中青年の家事件」である。同事件に対して一九九七年、東京高裁は「行政当局は、少数者である同性愛者に肌理《きめ》の細やかな配慮を行ない、その権利利益を擁護すべきである。同性愛者に対する無関心・無理解は、公権力を行使する立場として許されない」旨を述べて、アカー勝訴の判決を示した（風間・河口 二〇一〇、第二章、小林 二〇一六、一四‐一七頁）。

＊11 フランスでは二〇一三年四月に「同性婚解禁法」（みんなのための婚姻法）が成立、同年夏より発効した。同性婚とともに、同性カップルが養子を取ることを認めた点も注目される。なお、フランスでは一九九九年より、同性・異性カップルをふくめた、さまざまな共同生活を送る者どうしが、裁判所へ「パートナーシップ登録」の届出を行い、異性間夫婦の法律婚に準ずる（法律婚に比べて、やや不利だが近似した）法的保障を得られる制度「民事連帯契約（PACS）」が運用されている。

＊12 アメリカ連邦最高裁は二〇一三年六月、結婚を異性間に限定する連邦法を憲法違反とする画期的な判決を出した。この連邦法は「婚姻防衛法」（一九九六年）で「「婚姻」という語は、もっぱら夫たる一人の男性と妻たる一人の女性のあいだの法的な結合を意味するのであって、「配偶者」という語は、もっぱら夫または妻である異なる性の人間を意味する」と定めていた。最高裁は、婚姻防衛法を違憲と判示し、事実上、同性婚を容認した。その後、二〇一五年六月に同じく連邦最高裁は、同性婚を禁止する州法（十四州）について違憲無効と判決し、アメリカ全体（全州）で同性婚が認められる運びとなった（三成 二〇一五、五一‐五三頁）。

＊13 渋谷区の「同性パートナーシップ証明」制度は、同性カップルが、互いを後見人とする公正証書を添付の上で申請して認められれば、同区が「結婚に相当する関係」であることを記した証明書を発行する制度である。ただし、区営住宅へ入居する応募資格などを除いて、この証明書は法的効力を持たない。渋谷区内において、民間の不動産会社が管理仲介する賃貸住宅への入居時や、パートナーの一方が入院した場合に他方が面会したり治療に同意したりする際に、証明書があれば配慮を受けられる可能性はある。しかし、あくまで証明書を提示された区民が自主的に配慮することを、単に期待できるにすぎない。渋谷区の証明制度は、同性カップルの法律婚（同性婚）を認めるものでは

全くないし、フランス等の「パートナーシップ登録制度」とも別物である。
＊14　性的少数者にとってのカミングアウトは、周囲の者たちとの人間関係に好悪両面の〝変革〟をもたらす可能性のある行為であり、長きにわたる逡巡と大きな決断とを乗り越えなければならない場合が多い。とりわけ、当事者にとって最も親密な存在である家族（親きょうだい）からさえ——時として家族であるゆえに——なかなか受容されないケースもある。参照、セジウィック（一九九九）、ＲＹＯＪＩ・砂川（二〇〇七）、三部（二〇一四）など。
＊15　新設Ｃチーム企画ホームページ（http://rupan4th.sugoihp.com/pdf/kirin3.pdf）。
＊16　演じるという観点では、最近、教育現場で「応用ドラマ（Applied Drama）」が注目されている。社会や地域、個人がかかえる諸問題と重なるストーリーの演劇に、子どもたち全員が参加し、自分とは異なる立場の人間を演じたり、将来遭遇しそうな問題を仮想体験したりして、当の問題やそれへの対処を考えていく。つまり、他者を演ずる体験などを通して「共感性を促し、「差異」の受容を高める」試みである（小林ほか 二〇一〇、二〇頁、一四頁）。
＊17　ある二十代半ばのアメリカ人男性は、実際は異性愛者でありながら、同性愛者が置かれた社会的状況を追体験するため〝一年間ゲイとして生きる〟という実験的な試みを行い、その経緯を手記にまとめている。参照、Kurek（二〇一二）。
＊18　本文で述べた以外には「現在までのところは、同性を好きになったことはありませんが」という応答を試みたこともある。これは、これまでの経験に照らしてゲイであることは否定しつつも、これから先、将来的に同性を恋愛対象とする可能性はあることを告げて、ゲイと筆者自身のあいだを完全には分断せず、ゲイへつながる〝のりしろ〟を確保しようとする意図からだった。実際にも、人の性的指向は、けっして自然的・生来的なものではなく「多くの影響力と社会的干渉の産物」（ウィークス 一九九六、四七頁）であり、生涯を通じて変化しうるものだ（それまで表出・自覚していなかった性的指向に新たに気づくこともあろう）（風間・河口 二〇一〇、一一四頁、松中 二〇一五、二六‐二九頁）。「端的に言って、人は変わるし、変わってよいのです」（森山 二〇一七、一七〇頁）。
＊19　東京都文京区で、性的少数者の人権保障を定めた条例制定を主導した同区元職員は、筆者とは別の理由から「答えない」という対応を取ると述べる。この職員も「嫌がらせを含めて」「「あなたは当事者か」という質問を数多

く受けた」という。しかし、「LGBTの問題は一人一人みんなが当事者」なのであり、「当事者・支援者という概念自体を明確に否定したい」という立場から、当事者か否かという「区分けは意味のない質問であり、関係ない」と考え、「「それは関係ない質問です」と答えることにしている」由である（鈴木 二〇一六、一三八‐一三九頁）。

参考文献

ウィークス、ジェフリー（一九九六）『セクシュアリティ』上野千鶴子監訳、赤川学解説、河出書房新社。

植木等（一九八七）『夢を食いつづけた男――おやじ徹誠一代記』構成・北畠清泰、朝日出版社（初出・一九八四年）。

LGBT支援法律家ネットワーク出版プロジェクト（二〇一六）『セクシュアル・マイノリティQ&A』弘文堂。

遠藤まめた（二〇一六）『先生と親のためのLGBTガイド――もしあなたがカミングアウトされたら』合同出版。

大谷恭子（二〇一四）『共生社会へのリーガルベース――差別とたたかう現場から』現代書館。

大坪真利子（二〇一三）「言わなかったことをめぐって――カミングアウト〈以前〉についての語り」『ソシオロジカル・ペーパーズ』二二号。

小熊英二（一九九五）『単一民族神話の起源――〈日本人〉の自画像の系譜』新曜社。

葛西真記子（二〇一六）「セクシュアル・マイノリティ（LGBT）の子どもを支えるスクールカウンセリング」『精神療法』四二巻一号（特集「セクシュアル・マイノリティ（LGBT）への理解と支援」）。

風間孝・河口和也（二〇一〇）『同性愛と異性愛』岩波書店。

角岡伸彦（二〇〇五）『はじめての部落問題』文藝春秋。

河口和也（二〇〇三）『クイア・スタディーズ』岩波書店。

熊田陽子（二〇一〇）「共在者は当事者になりえるか?――性風俗店の参与観察調査から」宮内洋・好井裕明編著『〈当事者〉をめぐる社会学――調査での出会いを通して』北大路書房。

言論NPO（二〇一六）『第12回日中共同世論調査（二〇一六年）』（http://www.genron-npo.net/world/archives/6365.html）

小林慶太郎（二〇一六）『LGBTと自治体行政――求められる施策とその背景』時事通信社。

小林由利子／アレン・オーエンズ／ナオミ・グリーン（二〇一〇）『やってみよう！アプライドドラマ――自他理解を深めるドラマ教育のすすめ』図書文化。

佐々木掌子（二〇一六）「セクシュアル・マイノリティに関する諸概念」前掲誌『精神療法』四二巻一号。

三部倫子（二〇一四）『カムアウトする親子――同性愛と家族の社会学』御茶の水書房。

辛淑玉（二〇一〇）「サバイバル手帳：踏み絵としての朝鮮人」子ども情報研究センター『はらっぱ』二〇一〇年六月号。

鈴木秀洋（二〇一六）「公務員として職務上通常尽くすべき注意義務としてのSOGI考察」LGBT法連合会『「LGBT」差別禁止の法制度って何だろう？』かもがわ出版。

セクシュアルマイノリティ教職員ネットワーク編（二〇一二）『セクシュアルマイノリティ――同性愛、性同一性障害、インターセックスの当事者が語る人間の多様な性［第3版］』明石書店。

セジウィック、イヴ・コゾフスキー（一九九九）『クローゼットの認識論――セクシュアリティの20世紀』外岡尚美訳、青土社。

高橋都（二〇〇七）「「あなた病む人、わたし治す人」？――医療者がもつ当事者感覚について」宮内洋・今尾真弓編著『あなたは当事者ではない――〈当事者〉をめぐる質的心理学研究』北大路書房。

チョーンシー、ジョージ（二〇〇六）『同性婚――ゲイの権利をめぐるアメリカ現代史』上杉富之・村上隆則訳、明石書店。

東京弁護士会LGBT法務研究部（二〇一七）『LGBT法律相談対応ガイド』第一法規。

朴一（二〇一一）『僕たちのヒーローはみんな在日だった』講談社。

日高庸晴・木村博和・市川誠一（二〇〇七）『ゲイ・バイセクシュアル男性の健康レポート2』厚生労働省エイズ対策研究事業「男性同性間のHIV感染対策とその評価に関する研究」成果報告（http://www.j-msm.com/report/report02/index.html）

毎日新聞「境界を生きる」取材班（二〇一三）『境界を生きる――性と生のはざまで』毎日新聞社。

ましこ・ひでのり（二〇〇八）『幻想としての人種／民族／国民――「日本人という自画像」の知的水脈』三元社。

松中権（二〇一五）『まずは、ゲイの友だちをつくりなさい――LGBT初級講座』講談社。

三成美保「尊厳としてのセクシュアリティ」（二〇一五）三成美保編著『同性愛をめぐる歴史と法――尊厳としてのセクシュアリティ』明石書店。

森山至貴（二〇一七）『LGBTを読みとく――クィア・スタディーズ入門』筑摩書房。

薬師実芳・笹原千奈未・古堂達也・小川奈津己（二〇一四）『LGBTってなんだろう――からだの性・こころの性・好きになる性』合同出版。

好井裕明（二〇〇七）『差別原論――〈わたし〉のなかの権力とつきあう』平凡社。

RYOJI・砂川秀樹（二〇〇七）『カミングアウト・レターズ――子どもと親、生徒と教師の往復書簡』太郎次郎社エディタス。

Kurek, Timothy（二〇一二）*The Cross in the Closet*, Green Bridge Press.

コラム3　私たちの性、性別を決めるのは、誰の、どのような規範か

トランプ米大統領は二〇一七年二月、トランスジェンダー（出生時に割り当てられた身体の性とは異なる性別自認や性別表現で生きる／生きることを望む状態や人びと）の児童生徒が性別自認に沿って公立学校のトイレや更衣室を使用できるとした前政権の指針を撤廃した。アメリカでは半世紀近くにわたって同性婚をめぐる議論が続けられてきたが、二〇一五年の連邦最高裁判決ですべての州で制度化されたことから、この方針転換がアメリカにおけるLGBTの権利をめぐる新たな闘いの争点となっている。撤廃の理由は、前政権の指針がシスジェンダー（出生時に割り当てられた身体の性と性別自認や性別表現が一致している状態や人びと）の子どもたちのプライバシーと安全を脅かすから。アメリカの学校で、トイレ、更衣室をはじめとして性別表現を理由に「安全でない」と感じたことのある子どもたちは五人に二人という調査結果があり、プライバシーと安全を脅かされているのはトランスジェンダーの子どもたちのほうではないのかと思うが、撤廃の支持派と反対派では、何が私たちの性別を決めるのか――出生時に割り当てられた身体の性か性別自認か、をめぐる考え方が異なる。

広島高裁岡山支部は二〇一八年二月、戸籍上の性別変更に不妊手術を課している性同一性障害特例法について、個人の尊重や生命・自由・幸福追求権の尊重を定めた憲法一三条に違反するとしたトランスジェンダー男性（性別自認や性別表現は男性、出生時に割り当てられた身体の性は女性）の訴えを退けた。

近年、国内では性別自認、性別表現、性的指向と人権をめぐり、自治体による同性パートナーシップ証明、被害者の性別を問わない刑法強制性交等罪への改正、性的指向や性別自認による差別禁止法制の要請、セクシュアルマイノリティの視点を踏まえた自殺対策の政策、セクシュアルマイノリティの児童生徒に対する支援に関する通知をはじめとして、めまぐるしい動きがみられる。国外の状況も刻々と変化しているが、法的側面については迫害、保護、承認に大別される。迫害には、合意に基づく成人同性間の性行為を違法とする国々（国連加盟一九三か国の約三五％）、

トランスジェンダーとして生きることを違法とする国々(同約二五%)、性的指向や性別自認に関する表現や集会の自由を制限する国々(同約一〇%)が、保護には、性的指向や性別自認を理由とした差別を禁止する国々(同約三五%)が、承認には、同性カップルに婚姻やパートナーシップ登録を認めている国々(同約二〇%)などがある。

このような中で、法律上の性別変更に医師による診断や性別適合手術を求めない国々が出てきている。この新たな動きを方向づけるきっかけとなったのは、二〇一二年にアルゼンチンで制定された性別自認法で、第一条が「すべて人は性別自認を認められる権利を有する」「性別自認に従って扱われる権利を有する」、第四条が「完全なあるいは部分的な生殖器の手術やホルモン療法または他のいかなる心理的あるいは医療的処置について、一切の証明を必要としない」と規定していることに注目したい。日本において性別自認を反映した戸籍上の性別に変更するために「性同一性障害」の診断と不妊状態であることが求められるのとは対照的である。アルゼンチン法は、性別はその人自身が決めるもので、手術についても本人が決めるものであるという考え方をとっている。一方、日本法は、性別は医師の判断によるものであり、法律上望む性別に変更したければ性と生殖の健康と権利の享受を断念しなければならないという考え方をとっている。

世界保健機関は二〇一四年、アルゼンチンの動きを追認するように、人権高等弁務官事務所やユニセフを含む六つの国連機関と「強制的・強要による・非自発的な不妊手術に関する共同声明」を発表した。声明は、歴史的に本人の意思によらない不妊手術を経験してきた五つの人口集団——女性、HIVとともに生きる女性、先住民族や民族的マイノリティの少女や女性、障害のある人びと、そしてトランスジェンダーとインターセックスの人びとを挙げ、トランスジェンダーやインターセックスの人びとが望む性別を法的文書に反映させるために不妊手術など医療的要件を課すことを人権侵害と指摘した。二〇一四年以降、マルタ、デンマーク、アイルランド、ノルウェー、コロンビアがアルゼンチンに続いている。

「性同一性障害」ということばが社会的認知を広く獲得している日本において、性や性別をめぐる在り方や生き方が多数の人と同じでないことが本当に「障害」なのか、法律上望む性別を獲得するために不妊手術や多数派の在り方に近づけた身体への改造を求めるのは、誰の、どのような規範に基づくものなのか。トランプ大統領の判断を女優でトランスジェンダーのラバーン・コックスは「これはトイレの問題ではなく、私たちが公共空間に存在する権利についての問題」と発言している。ある特定の人びとが社会に存在する権利を、誰が、どのような規範に基づいて決めるのか。誰が、どのような規範に基づいて、を大きく左右するのは、多数の在り方を生きる人びとではないかと思う。このことは、トイレ、更衣室、法律上の性別変更の問題にとどまらない。**（弘前大学男女共同参画推進室専任担当教員・山下梓）**

■参考文献

Carroll, A.（2016）. A WORLD SURVEY OF SEXUAL ORIENTATION LAWS: CRIMINALISATION, PROTECTION AND RECOGNITION 11TH EDITION. ILGA. Geneva.（http://ilga.org/downloads/02_ILGA_State_Sponsored_Homophobia_2016_ENG_WEB_150516.pdf　最終閲覧二〇一七年四月十一日）

Kosciw, J. G., Greytak, E. A., Giga, N. M., Villenas, C. and Danischewski, D. J.（2016）. The 2015 National School Climate Survey: The experiences of lesbian, gay, bisexual, transgender, and queer youth in our nation- s schools. New York.（https://www.glsen.org/article/2015-national-school-climate-survey　最終閲覧二〇一七年四月十一日）

Transgender Europe（2017）. TRANS RESPECT VERSUS TRANSPHOBIA.（http://transrespect.org/en/about/tvt-project/　最終閲覧二〇一七年四月十一日）

World Health Organization et al（2014）. An interagency statement: Eliminating forced, coercive and otherwise involuntary sterilization.（http://apps.who.int/iris/bitstream/10665/112848/1/9789241507325_eng.pdf?ua=1　最終閲覧二〇一七年四月十三日）

第6章　身体性なき主体の自己・契約・倫理

――決断主義の脱構築をめざして――

城下健太郎

【提題】　本書を読んでいる人にとって、「オタク」（おたく、おタク）とはいったいどんな存在だろうか。自分自身がそうだと自覚している人もいれば、「痛い」とか「恥ずかしい」とか、あるいは近づきたくないほど嫌いだという人もいるかもしれない。アニメや漫画やゲームなど分野やジャンルを問わず、好きなものに熱中し、それに対して排他的に自分の意見・趣向を主張するというイメージがオタクにはつきまとっている。オタクは本書のテーマである「屈託」とは程遠いかのように見えるというわけだ。しかし、このような「もっともらしい」オタク像は同時に「うさんくささ」をはらんでいる。オタクたちを「屈託」なき存在と見て取る理論構成とはいったいどのようなもので、本当に「屈託」あるオタクは存在しないのだろうか？　存在するとして、それはどのような存在で何を考えているのだろうか？

1　はじめに

オタクは、つらい。（極端な偏見を持っている人を除けば）おそらく、このことはオタクを自認している人もそうでない人も同意するのではないかと思う。オタクという存在への知名度や関心はすでに大きく日本社会に広まっているが、今なおその風当たりは強いように思う。日本では特に一九八〇年代に起こった宮崎勤事件[*1]以来、オタクに対して「犯罪者予備軍」としてのレッテルが貼られてきた一面もあり、そうした風潮はアニメや漫画、ゲームといったサブカルチャーが氾濫している現在もなお生き残っている。この風潮は特にゼロ年代（二〇〇〇年代）以降も根強く、「ネット右翼」や「ぼっち」、「ひきこもり」、「ニート」などと並んで軽蔑的意味がオタクに込められることも多くなっている。「オタク」として生きることには、ただ〇〇が好きで没頭すること以上の何か別の要素があり、「一般人」がごく普通にアニメを見て、ゲームに熱中することが当たり前になってもそれは変わらないようだ。

ところで、ぼくが本章で問題にしたいオタクの「つらさ」はそうした社会的承認をめぐる問題とは微妙に異なるものだ。オタクとしての自分を誰かに認めてほしいという欲求は、他者との関わりをめぐって発生する。つまり、オタクにとっての最大の問題は他者となじめない自己自身であり、オタクとしての自己を受け入れてくれない他者との関係である。自分が集団の中で「浮いた」とき、自分が悪いのか他者が悪いのかはしばしば悩ましい問いかけだ。実はこの鬱屈とした苦悩は、それ自体として規範的な生の問題を含んでいる。「他者とは究極的にはどこまでも分かりあえないと知りつつも、それでも他者と正しく関わるためには、どのような生き方をするべきか？」という問いをその中にはらんでいるからだ。もちろん、こうした悩みやつらさは「一般人」も抱えているのだろう。だが、コアでニッチでマニアックな領域に棲み、日本という全体社会の同調圧力や精神的マッチョイズムから常に圏外へと追い立てられているオタクたちにこそこうした問いは強烈に意識されており、その想像力へと影響を与えているのではないだろうか。

ぼくはこれからオタクたちの想像力の中に潜在的に含まれていた「正しさ」をめぐる規範的な問いの構造と背景、そうした問いが生まれてきた意味を明らかにしたい。何もこれはオタクイメージのネガ・ポジ反転をやろうというわけではない。むしろ、従来、オタクやサブカルチャーを語る上で用いられてきたさまざまな語り口を脱構築してみよう。そうすることで、オタクとしての「生き方」の持つ規範性が浮かび上がってくるはずだ。[*2]

2　虚構を物語る自己

オタクとは何者か、そしてどのようなアイデンティティを持っているのかを問うことの困難さはすでに論じ尽くされているし、また決着のつかないテーマとして認識されてもいる。オタクは実社会において部分社会を形成しているわけではないし、得意とする分野やジャンルに応じてその現れ方もまた多様だからである。オタクは親密圏を形成することはあっても、公共的な領域で社会集団を形成することはない。それゆえ、社会集団の中の行動法則や特徴を経験的に認知することが困難になってしまう。そこで、従来の論評は彼／彼女らがいかなる文化・物語をいかなる方法で消費したのかということに焦点を当ててきた。本節ではそれらにならって、オタクの「自己」に迫ってみよう。

❖物語る自己

かつて社会正義を論じる上で、共同体主義者のA・マッキンタイアは、正義や倫理的価値を人間の感情や自己の好みに還元する情緒主義を批判するに当たって、現代社会のドラマにおけるキャラクターを喩えに使ったことがある（マッキンタイア 一九九三、三四頁以下）。それによれば、役者がドラマのキャラクターを演じながら観客に対して自身の意図を解釈する手段を与えるようにして、特定の文化は特定の社会的役割をキャラクターとして私たちに提供しているという。ドラマにおけるキャラクターは観客たちの道徳的関心をひきつける対象であり、演技の際に観客から道徳的評価を受ける。このドラマとの対比によって、情緒主義者の価値の源泉である「自己」が、実は共同体の支配的な社会的役割を演出するキャラクターの影響下にあることが示されてくる。

ここで重要なのは、このような視点を通じて虚構のはずの物語がぼくらの人生にとってのリアルな意味を持ってくるところだ。ぼくらは人生について目的論と予測不可能性を持ちながら、登場人物と同じように物語を生きぬくことになる。そうすることで、さまざまな共同体の歴史や文化を物語る自己として、ぼくらは特定の文化に生き、その文化の指し示す道徳的価値や社会正義を体現しているということになる。マッキンタイアのテーゼは次のとおりである。「人間はその行為と実践において、虚構においてと同様、本質的に物語を語る動物（story-telling animals）である」（マッキンタイア 一九九三、二六四頁）。ぼくらは、さまざまな物語の中で生きるさまざまなキャラクターから制限を受けながら、「何をなすべきか」という実践的＝規範的な正しさの問題に取り組むことが必要だというわけだ。

オタクの生態にちょっとでも心当たりのある人は、このテーゼにならって、オタクもまた「物語を語る動物」であると規定したくなるかもしれない。というのは、オタクというのは悲しいほどに虚構を評論する、評論しないではいられない生き物だからである。とはいえ、この虚構における物語を語ることと、その行為と実践において物語を語ることとがオタクにおいて一致しているとは到底いえない。マッキンタイアのテーゼにおいては、現実生活と虚構の物語とは素朴な形で一致しているが、日本のサブカルチャーにおける「リアル」と虚構とはこれほど単純に結合していないからだ。宮台真司らによれば、日本のサブカルチャーが規範性を有していたのは、戦前から一九七〇年代以前に限定される（宮台ほか 二〇〇七）。しかも、マッキンタイアにおいては前提にされていたような共同体的規範意識＝世間の理想が見られるのは、一九五〇年代までであり、六〇年代には世間に反抗する理想としての若者文化が台頭し始める（「清く正しく美しく」から「大人や世間」への反抗としての自己実現）。七〇年代以降には、若者たちは物語に対して規範的な意味を見失い、キャラクター自体への自己満足が始まり、ここから若者文化のオタク化への飛翔が見られるという。つまり、オタクからすれば、マッキンタイア的な「物語る自己」は虚構と現実を混同しているものとして反発したくなるし、ともすればポルノ規制をめぐって敵対しかねない関係でもある。虚構だけで満足できる人間が現実に手を出すことはありえないのだからポルノ規制は無意味だというのが「オタクとしての自己」の見解である（この観点に立てば、宮崎勤はオタク失格である）。

❖虚構とリアルをめぐって

この虚構に対する態度や精神性こそがオタクとしての自己を特徴づけるものである（斎藤 二〇〇六、五五頁以下）。オタクは虚構に対して、それが虚構であることを確信しながらリアリティを持つことができる。虚構の中に自己にとってリアルなものを構築できると言ってもよい。この虚構の中の「リアル」は、現実と対等であるか、ともすればそれ以上である。虚構の中に「リアル」を見出し、それに自己充足できる存在こそが、「オタクとしての物語る自己」である。

こうしたオタクとしての自己が規範理論的に見てそれ自体として共同体主義的ではありえないというのは間違いないだろう。だからといって、この自己がリベラリズムの前提とする個人主義的・原子論的自己にそのまま回帰したかというとそれもまた疑わしい。リベラリズムの前提とする自己は各人の価値観や特殊な善の構想を超越する価値を認めない。各人は自らの選好を自由に追求してよいし、選好間の価値に質的な差異を設けることもしない。これに対して、オタクによる虚構がもたらす自己充足は、しばしばこの価値の平等を飛び越えて暴走する。オタクは虚構を現実化こそしないまでも、むしろそれゆえに虚構の中の「自己にとってのリアル」な価値を超越的なものにしようとする傾向があるからである。

この傾向のもたらす規範的影響ははっきり言ってあまり評判の良くないものであり、オタクに対して手厳しい見解はすでにさまざまに理論化されているところである。いくつか列挙するならば、まず最も有名なものとしては、データベース化された記号としての「萌え」要素によって作られたキャラクターを薬物依存者のように消費する「動物化」したオタク（東 二〇〇一、一二八頁）。この背景には、『ガンダム』などの政治的イデオロギーを帯びた虚構の物語を必要とせず、『エヴァンゲリオン』のように、実際の権力構造や社会性、共同性を排除して主人公とその周囲（しかもしばしば戦闘美少女）のみで物語が完結する「セカイ系」の存在がある。加えて、「セカイ系」を「大きな物語」が失効した後の価値の喪失におびえていた小さな社会の「引きこもりの時代」の産物として把握し、ゼロ年代以降は『仮面ライダー龍騎』のように、各人が信じる価値のために生存をかけて争うバトルロワイヤル的＝決断主義的傾向が支配的になったとするもの（宇野 二〇一一、一五二頁）。さらには、三・一一の震災以後に両者を統合するものとして現れた『進撃の巨人』を筆頭とするような「セカイ系決断主義」といったものが挙げられる（村上 二〇一四、四二頁）。

✣虚構の現実化の規範的な意味

以上のように規定されたオタク的自己は、右翼的ポピュリズム（いわゆる「ネット右翼」、「ネトウヨ」）との政治的親和性を持つに至っているというのが現状、しばしば議論されているところである。インターネットという情報環境の整備によって過剰な共感化（同調化）が生じ、オタクたちが事実を相対化（「ネタ化」）するというアイロニーを喪失した結果、オタクのネトウヨ化が生じたとするもの（村上 二〇一四、一七八頁以下）であるとか、虚構の中で現実の身体性を失った結果、相手の身体性には危害を加えないような独特の倫理の帰結としてヘイト・スピーチのような精神的暴力へ向かったとするもの（伊藤 二〇一四、五九頁以下）といったように、日本的オタク文化の行き着く果てにネトウヨ化を見るのはかなり一般的になっているようだ。

オタク＝ネット右翼というイメージが事実として正しいか間違っているかはともかくとして、今を生きぬくための戦略として虚構と現実の混交が行われているという指摘は正しいかもしれない。実際、現代の子どもたちにはオタク文化への忌避感が薄いこともあってか、アイデンティティを持つ代わりに、自分のキャラ立ちを重視し、自身をキャラ化させている現状もある（土井 二〇〇九）。「自分らしさ」や多様性を強調した結果、複雑化した人間関係の中で生じる閉塞感を打破するために自らのキャラ立ちによって人間関係を透明化しようという子どもたちの必死の戦略といえよう。このような「現実の虚構化」（これは同時に「虚構の現実化」でもある）をかつて『グイン・サーガ』の著者栗本薫は、中島梓の名義で「適応のための不適応」と名づけていた（中島 一九九一、二八頁）。そもそもオタク化はこの複雑で過密化した社会に適応するための「コミュニケーション不全症候群」の一種だったというのである。こうした適応戦略の問題点は人間関係をキャラクターとして割り切ることによって、極度に関係性を単純化させようとする精神性をもたらすことにある。ここまで見てくると、オタク的な物語る自己が生存戦略としての決断主義に行き着くのは不可避のようにも見えてくるし、ゼロ年代以後もこうした決断主義的な「屈託」のなさはネットやリアルのコミュニケーションの反復を通じて強化され続けている。

それにもかかわらず、ぼくは決断主義へと進んだオタク的な自己の想像力の中には「正しさ」をめぐる一種の「決断不可能なもの」が残っていて、それがオタクの規範主義をぼくらに訴えかけてきていると考えている。それはデリダが言うように、決断を真に自己の決断と言うためには自己以外の原因や規則といった決断不可能なものを認める必要があるということに深く関わってくる。*3 決断主義という生き方をめぐる選択それ自体が、一つの生き方としての「範」を示しており、それは特に他者との関係性をめぐって立ち現れる規範主義的側面をもっているのではないだろうか。次節では、このことを明らかにするために、これまでの評者たちが行ってきたようにサブカルチャー作品の中に現れる想像力を検討してみよう。

3　契約から責任へ

✣契約というモチーフ

ゼロ年代を通じてサブカルチャー作品の物語形式の中に現れる特徴の一つに「契約」がある。特にセカイ系作品の多くにおいて、日常生活を送っていた主人公が何らかの「契約」を経て作品内の物語に関わっていく。それは日常では無力であった主人公が強大な「異能」や「力」を手に入れるプロセスでもある。

その最も有名なものは『魔法少女まどか☆マギカ』（二〇一一年）だろう。[*4] 他にも『Ｆａｔｅ』シリーズや『DEATH NOTE』、『ゼロの使い魔』、『コードギアス』など名の知れた話題作の多くが「契約」を用いた物語構成を採用している。あるときは最初から力を有している者の行動目的に火をつける図式として、また逆に世界のありようへの憤懣を抱きながらも無力さに苦悶する者には力を与えるという図式として、契約はしばしば用いられる。このように契約はキャラクターを物語の主軸に引き入れるための舞台装置である。つまり、セカイ系作品においては、本来は日常を生きているはずの主人公（その多くは学生）が、本来はタッチすらできないはずの世界の行く末に干渉してしまうという跳躍を説明可能にするのである。

　もちろん、ここでいう「契約」は厳密な法律学上のそれではない。それは厳密に言えば「投企《アンガジュマン》」に近い。そもそも、多くの場合において、この「契約」の相手方は不明確である。強いて言うならば、相手方は主人公がそこに自身を投げ入れるべき世界そのものといってよい。たしかに、彼／彼女に契約を迫る使者が現れるが、それ自体が偶発性を装った必然であったり、使者自体が契約の客体（＝給付の対象）であったりする。（しかも、この給付の対象には、しばしば戦闘美少女がついてくるということを見過ごしてはならない。サブカルチャーとセクシャリティの結びつきは度々指摘されるが、契約にもそれは明確に現れているといえよう。）こうして世界が主人公にコミットさせるべく用意した契約の物語によって主人公は、対自的になると同時に、あらゆる世界内存在と自己とを切り離し、意味連関ががんじがらめに絡み合っている共通世界から自己を救い出すための儀式を受ける。まさに契約に同意（＝投企）したその瞬間に、本人の意思とは無関係に、彼／彼女は世界の内的存在者であることをやめ、その作品世界内のすべての他者と非対称的な存在になることで世界そのものと向かい合うことになる。

　こうした図式として捉えるならば一九九〇年代の『エヴァンゲリオン』さえ、契約で語ることは可能である。古くは旧ＴＶ版の『新世紀エヴァンゲリオン』において、主人公の碇シンジが血を流している綾波レイを見て「逃げちゃダメだ」を五回つぶやいてから「僕が乗ります」とエヴァに乗る決断を下すシーンはまさに契約であり、その後の挫折を経て再契約に至る流れも含めて契約物語の原型といえよう。[*5]

❖契約から再契約への物語による他者への責任発生

こうしてみると、ここで描かれている契約は、道徳的規範性を備えた社会的役割から主人公たちを逸脱させ、彼／彼女たちの生存を試すという点で、決断主義的に見えるかもしれない。実際のところ、契約する自己はいわゆる「巻き込まれ型」主人公とはささいな違いでしかないように映る。だが、このささいな違いこそが重要である。というのは、契約することによって巻き込まれることは、自然の運命によって巻き込まれることと異なり、そこに本人の自律的選択が含まれているからだ。法律学において契約を守らなければならない規範的な理由は、契約に自ら同意したという自己拘束性に由来する。この自己拘束性を正当化するには、契約した当事者が人格的に自律した主体であることが必要である。自ら意思し、行為の是非を判断できる人格を持っていなければ、たとえ同意したとしても責任を課すことはできない。つまり、契約を物語の形式として与えることは、責任の物語を作ることでもある。そして、契約を出発点にした物語の多くが、その佳境において契約者たる主人公の責任を問題にするのである。契約は主人公に対して異能や力を与えるが、必ず何らかの代償を伴う。代償は、物語の行く末を決定づける装置として機能し、主人公にとっては、思いもよらない形で「ままならなさ」を突きつけてくる。

この図式の中にいわゆる「自己責任論」の構図を見て取ることはたやすい。主人公は安易に契約に同意したがために責任を負わされ、物語の舞台から降りられない。その際に象徴的なのは、契約の互恵性はほとんど問題にならないということだ。ともかく、力は与えられたのであり、それ以上の利益は主人公には与えられない。彼／彼女はなすべきことを契約に従ってなすように求められるのみで、彼／彼女らの願いが当初の予定に従ってスムーズに叶えられたりはしない。契約によって与えられた力を適切に使いこなせるかを試すような試練なり挫折なりが主人公に与えられる。

この流れは分かりやすい自己責任論に見えるが、実はここで問われているのは「他者」への責任であり答責性なのである。主人公は降って沸いた試練をただこなせばよいのではなく、契約以前と以後の他者への関係性の変化を問われる。契約以前の自己にとどまり続けるのは許されない（『エヴァンゲリオン』）。かといって契約以前のものと態度を急変させ、他者を客体化して自己と切り離すことも許されない（『DEATH NOTE』）。必要とされるのは、他者に対して応答責任を果たすことである。このとき、主人公に対して与えられたコミュニケーションこそが「再契約」である。一度目に行われたような安易でひとりよがりな契約ではなく、あらゆる世界内存在（＝他者そのもの）と対称的に向かい合うために、彼／彼女らは、もう一度契約を行うのである。そのためには、契約をいったん解消し、ありのままに自分に向かい合い、他者との関係性を再構築せざるをえない。この流れを乗り越えてはじめて主人公は二度目の契約を行う。今度は自らの意志でリスクもすべて承知の上で契約を受け入れ、他者＝決断不可能なものへの応答責任に答えようとするのである。

ところで、この「契約」のドラマツルギーの例外であり、最も効果的に「契約」を用いたものが『魔法少女まどか☆マギカ』である。主人公であるまどかは、マスコット・キャラクターのキュウべぇから「僕と契約して魔法少女になってよ！」と執拗に契約を迫られる。だが、彼女は物語の最後まで契約しない。彼女は契約に伴うリスクとして、仲間たちの無惨な死を見せつけられながら、ほとんど最後まで傍観者として存在する。彼女の契約は物語の最後に置かれており、それによって物語は救済の終わりを迎える。

この終焉としての「契約」は時間性の終わりであると同時に始まりである。七〇年代までの『ガンダム』や『宇宙戦艦ヤマト』などの作品群においては常に未来に向かって開かれた「大きな物語」を有していた。それが八〇年代以降、『美少女戦士セーラームーン』などを筆頭にして、物語は「終わりなき日常」(宮台真司)を繰り返し、閉じられた円環の中で閉塞して行った。これに対して、まどかの「契約」は閉じられた円環を切り離し、再び時間性を取り戻すという点で、まさに「ゼロ年代」の終焉であり、新たな時代への希望を切り開くという意味を持っていた。しかも、この始まりは契約により有限な存在としてのまどかが死ぬがゆえに、無限の愛に関係づけられている。この愛に対して、人間は個人として負い目を持ち、そこから新たな責任の主体が生まれるのである(デリダ 二〇〇四を参照)。

4　決断不可能なものの倫理

❖社会の周縁部から構成される「新伝奇」

前節における「契約」から「再契約」を行う主体としての自己は他者への応答責任という点で屈託を示していたのだが、ゼロ年代の作品群の中でいわゆる「新伝奇」作品群においてこのドラマツルギーはさらなる変容を遂げている。もともと、伝奇物語は、そのキャラクターと社会的役割との関係において、日本社会固有の正義の問題に触れていた。それは「月光仮面」的な華々しい表の正義の味方に対して、日本固有のイエ・ムラ社会から隠遁したアウトサイダー的な正義を示してきた。[*6] つまり、共同体の内側の論理で排除されてきた人びとに世俗からの隠遁者が関わり助ける構造を伝奇作品は含んでおり、それ自体として強い規範的な正義を主張してきたといえる。古くは妖怪や魑魅魍魎、陰陽師などをテーマにして時代小説の一部門として現れた伝奇小説であったが、新伝奇においては現代の人間社会の抱えるひずみや矛盾としてその闇に苦悩する人物たちの物語に変容する。これらに対処するために、探偵や魔術師、祓い屋などの現代社会では周縁部《マージナル》に位置づけられるような人びとが活躍する。彼／彼女らは現代社会の日常から見てどこかいかがわしさを残して描写されており、例外はいるにせよ、社会の行く末や世界の終わりといったできごとには素っ気無く対応する。彼／彼女らは自ら望んで社会の周縁部に居続けようとしているように見える。

ここで重要なのが、新伝奇作品においてはこうした社会的役割が物語構成において重要な意味を持っているという点だ。つまり、新伝奇では隠遁者の社会的役割を担っているキャラクターが、ともすればセカイ系へと行きかねない若者たちのキャラクターをギリギリのところで共通世界へとつなぎとめ、世界内存在者にとどめおいている。新伝奇作品において示されているのは、前節で確認した契約物語の中の責任意識を現実の社会関係へと媒介することであり、そこから立ち現れてくる決断不可能な倫理の問題である。以下では、ゼロ年代を代表する新伝奇作品を追いながら、このことを見ていこう。

✣境界の空虚さ

ゼロ年代において新伝奇小説というジャンル作りに最も寄与した作品として、奈須きのこ『空《から》の境界』が挙げられる。[*7] 同書は、九〇年代の推理小説の影響を色濃く残しながら、現代社会の怪奇現象の謎を探偵助手としての主人公たちが解明していくストーリーになっている。もっとも、これは話の流れではあるが本質ではない。同書で多く語られるのは現代の日常を生きるぼくらの悩みであり、その悩みや苦しみが怪異として象徴されてきている。生きることへの実感、多重人格、猟奇殺人、真正／不真正の問題（本物とそっくりに作った人形は人間と同一のものか?・）、中二病的異能、セカイ系的戦闘美少女などのサブカルチャーの主題がそこかしこにちりばめられており、タイトルの通り、通常と異常、日常と非日常の境界が実は空虚であり、簡単にゆらぐのだ、ということが物語の本質である。

こうしたパースペクティヴを持つと当然、「普通の人間」と「異常な人間」との境界も空虚ではないかという問題が生じる。そこでは「契約」というセカイ系への飛翔はもはや存在しない。唯一、事件の黒幕である敵側の魔術師だけが世界の根源を渇望し、それと「契約」することを望んでいるのだが阻止される。非日常としての「異能を持つ人間」への跳躍は規範的な生き方として肯定されない。むしろ、同書がねらっているのは「普通の人間」である。ぼくらが当たり前のものとして認めている「普通の人間」は実は空っぽで「がらんどう」で不確かな存在にすぎないというのが『空の境界』に通底している意識である。そうなると、人間としての正しい生き方に関する正義や倫理をめぐる立場もまた空虚になりかねない。ではどうするのか？　実際に『空の境界』にはそうした倫理的な問いかけが含まれている。

たとえば、同書の第三章では、集団レイプの被害に遭った少女がそれをきっかけにして猟奇殺人に目覚めてしまう話がある。それまで無痛症であったために生の実感を得られなかった少女が凌辱行為により痛みを教えられてしまい、他者の痛みに共感することでしか生の喜びを感じられない猟奇殺人鬼になってしまったという話だ。彼女は痛みを教えてくれた加害者たちを異能によって殺した。これはたしかに復讐の意味を、最低でも危険を排除しようという意志を含んだ殺人であった。だが、彼女は同時に明らかにそれを愉しんでいたと自覚している。すべてが終わったときに、彼女は死の痛みを覚えることによって自らが愉しんでいたものの正体を自覚する。社会的な罪を問うことが可能かどうかとはかかわりなく、彼女は一生、自ら罪を背負い続けることになる。

彼女に対して、正義や倫理は無力である。むろん、犯した罪に応じて罰を与えることはできよう。だが、それが何になるというのか？　ぼくらは時として殺人よりも強姦のほうがはるかに残酷に自己を傷つけることがあるのを知っている。彼女は純粋な被害者ではないにせよ、救済が必要ではないのか？　だが、誰がどうやって彼女を救うというのだろうか。明らかにそれは彼女自身によるしかない。罪責とは代理不可能なものであり、彼女はこれからの日常の中で自分の犯した罪に向き合い続けなければならない。倫理は彼女を裁くこともできなければ救うこともできない。彼女はまさに決断不可能性そのものとなって日常の中に戻っていく。

笠井潔は『空の境界』への解説の中で、このように日常に生きることのつらさを否定し、超越性・絶対性に飛翔すること（＝セカイ系！）は観念論的倒錯であり、どんな理由があっても人殺しはいけないことだという一般論も、その原因や背景を生み出した社会に生きている人間たちによる相対主義的な責任逃れでしかないことを喝破している。[*8]この意見は、日常をそのまま肯定しているわけではない。ぼくらは普段、日常の無意味さ・人間の救われなさや矛盾を痛感しながら生きている。そうした決断不可能な矛盾を抱えながら、生きていくこと、それが「空っぽの人間」としてできる規範的な生き方なのだと『空の境界』は示している。ここには、契約する自己はもはや存在しない。あるのは、ただ誠実に決断不可能な他者に応答しようとする自己が社会にギリギリつなぎとめられているあり方である。

✣ 助けることへの責任

西尾維新の『化物語』をはじめとした「物語」シリーズは、先に言及した奈須きのこの投げかけた問いをうまく整理し直している。物語は、怪異にふれてしまった少女たちを主人公が助けようとして、自分もかつて助けてもらった祓い屋（専門家）に相談するという典型的な新伝奇の体裁をとっている。『化物語』もまた『空の境界』と同様に、社会の周縁部にいるキャラクターが、超越へと飛翔しようとする若者たちをつなぎとめる役割を帯びている。怪異の相談の際に専門家のキャラクターは徹底して「中立」を貫く。彼は相談者を決して、「助けない。力を貸すだけ。君が一人で勝手に助かるだけだ」とのたまう。『化物語』における相談相手のほとんどは、単なる被害者ではない。怪異に行き逢った原因や経緯から見て、彼女たちが自ら関わろうとした問題は、彼女たち自身で解決すべきだと考えている。

見方を変えれば、彼女たちは自ら願い、望んで怪異と「契約」してしまったセカイ系の構造の中に置かれている。彼女らは安易で短絡的に世界を超越しようと契約をなした。だが、この契約は同時に契約以前の他者との関係性を問い直すように迫ってくる。彼女らは、専門家の手助けを得て契約をリセットし、それまでの他者への自分の態度を見直すに至るという流れである。

ただし、『化物語』にはこれに加えてもう一つ重要な要素がある。主人公の介入をめぐる問題である。主人公は、手を貸すだけだという専門家の姿勢に一応の同意を示しながらも彼女たちを助けようとする。無償とも言える贈与と善意によって主人公はひどく傷つきながらも、彼女たちを助けてしまう。この行為は専門家から警告される。他者を助けることは他者に深入りすることであり、相当の覚悟を必要とするということでもある。そして、他者を助けてしまうことは、他者との関係性をいびつにしてしまい、新たな問題を引き起こしかねないのである。他者への応答責任は他者を助けることの責任でもあり、最後まで事態に関わり続けるという責任を引き起こす。『化物語』に続く長大な続編は、そのように人を助けることの不可能性にまつわる悩みや苦しみがつづられていくことになる。

5　結びにかえて

ぼくが本章で示したかったオタクとしての苦悩・つらさの叙述は以上である。人によっては、うじうじとしたオタク特有の気持ち悪い悩みに映ったかもしれない。また、こうした悩みやつらさがもはや失われてしまったという意見もありうるだろう。岡田斗司夫のように、サブカルチャーもまたコアなもの・ニッチなもの・マニアックなものがライト化・マス化・メジャー化している現状を見て、それらに純粋培養された世代はもはやオタクとしての社会との関わりへの悩みを持たないと捉えている人もいる（岡田 二〇〇八）。まさに、多元的に拡散した単なる趣味の問題としてオタクは片付けられてしまったようだ。「ぼくらは、ほかの何者にもなれないかもしれないが、少なくとも〇〇が好きだというオタクくらいにはなれる」というわけだ。

だが、岡田自身もこうした純粋培養世代としてのオタクが自己への悩みを持っていないといっているわけではない。むしろ、アイデンティティの悩みはより強化され、「寄る辺なき自己」の行き着く先として、感覚的なオタクへの逃避がそこには存在している。だから、オタクは死なない、死んでいない。オタクという概念・共同幻想は、その姿かたちを変えながら現代日本という全体社会の制度や規範と明確に区別されるような境界を持たずに今もなお存在し続けている。

こうした現状から見て、ゼロ年代において、そのつらさや悩みが確かに発していた問いかけは、現在においてもいささかもその意味も価値も失ってはいないはずだ。空っぽの自己であっても、むしろそれゆえにこそ、他者との関係を強烈に意識しないではいられないからである。彼／彼女らはオタクなりの正義への構想を持っている。それでは、この問いかけに法学は何ができるのか、何もできないとしてもどのように応答するべきか、正義にコミットしていると名乗る以上、それが残された課題である。

＊1　一九八八年から八九年にかけて埼玉で起きた連続幼女誘拐殺害事件。逮捕された容疑者宮崎勤の部屋に六千本ものビデオが高く積まれた映像が繰り返し報道され、長髪・眼鏡の青年として互いを「お宅」と呼び合うような存在が注目を浴びるようになり、オタクへの偏見を生んだとされる（篠田博之『増補版ドキュメント死刑囚』ちくま文庫、二〇〇六年、三七頁）。なお、宮崎自身は裁判で社会規範を無視した言動を取り、離人症や多重人格、感情消失といったその後のサブカルチャーに現れるような特異な人格であったとされている。

＊2　こうしたアプローチを取るため、本章の記述はデータベースのように物語を網羅するものではない。また、今回は女性向け作品を拾うことができていないため、その点でジェンダー・バイアスのかかった分析であることも否定しない。本章はあくまで男オタクの屈託に関する理論的分析に終始していることを注記しておきたい。

＊3　ジャック・デリダ『法の力』堅田研一訳、法政大学出版局、一九九九年を参照。法哲学の領域においても規範主義と決断主義が表裏一体であるというのは、よく知られていることである。実際、「法は法なり」として法の妥当性を法秩序体系の中にのみ求めた規範主義も、究極的な効力を法の強制力に求めた点で決断主義と表裏一体であった。サブカルチャーにおける決断主義もまた実力をいかに強調しても人間的な生の全体から決断不可能なものを排除できず、何らかの規範秩序構造を前提にしてしまうのである。

＊4　インターネット上には『魔法少女まどか☆マギカ』より前に、「契約」からゼロ年代を見ようとするエントリが存在している。詳しくは、泉信行「ゼロ年代における「契約から再契約」へ」(http://d.hatena.ne.jp/izumino/20080923/p1　二〇一六年十二月十八日最終アクセス確認）を参照。以下の議論は、このエントリを大いに参考にした。ただし、泉は契約から再契約への流れとしてのドラマツルギーに潜む責任の議論をほとんど問題にしていない。むしろ、再契約はひとりよがりな決断ではないということで自己責任論を乗り越えることができる、と素朴に考えて

いるようである。

＊5　泉、前掲エントリによる。

＊6　こうした指摘については、日本文化会議編『西欧の正義　日本の正義』文春学藝ライブラリー、二〇一五年、二五九頁以下を参照。

＊7　東浩紀や宇野常寛といったゼロ年代の批評家たちからは、奈須はあまり評価されていないようである。宇野の『ゼロ年代の想像力』の中では、東が奈須の描く内面や葛藤を読みきれなかったことを指摘しながらも、自分自身の決断主義傾向にひきつけることによってしか理解していない（宇野 二〇一一、一三九－一四五頁）。

＊8　笠井潔「「リアル」の変容と境界の空無化」（奈須きのこ『空の境界　下巻』講談社ノベルス、二〇〇四年の解説として所収）。あわせて、笠井による上巻の解説である「山人と偽史の想像力」も参照。

▒参考文献（脚注に掲げたものを除く）

東浩紀（二〇〇一）『動物化するポストモダン』講談社現代新書。

伊藤公雄（二〇一四）「失われた「身体性」／虚構のなかで増幅する「攻撃性」」『Impaction』一九五号、五二－六三頁。

宇野常寛（二〇一一）『ゼロ年代の想像力』ハヤカワ文庫。

岡田斗司夫（二〇〇八）『オタクはすでに死んでいる』新潮新書。

斎藤環（二〇〇六）『戦闘美少女の精神分析』ちくま文庫。

デリダ、ジャック（二〇〇四）『死を与える』ちくま学芸文庫。

土井隆義（二〇〇九）『キャラ化する／される子どもたち――排除型社会における新たな人間像』岩波ブックレット。

中島梓（一九九一）『コミュニケーション不全症候群』筑摩書房。

マッキンタイア、アラスデア（一九九三）『美徳なき時代』篠崎榮訳、みすず書房。

宮台真司・石原英樹・大塚明子（二〇〇七）『増補サブカルチャー神話解体――少女・音楽・マンガ・性の受容と現

在』ちくま文庫。

村上祐一（二〇一四）『ネトウヨ化する日本――暴走する共感とネット時代の「新中間大衆」』角川ＥＰＵＢ選書。

コラム4　腐女子たちの「防衛戦」はどこまで向かうの？

男同士の恋愛・性愛をテーマにしたマンガ、小説、アニメなどのコンテンツを便宜的に、やおい・BLと呼ぼう。やおい・BLを愛好する人、特に女性をまた便宜的に腐女子と呼ぶ。腐女子という言葉は単なる呼称として使っており、それ以上の意味を含まない。タイトルに「防衛戦」なんて大それた言葉を使ってしまったが、別にそれほど肩肘を張るのが必要な議論をするつもりはない。このコラムでは、腐女子であるやおい論者によって、腐女子がどのような存在として表象され、それが自身の趣味を追求しようとする腐女子自身の「防衛」にとってはたして有効だったかについて一緒に確認していきたい。

「腐女子はコミュニケーション不全で、暗くて、モテないような女、だからBLの世界が居心地がいいのだ」というような主旨のコメントを見たことがないだろうか。「コミュニケーション不全」というキーワードがオタク、あるいは腐女子に結びついたのは、中島梓（＝栗本薫）の著作『コミュニケーション不全症候群』による影響が大きかったと言えよう（中島一九九六［一九九五］）。この著作では、コミュニケーション不全症候群の例としてオタクをあげ、この症候群の特徴を以下のように要約している。「競争社会に不適格で現実のなかに「自分の居場所を持てない」ために脱落せざるを得ない個体が、現実ではなく非現実のなかに自分の居場所を見出そうとして虚構世界への逃避に走っている存在であり、その分裂症の境界例ともいうべき人種にとっては虚構のほうが現実よりもはるかに重大なものとして認知されていること」（中島一九九六［一九九五］、二六五頁）。

一九八九年に起きた連続幼女誘拐殺人事件の犯人である宮崎勤、拒食症の少女、そしてJUNE系作品を愛好する女性もコミュニケーション不全症候群の種族に数えられた。*1 ここで中島の評論の当否については論じない。留意してもらいたいのは、『コミュニケーション不全』が書かれたのは、ちょうど宮崎勤の事件が社会に衝撃を与え、オタク的な趣味が最も強くバッシングされていた時期である。中島が宮崎事件に焦点を当てたのは、そのようなバッシングから自身を含めた腐女子を守るためだと考える。中島は宮崎のような人を「コミュニケーション不全種族」として有徴化し、彼と真逆なオタク（腐女子）、すなわち現実世界で恋愛、結婚した人オタク（腐女子）が「コミュニケーション不全種族」ではないと主張した。しかし、「コミュニケーション不全」、「モテない」といったネガティブな「オタク」イメージは後にやおい論者の反論を招いた。

野火ノビタは著書『大人は判ってくれない』で、腐女子の嗜好をミソジニー（女性嫌悪）に結びつけて解釈した（野火 二〇〇三）。「やおいは現実逃避である」という批判を否定し、腐女子が現実で恋愛し、結婚する場合も多いという（野火 二〇〇三、二四七頁）。野火はむしろ、やおい的な妄想において性愛的な関係を男性の身体を借りて表現したことの意味が重要なのではないかと説いた。*2 彼女の見解から得るものが多かったが、「やおいは現実逃避である」という意見に対し、真正面からの反論はどれほどの効果があるのだろうかという疑問もある。

中島も野火も腐女子に理解のない人に理解してもらえるように、批判から自分たちの趣味活動の自由を守るために、反論をしたと考える。だが、中島の論は、少なくとも概念上、腐女子をコミュニケーション不全の腐女子とそうでない腐女子に分けた。もともと一つだったはずのグループにくさびを入れたことが中島の論による影響だと言える。同様に、野火が「やおいは現実逃避ではない」と主張するが、その意見に同調しかねた腐女子はどこに身を置けばいいだろうか。

森川嘉一郎はやおい論者による腐女子の「多様性」の強調——つまり「「性格等に問題のあるモテないオタク女像がこれまで支配的だった」という前置きの後に、そうしたモテない腐女子像を、相対的に矮小化しようとする」——がかえって、まさにそうした典型的な腐女子にプレッシャーをかけることになりかねないと注意を促した（森川 二〇〇七、一二九頁）。筆者はその意見に共感し、同意する。だが同時に「でも自分はほんとうにそんなステレオタイプじゃないんだもん」という心の声の吹き出しをわきに入れたいと思ってしまう。

かなり限定的な例で駆け足ではあるが、やおい論者は腐女子にまつわるネガティブなイメージに対して反論し、「腐女子だって十人十色」という防衛線を張ってきたことを確認した。そうした個々の反論に意味がないと主張したいわけではない。自身の趣味について悶々と悩む人がそれらの反論によって励まされる可能性もある。しかし、である。やおい・BLを愛好しているだけだというのに、なぜ社会科学やジェンダー学の理論武装を借りてまで、いちいち「正当性」を訴えなければならないのだろうか。

筆者が「腐女子はコミュニケーション不全」、「やおいは現実逃避である」といった意見に注目する理由は、むしろ腐女子がどのような文脈で「コミュニケーション不全」「モテない」と批判されたのか、腐女子がそこから逃避したがる「現実」とはいかなるものなのかを問うことが、社会科学において重要だと考えているからである。また、やおい・BLにジェンダー秩序に「抵抗」する要素があると訴え、腐女子に何かしらのジェンダー秩序を「攪乱」する特質を求めることも、「正当性」を主張するロジックに陥りやすいように思われる。「やおい・BLが好きなのだ。それの何が悪いの?」腐女子にこのような素朴な反論すら難しいと感じさせる社会的な要因のほうが、より注目に値するのではないだろうか。

「へい、BLが好きなんだって?(笑)」

「そうですが、何か」

その受け答えを真顔でさらっとやってのけるためにも、腐女子についての議論をコミュニティの外側も巻き込んで深める必要がある。**(お茶の水女子大学大学院博士後期課程・呉静凡《ごせいはん》)**

＊1　中島は腐女子から距離をとり、安全圏に身を置きながら腐女子を批判したという意見もある(石川二〇〇九)。たしかに中島の書き方を見れば、そのような解釈が妥当だろう。しかし彼女が全く自分のことを棚上げにしているのかについて、個人的にはまだ議論する余地があると考える。理由について述べる紙幅がないため、興味のある人には中島のほかの著作、たとえば『コミュニケーション不全』『タナトスの子供たち』『小説道場』などを読んでみて、判断してもらえれば嬉しく思う。

＊2　女性が性行為や自らの性的欲望に否定的な感情を抱いていると野火がいう。そこで、やおい・BLでは男性の肉体で「性行為」を代行させ、腐女子が安全にかつ気楽に「性行為」を楽しめるという(野火ノビタ 二〇〇三、二四七-二四八頁)。堀あきこと守如子はBLマンガを分析して同様な指摘をしている(堀 二〇〇九、守 二〇一〇)。

▒参考文献

石川優(二〇〇九)「やおい論についての批判的考察と今日の課題」『人文研究　大阪市立大学大学院文学研究科紀要』。
金田淳子(二〇〇七a)「マンガ同人誌——解釈共同体のポリティクス」佐藤健二・吉見俊哉編『文化の

社会学』有斐閣。

――（二〇〇七b）「やおい論、明日のためにその2。」『ユリイカ12月臨時増刊号――BLスタディーズ』39(16):48-54。

中島梓（一九九六［一九九五］）『コミュニケーション不全症候群』筑摩書房。

――（二〇〇五）『タナトスの子供たち――過剰適応の生態学』筑摩書房。

野火ノビタ（二〇〇三）『大人は判ってくれない――野火ノビタ批判集成』日本評論社。

堀あきこ（二〇〇九）『欲望のコード――マンガにみるセクシュアリティの男女差』臨川書店。

守如子（二〇一〇）『女はポルノを読む――女性の性欲とフェミニズム』青弓社。

森川嘉一郎（二〇〇七）「数字で見る腐女子」『ユリイカ　BLスタディーズ』青土社。

第Ⅲ部　踏みとどまるために

第7章　場所の権利をめぐる断章
――場所への定位と場所からの解放とのはざまで――

兼重賢太郎

【提題】　あなたが、進学や就職などの都合で、一人暮らしを始めることになったとしよう。一人暮らしの生活に向けて、やるべきことはたくさんあるだろうが、おそらくこれだけは外せない、ということは何だろうか。それは、おそらく、住まいを探すことではないだろうか。

「大学や職場の近くがいいかな、それとも、「人気の街ランキング」上位の街のほうがいいかな」「日当たりが良い南向きで、間取りは１ＤＫのワンルームマンション。風呂とトイレは別々がいいかな」などなど、自分自身の暮らしをイメージしながら、あれこれ考えることは楽しいことでもある。ただ、現実には、住まいを決定する上で、最も重視しなければならないことがある。すなわち、家賃である。そう、住むためには、少なからぬお金が必要なのである。

「部屋を借りるんだから、家賃を払うのは当たり前じゃん」。そう、家賃を払うことは、当然すぎるほど、当然なことである。

しかし、ここであえて問うてみよう。「そもそも、住むという人間の基本的な身体的ニーズを満たすための場所に、お金を払うべし、という理屈は、どこから来るのか?」と。

1　はじめに

あなたは、現在、どのような形態の住宅にお住まいだろうか。冒頭の提題の例のように、一人暮らし向けの賃貸ワンルームマンションだろうか。それとも、一戸建て住宅や分譲マンションだろうか。個人的な話で恐縮なのだが、筆者は、かれこれ半世紀ほど生きてきた中で、これまで都合、十数回を数える転居を経験してきた。転居は、親の都合によることもあれば、自身の進学・就職・結婚などに伴うこともあったが、経験した住まいの多くは、賃貸住宅であった(現在も、賃貸マンションに住んでいる)。他方で、筆者とは異なり、ほとんど居所を変えずに、生活し続ける人も少なからずいるだろう。

住まいがどのような形態にせよ、身体を持った存在である人間は、地表上のどこかで場所を占めて、生活せざるを得ない。本章は、私たちの生活と密接不可分である「場所」に関する権利について、「住むこと」という点に着目しつつ、再整理しようとするものである。なお、以下では、本書の他の諸章とは異なり、取り立てて目新しい議論・知見が開陳されるわけではない。すでに多くの論者によって言い尽くされていることを、筆者なりに再整理して、断章的に提示するにとどまるものである。

2　不動産の所有権

本章のタイトルには、やや抽象的（曖昧）な「場所」という言葉を用いている。この場所に関わる法的概念の一つとして「不動産」が挙げられるだろう。民法によれば、不動産は、「土地及びその定着物」と規定されており（民法第八六条第一項）、具体的には、土地や建物などのことである。さらに、不動産は、民法における「物（有体物）」であるから、所有することができ、「所有者は、法令の制限内において、自由にその所有物の使用、収益及び処分をする権利を有する」（民法第二〇六条）。土地や建物などを所有する人は、自らの意思に基づいて、つまり法令以外の誰かに強制されることなく、土地や建物などを使用・収益・処分する権利がある、とされている。これは、私有財産制度（市場経済）を前提とする現代社会において、ごく当たり前の権利を確認しているにすぎないように思われる。「自分の土地・建物だもの。当然、自分が好きなようにできる権利はあるよ」。

しかし、民法第二〇六条にさらっと並記されている「使用・収益・処分」は、そもそも同一レベルの行為として、並記可能なものなのだろうか。「使用」はともかく、「収益」や「処分」を行うには、自分以外の誰かが必要となる。「収益」をあげるためには、誰かと土地・建物の賃貸借契約することが、あるいは、土地・建物を「処分」するには、誰かと売買契約することが、必要となるだろう。賃貸借契約にせよ、売買契約にせよ、いずれも、不動産を自己の「物」として排他的に所有するのではなく、他者へと差し向けられる「商品」に転化させるものだ。そして、私たちが日ごろ目にする「不動産」業の多くが、その規模の大小に関わらず、その「業」として行っているのは、もっぱらこのような「商品」としての不動産の交換・流通を円滑化させることなのである。

かくして、不動産の「所有権」は、もっぱら自らの使用のための権利というよりも、他者との金銭的交換を行うための「商品」のための権利として、措定されているように思われる。これは、いささか古典的な整理に基づけば、いわゆる「使用価値」ではなく、「交換価値」が前景化しているともいえよう。

3　居住の権利

✣よみがえる十九世紀？

前節では、現在では、商品としての不動産、つまり「交換価値」としての不動産という側面が前景化しているとした。とはいえ、それは、あくまでも前景化であって、不動産から利用・使用という機能が喪失してしまったわけではない。むしろ、同一の不動産に対し、唯一の機能が設定されるということではなく、その関わる主体ごとに、交換機能と利用・使用機能の、どちらが欠くべかざるものとして浮上するのか、ということだろう。そして、同一の不動産をめぐる交換機能と利用機能との間には、しばしば対立的な状況が生みだされることになる。とりわけ、その利用機能が「住むこと」に関わる場合に、そうである。たとえば、次の文章を読んで、読者は、どう感じられるだろうか。少し長いが、引用してみよう。

住宅難も、まったく同様である。現代の大都市の膨張は、その若干の地域、とくに都心地域の土地に人為的な価値をあたえ、それはしばしば法外に高騰していく。この土地の上に建てられている建物は、土地の価値をたかめずに、むしろ引き下げる。これらの建物は、変化した状況にもはや適合しなくなったからである。人々はそれをとりこわして、かわりに別の建物を建てる。とりわけ、都心にある労働者住宅について、こういうことが起こる。労働者住宅の家賃は、どんなに人口が過密になっても、けっして一定の最高限度をこえて上昇することはできない。あるいは、こえるとしても、ごく緩慢にしかこえることができない。そこで、これらの労働者住宅をとりこわして、そのあとに店舗や、商品倉庫や、公共建物を建てるのである。（中略）その結果、労働者は都心から郊外へおしだされ、労働者住宅や、一般に小住宅は少なくなり、高価になり、しばしばまったくみつからなくなってしまう。なぜなら、こういう事情のもとでは、高価な住宅のほうが投機の場としてずっとうまみがあるので、建築業者が労働者住宅を建てるようなことは、まったくの例外となるからである。

この文章は、現代の話ではなく、フリードリッヒ・エンゲルスが一八七二年に書いた『住宅問題』（エンゲルス 一九六九、二〇六-二〇七頁）からの引用である。「高価な住宅のほうが投機の場としてずっとうまみがある」という表現からもうかがえるように、交換価値が、労働者の住宅という利用価値を駆逐してしまう様子が描かれている。今から約一五〇年前に書かれた文章であるが、現代のジェントリフィケーションを目的とした都市再開発の構図と何ら変わらないようにも思われる。ジェントリフィケーションとは、都心に比較的近いにもかかわらず相対的に地価が安い地区（下町地区であることが多い）を再開発し、結果、地価・家賃等の上昇に耐えられない住民を追い出し、家賃・地価負担に耐えられる新住民を誘致しつつ、地区全体の「お洒落化（中産階級化）＝商品・資産価値の上昇」を図るものである。では、われわれは、こと不動産の所有権に関して、事実的にも、法的にも、十九世紀後半と変わらないままの世界を生きているのだろうか。

✣ 財産権論

民法で規定される所有権の前提には、憲法第二九条の財産権の保障がある。憲法二九条は、第一項において、「財産権は、これを侵してはならない」とし、第二項において、「財産権の内容は、公共の福祉に適合するやうに、法律でこれを定める」とする。財産権の中に、この第二項が規定されていることから、日本国憲法における財産権は、近代立憲主義的な絶対不可侵の権利ではなく、社会的制約を内在化した権利である、とされる。近代立憲主義との対比において、憲法第二九条の財産権は、二十世紀前半に確立した現代立憲主義（社会国家）に則っているとされる。つまり、少なくとも、憲法的枠組みにおいては、われわれは、剥き出しの古典的資本主義時代の世界ではなく、二十世紀以降の社会国家的世界に生きていることになる。

では、社会国家的な財産権とは具体的にどういうことなのか。このことを考えるために、ここでは、渡辺洋三らが唱えた「生存財産権論」という考え方をとりあげてみよう。

「生存財産権論」とは、憲法第二五条の生存権を意識しつつ、憲法第二九条が保障・制限する財産権を、財産権一般としてではなく、大きく二つに区別しようとする考え方である。すなわち、渡辺によれば、資本主義的私有財産制度の中核を支える資本所有権、とりわけ独占的な巨大企業の財産権である「人権でない財産権」と、それなくしては人間が人間として生存できない生存権としての財産権である「人権としての財産権」とを区別し、前者には制約を課し、後者を不可侵の権利とする。後者の「人権としての財産権」の典型例として、住民の生活に欠くことのできない居住用財産権（土地・建物の権利）があげられている（渡辺 一九八五、一四八頁以下）。「生存財産権論」は、「住まうこと」という人間の基本的なニーズに沿った不動産利用の権利を重視している、といえよう。

❖居住権論

「生存的財産権」以上に、生きていくための「住まうこと」という側面を重視し、「所有権」に対抗するための権利論を組み立てようとしたのが、「居住権論」である。「居住権論」は、所有権の制約を通じて、借地借家人の、貸地貸家人に対する、居住権の継続性を保障することを主眼とするものである。さらには、憲法二五条の「健康で最低限度の生活を営む」ための基盤としての「人間にふさわしい住居」を有する権利として構成する居住権論、憲法一三条の幸福追求・自己決定を行うホームとしての居住権論などもある。いずれにしても、「商品」という形での不動産の交換・流通に抗する、「住まうこと」＝場所に定位するための権利論として整理することができるだろう。

4　都市への権利

本節では、前節に見た場所への「定位」とは、やや位相を異にする観点からの、場所の権利を概観する。

❖居住・移転の自由

憲法二二条第一項では、「何人も、公共の福祉に反しない限り、居住、移転及び職業選択の自由を有する」と規定する。ここでの「居住」とは、生活の本拠を定めることを意味し、「移転」とは、生活の本拠を移すことであるといわれる。歴史的には、前近代的（封建主義的）身分制度と密接不可分であった土地への束縛からの解放（自由）という意義があった。

近代立憲主義の確立期と同時代に著された『住宅問題』におけるエンゲルスの議論においても、この意義が強調されていることが分かる。『住宅問題』自体は十九世紀後半の労働者の住宅困窮・住宅不足の問題を論じたものであるのだが、かかる問題の解決策として、労働者の住宅所有を促進させる（住宅の所有権を労働者に移転する）、あるいは、工場周辺に労働者住宅都市を建設するというプルードン主義者たちの提案に対し、エンゲルスは、次のように論じるのである。すなわち、そのような解決策は、「土地に縛られた労働者を、完全に無所有の、いっさいの伝来の鎖からすっかり解きはなされた、空とぶ鳥のように自由なプロレタリア」（エンゲルス 一九六九、二一一頁）とした近代資本主義化の成果を後戻りさせるものであって、「わが国の大都市労働者にとっては、移転の自由が第一の生活条件であって、彼らにとって土地所有は一つの桎梏でしかありえない」（同前、二三三頁）とするのである。

自己の意思に基づいて、生活の本拠を定めたり、移すことができるということは、その裏返しとして、自己の意思に反して、強制的に生活の本拠を指定されたり、移されたりしない、ということである。ここから、次の二つの権利が措定されよう。

すなわち、第一に、自らの意思に反して、ある場所からの立ち退きを強制されない、居住を奪われない、という権利である。換言すれば、滞在・定住の権利である。そして、第二に、自らの意思で、ある場所から離脱できる、換言すれば、先に示した定住の権利とは裏腹に、定住させられることを拒否する権利、と同時に別の場所へとアクセスできる、という権利である。

もっとも、後者の離脱・移動の自由（権利）を過度に強調することには、慎重であるべきだろう。というのも、経済力その他の資力の差が、離脱・移動の自由（権利）の実現に如実にあらわれるからである。

グローバル化が進展しつつある現代社会において、離脱・移動の自由を過度に称揚することは、かかる自由を十分に享受できる豊かな人たちと、離脱しようにも離脱できずに（選択の自由がなく）定住し続けざるを得ない人たちとの、分離・分断を助長しかねない、という問題に留意する必要がある。さらに、蛇足かつ議論が飛躍することを承知でいえば、かつてのポストモダニズム的風潮においては、硬直化したモダニズム的枠組みを揺るがすものとして、多様性とともに、軽やかな離脱・流動性（逃走？）が称揚されてきたようにも思われる。筆者自身も、その風潮に棹さしていたきらいがないわけではない。しかしながら、新自由主義的グローバル化（ある種のポストモダンの現実化？）が社会を席巻しつつある中、ポストモダン的離脱・流動性にのることのできない人たちの存在もまた露わになってきている。かかる人たちの抱える「屈託」をどのように組み込んでいけるのか。次に述べる「都市への権利」が一つのヒントになりそうに思われる。

❖都市への権利

「都市への権利」という言葉は、フランスの哲学者・社会学者であるアンリ・ルフェーヴルが、同名の著書で唱えたことで知られる。難解なルフェーヴルの思想を要約することは、筆者の能力を超えているが、「都市への権利」は、「使用価値を帯びた「作品」としての都市を獲得する権利」、「都市における個人の自由の権利というよりはむしろ、人びとの出会いや交配による創発という集合的な力の行使に捧げられたもの」として、観念されているようである。都市における使用価値と交換価値との対立を踏まえ、使用価値をより重視しようとする姿勢には、本章の基調と通底するところがあると思われる。しかしながら、このルフェーヴルの考えからただちに、具体的な法権利的なものを導出することは、困難であろう。

ここで、ルフェーヴルの含意とは別に着目したいのは、「都市への権利」という言葉の、「への」という方向・位置を示す格助詞（原語のフランス語では前置詞）の部分である。「都市の権利」でもなく、「都市における権利」でもなく、「都市への権利」であること。これは、前項のアクセスの権利とも連動しつつも、ある場所に定住しているか否かという点を超えて、ある場所に滞在する・訪問するという利用・使用の権利をも包摂しうる概念のように思われる。つまり、ある場所への「定住」か、ある場所からの「離脱」か、という二項対立をずらし、誰しもが等しく地表上の空間を占めざるを得ないがゆえに、等しく権利が発生しうるという構想へと結び付くように思われるのである。

5　結びにかえて

住宅は、その形態いかんにかかわらず、生活に欠くべかざるものである。と同時に、庭付き一戸建て住宅や分譲マンションなどの特定の住宅は、人生を賭した「住宅すごろく」の「あがり」として、いまだ多くの人びとが、その獲得を目指しているものでもある。さらに、それらの住宅に対しては、純粋に「住まうこと」という機能以上に、ライフステイタスを象徴する「商品」としての機能が重視されている（たとえば、分譲マンションの広告イメージを想起せよ）。

もちろん、一戸建て住宅や分譲マンションを購入するためには、多くの場合、「ローン」という名の借金・債務を抱え込まざるを得ない。そのことを承知の上で、「住宅すごろく」への参入が絶えないのは、戦後日本の住宅政策の柱として「持ち家政策」が一貫して採り続けられてきたことに加え、その債務を上回る「資産」＝「財産」価値のある「商品」だ、と多くの人たちに認識されているからなのかもしれない。

かくして、議論は再び振り出しに戻ってしまうのだろうか。「住宅すごろく」に参入している多くの普通の人たちにとって、住宅や土地などの不動産の所有権のうち、「収益」や「処分」の自由の保障こそが、その中核であり続けるのか。本章の中で、縷々整理してきた、不動産の使用・利用に主眼を置く諸権利は、必要ではあるかもしれないが、マイナーなものとして（「権利は、まさに少数者のためにこそあるのではないか！」とうそぶきながら）とどまり続けるのか。

しかしながら、やや議論が飛躍することを恐れずにいえば、地方都市だけではなく、東京近郊でも一戸建ての空き家問題が深刻化しつつある状況、あるいは、老朽化した分譲マンションの建て替え問題の浮上が想定される状況、さらには、「賃貸世代」といわれる「生涯にわたって住宅を購入しない人たち」（平山二〇一六、九一頁）が増加しつつある状況などを鑑みると、一部の「不動産」は、もはや安定した「資産」ではなく、いわば「負動産」に転化しつつあるのかもしれない。多くの人たちが前提としている枠組み（パラダイム？）自体が揺らぎ始めつつある中、果たしてその行き着く先は、どこなのか。

その答えは、当然ながら、容易に見通せるものではない。とはいえ、人間は、誰でも等しく（さらには他の動植物とも等しく？）、地球という物理的空間のどこかに、身体的位置を占めざるを得ず、また空間を利用・使用しながら生きていかざるを得ない存在だとするならば、場所への定位と場所からの解放とのはざまに屈託しつつ、本章では手つかずに終わった、「都市への権利」をはじめとした場所・空間の法権利論を、より具体的な文脈に即して考察し、その糸口を探り出すほかないように思われる。

▒参考文献

飯島淳子（二〇一五）「「居住移転の自由」試論」嶋田暁文・阿部昌樹・木佐茂男編『地方自治の基礎概念――住民・

住所・自治体をどうとらえるか?』公人の友社。

内田勝一(一九九六)「都市定住の権利」早川和男・横田清編『講座現代居住四・居住と法・政治・経済』岩波書店。

エンゲルス、フリードリッヒ(一九六七)「住宅問題」、村田陽一訳『マルクス=エンゲルス全集 第一八巻』大内兵衛・細川嘉六監訳、大月書店。

小粥太郎(二〇一七)「所有権のイメージ」糠塚康江編『代表制民主主義を再考する――選挙をめぐる三つの問い』ナカニシヤ出版。

酒井隆史(二〇〇六)「「都市への権利」が問うもの――法・権利主体とその変容について」『法社会学』第六四号。

ハーヴェイ、デヴィッド(二〇一三)『反乱する都市――資本のアーバナイゼーションと都市の再創造』森田成也他訳、作品社。

長谷川貴陽史(二〇〇六)「ホームレスの「居住権」――大阪地判平成一八年一月二七日・ホームレス住民票転居届不受理処分取消事件に接して」『都市住宅学』第五三号。

早川和男編著(一九九一)『住宅人権の思想』学陽書房。

平山洋介(二〇一六)「「賃貸世代」の住宅事情について」『都市問題』第一〇七巻第九号。

ルフェーヴル、アンリ(一九七四)『都市革命』今井成美訳、晶文社。

――(二〇一一)『都市への権利』〈ちくま学芸文庫〉森本和夫訳、筑摩書房。

山下健次(一九九三)「生存財産権論の到達点とその再構成の課題――都市環境管理と財産権」山下健次編『都市の環境管理と財産権』法律文化社。

渡辺洋三(一九八五)『財産権論』一粒社。

第8章　若者をめぐる自己責任言説に抗して

杉田真衣

【提題】　雨宮処凛は、十年前に出版した著書の冒頭で、次のように宣言した。

我々は反撃を開始する。若者を低賃金で使い捨て、それによって利益を上げながら若者をバッシングするすべての者に対して。我々は反撃を開始する。「自己責任」の名のもとに人々を追いつめる言説に対して。我々は反撃を開始する。経済至上主義、市場原理主義の下、自己に投資し、能力開発し、熾烈な生存競争に勝ち抜いて勝ち抜いて勝ち抜いて、やっと「生き残る」程度の自由しか与えられていない事に対して。（雨宮 二〇〇七、五頁）

これを書いたとき、雨宮は社会が少しは変わると思っていた。「だけど、この10年で起きたのは、「自己責任の線引き」が少しずれたことくらいだ。「非正規は自己責任だと思ってたけど、そうでもないかもしれない」、程度に」と総括する雨宮は、生存を脅かす社会に対してあきらめずに「生きさせろ」と訴えていくつもりだと、改めて宣言している（雨宮 二〇一七、二二二-二二三頁）。

筆者は大学の授業で、教員免許の取得を目指す学生たちを相手に、生活が困難な子ども・若者たちの話をしてきた。経済的な理由で進学できない子ども・若者たちの現実を見ずして学校教育について考えることはできないからである。しかし、授業の感想に必ずといっていいほど書かれるのは、「自分がいかに恵まれていたかわかった。親に感謝したい」という言葉と、「進学できないのは努力が足りないからでは」という言葉である。前者について言えば、親に感謝するということは、子どもが大学に行けるほどの生活水準は親の努力によってもたらされたものだと認識していることになる。後者は、どんなに生活状況が厳しくても自分の努力でなんとか打開できるのに、社会のせいにするのは甘えだとするものだ。大学へと進学した学生もさほど裕福なわけではなく、毎日のようにアルバイト労働に従事し、身体が心配になるほど食費を低く抑えていることは少なくない。そうした学生からすれば、生活困難層の子ども・若者は自分がいるところと地続きの場所にいて、だからこそ「自分も大変だけれどもまだ恵まれているほうなのだから感謝するべきで、不満など抱いてはいけないのだ」と自らを律しようとしたり、自分と比べて努力を放棄したかのように見える若者は許せないと憤ったりするのだろう。だとしても、自分や、自分からそう遠くない場所にいる子ども・若者を苦しめる社会の仕組みを問う視点を共有できる授業をつくれていないことに、落ち込み続けてきた。

こうした状況に若者自らが言及した記事がある。学生政治団体ＳＥＡＬＤｓで活動していた大学院生の諏訪原健は、学部生時代までにおよそ一千万円の奨学金負債を抱えていた。[*1] そのことを告白しつつ現政権の教育政策を批判するコラムをインターネット上に掲載したところ、非難のコメントが数多く寄せられた。日本の高等教育機関の学費が高いこと、にもかかわらず給付型奨学金が整備されていないことは、近年社会問題として認知されてきており、諏訪原の主張は常識的なものにすぎない。それでも、多額の借金を背負ったのは自分の責任においてなのだから国の責任だとするのはお門違いだとする批判が続出した。諏訪原が精神的にこたえたのは、金銭的に苦労を重ねてなんとか大学や専門学校へと通った人たちもが否定的なコメントを寄せてきたことだ。社会のあり方を問う方向へとは向かっていかず、「貧しい者同士で叩き合」う姿に諏訪原は涙したという。*2

意識調査からは何が明らかにされているだろうか。山口泰史・伊藤秀樹は、正規雇用労働者と非正規雇用経験者の若者を対象としたアンケート調査の結果をもとに、高卒三年目と六年目に仕事意識がどのように変化していったのかを検討している（山口・伊藤 二〇一七）。正規雇用労働者と非正規雇用経験者とを比較すると、正規雇用で働き続けてきた若者たちは、フリーターになるということをその人自身の「無気力」の結果だとして、自己責任論的に考え、社会構造の問題として捉えない傾向にあることが分かった。それに対して、非正規雇用経験者は、フリーターになるということを、働き口の少なさといった労働市場の構造的問題として捉える傾向にあった。ただし、「やりたいこと」や「夢」という論理はあまり持ち出さないまでも、フリーターという働き方を立派なものだとみなすことによって、ささやかな自己肯定を行ってもいた。こうした自己肯定は、彼ら彼女らの尊厳を支えるものとなるが、現在の待遇への憤りを冷却させる効果を併せ持つ可能性があると山口・伊藤は指摘する（同前、一五〇－一五一頁）。

一九九〇年代以降の非正規労働者の増加は、明らかに企業の雇用転換と、それを下支えする政府の労働政策によるものである。また、多くの若者が奨学金の返済に苦しめられている背景には、高等教育費の急騰と、二〇〇〇年代に入ってからの日本育英会の日本学生支援機構への転換による奨学金制度の金融ローン化があることは間違いない。要するに、若者が直面している困難の多くは政策的に、構造的に形成されたものであり、個々の若者の行動によってそれらの困難が増してきたわけではない。にもかかわらず、そうした困難の多くは若者個人の行動の帰結として捉えられ、解釈されていく。ファーロングは、構造によって生じた問題であるにもかかわらず、個々の人の問題として解釈される様相を「認識論的誤謬」と名付けているが、若者が強いられている困難は社会構造の問題としては把握されにくくなっているのである（ファーロング／カートメル 二〇〇九、一八頁）。

とはいえ、こうした事態を若者たちの「誤謬」として捉えるだけでよいのだろうか。というのも、若者たちの置かれている状況を、若者たちの選択ではなく社会に強いられたものとしてのみ捉えると、若者たちの主体性を見誤る危険性がある。先に見たように、非正規雇用を経験した若者は、非正規雇用で働く理由に労働市場の問題があることを認識しつつも、非正規雇用労働を立派だとみなすことで自己の尊厳を守ろうとする傾向があるのであり、それを「誤謬」としてのみ捉えるのは不正確である。そのことに気をつけながら、若者に自己責任を押しつける社会を問い直す回路を探ろうとするとき、どのような枠組みや手立てが必要となるだろうか。

1　若者は「自己責任」をどのように捉えているか

本章では、筆者らが継続して取り組んだ若者へのインタビュー調査で得られた知見をもとに、女性たちが高校を出たあとどのように生きていたのかを追っていく。注目したいのは、彼女たちは自分が置かれた状況をどう捉え、そこにおける自分の責任や決定をどう認識していたのかという点である。いわゆる自己責任論は、ある行為に、たとえその人が置かれた環境によって強いられた側面があったとしても、自分で決めたことなのだからその結果はその人がすべて引き受けるべきだとみなす。当人にはどうしようもない帰結であってもその人の責任だとみなす自己責任論は、基本的に抑圧の原理となっている。ただし、自己責任論による抑圧を回避しようとするあまり、自己決定の度合いを過小評価しすぎると、当事者の主体性を見失いかねない。こうした難しさがある中、若者自身はどのような見方をしているのだろうか。

本章で取り上げるのは、庄山真紀さん、浜野美帆さん、岸田さやかさん、西澤菜穂子さん（いずれも仮名）の四人のケースである。調査は東京都内の二つの公立普通科高校、入試難易度でいえば「中位校」のA高校と、「最低位校」のB高校を二〇〇三年春に卒業した若者たちを対象として、東京都立大学／首都大学東京のグループが行なったものであり、高校三年在学時（八十九人）、高卒一年目（五十二人）、高卒三年目（三十九人）、高卒五年目（三十三人）にインタビューを行った。[*3] その後、調査協力者のうちB高校出身の上記の女性たちを対象として、高卒十年目と高卒十二年目に、筆者単独でインタビューを行った。四人とも高校卒業後は進学を望んだものの叶わず、うち二人は正規で働き始めるも二年以内に辞め、二人は一貫して非正規で働いていた。[*4]

✣「自己責任」を所与のものとする

高校在学時、庄山さんは母親と二人で暮らしていた。浜野さんは子どもたちを連れて夫の暴力から逃れ、暴力被害の後遺症もあって働けなくなってから生活保護を受給していた母親ときょうだいたちと暮らしていて、岸田さんは共働きで低収入の両親と暮らしていた。三人ともアルバイトをして、その収入は家に入れたり、自分の学費に充てたりしていた。経済的に親を支える役割を高校生の頃から担っていたのである。庄山さんは調理師、浜野さんは美容師、岸田さんは保育士の免許を取得するために専門学校への進学を希望していたものの、学費を工面できず断念させられていた。浜野さんと岸田さんは、高校三年次のインタビューで、次のように語っている。

岸田：（近所に住む母方の祖母はクレジットカードを使って宝石などを購入して、それを質に入れて得たお金でパチンコに行くということを繰り返し、それでできた多額の借金の返済は母がしようとしていた。）お母さんも私の口座から黙って七万くらい抜き取っていたし。私の口座なのに、私がバイトで貯めたお金とかも、全部抜かれていた。黙って抜かれていて、その時私が携帯に電話したときに、おばあちゃんと一緒にいた時らしくて、なんでお金ないのって言うと、「ばれたか」って言って。［インタビュアー：返してくれた？］まだ。それで就職してお金入れろって。だから専門学校に行くなって。ありえない。

浜野：うちもそうだよ。入れろって。入れるものだと思うよ。

岸田：入れるよ。普通に入れるけど、じゃあ、でもあれがあれじゃん、話が話じゃん。

ここで岸田さんは母親や祖母に対して怒っているが、それは岸田さんの銀行口座から断りなしにお金が引き出されていたことに対してであり、家にお金を入れること自体に対してではない。「入れるものだ」「普通に入れる」という二人の言葉からうかがえるのは、親を支え、自分の暮らしを自分でなんとかするのは彼女たちにとって所与のこととなっている様子である。

庄山さんの場合、母親は児童扶養手当を受けられなかったようで[*5]、何の後ろ盾もないままに一人で庄山さんを育てていた。高校三年次のインタビューでは、「一番相談相手になってくれる人は誰ですか」という質問に対して「母親」と答えながらも、進路に関することは「心配はかけられないので言わないようにしている」と話し、一人で悩んでいた。親は、経済的に依存できる相手ではないのはもちろんのこと、精神的にも無条件に頼れる存在でなく、気遣いの対象であった。

庄山さんは高校卒業後、非正規労働に従事し、その収入は引き続き家に入れたり、高校の奨学金の返済に使ったりしていた。母親は高卒四年目に四一歳で他界したが、健康保険に加入できておらず、医療機関への受診を控えて病気を重篤化させたと推測される。母親の死後、庄山さんは煩雑な各種の手続きをすべて一人で済ませて（死後に母親が多重債務を抱えていたことも判明したが、スナックで働いていた母親の客だった男性の協力により処理できた）、母親と二人で住んでいたアパートを引き払って聾者の祖母の住む公営住宅での同居を始められたが、祖母から毎晩のように「（母親が）死んだのはおまえのせいだ」と責められた。「それは分かってるんだけど、今は言ってほしくないし（略）このまま一緒に住んでたら一生言われるなと思っ」てそこを出て、一人暮らしを始めたという。この語りからは、亡くなるまで母親を支え続けていたし、母親の死の背景には貧困があったにもかかわらず、庄山さんは母親の死に対して責任を負っていると認識していることが分かる。部屋を借りる際に叔父に保証人になってほしいと頼んでも、「お前には一人暮らしは無理だ」と取り合ってもらえず、諦めて保証会社を使ってアパートに入ることになった。精神的に不安定な日々が続き、「(母親の死後)一番つらい時期を乗り越えたあとに(メンタル)クリニックに行」くと、「自分だけでとりあえず克服していたみたい」だと分かり、医師から「すごいね」と褒められたという。このようにして、庄山さんはずっと、自分のことを自分でしてきていた。

浜野さんは高校卒業後、美容室に就職するも、一年ほどで離職へと追い込まれた。その後、非正規労働を転々とするが、収入をそのまますべて家に入れたあとに、家計の管理を任された姉から小遣いという形で自分の生活費を渡されるという生活を、一貫して続けていた。高卒六年目に実家を出て一人暮らしを開始できてからも、それは変わらなかった。小遣いの額は、月経不順でナプキン代がかかると姉に交渉したときに多少上がった程度で、自由に使えるお金はさほど持っていない。それでも浜野さんは実家を出ることができたぶんだけまだ自由であった。浜野さんの姉と弟は実家にとどまり、寝たきりになった母の介護を交替で担い、空いた時間を使って短時間の非正規労働に従事する生活を続けていた。こうした状況を、「親がいる限り自由がない」と浜野さんは表現した。浜野さんは、ヘルニアが悪化して歩行が困難になり、手術を受けたことがあったが、国民健康保険料を滞納していたために高額療養費制度を利用できず、社会福祉協議会で生活福祉資金を借りて入院・手術費を払い、その後何年もかけて返済していた。

このように、彼女たちは、自分に必要なお金は誰の助けも借りずに自弁してきた一方で、親にお金を渡す生活を続けてきた。また、親などの借金が身近で、育つ過程で金銭をめぐるトラブルを見てきている。しかし親が自分のことを経済的に支えられないこと自体は所与のこととして受け入れている。彼女たちは高校生のときから、自己責任論の世界を淡々と生きてきたと言える。

❖彼女たちは状況を変えられなかったのか

そうだとして、彼女たちは自分たちの置かれた状況から抜け出せなかったのだろうか。というのも、自己責任が語られる際、なぜ三十歳になるまで正規の仕事に就くための努力をしなかったのか、計画的に何らかの資格や技能を獲得しようとしなかったのか、自分の将来のことを考えて行動できなかったのか、という批判が当事者に向けられるからである。

最初に指摘したいのは、彼女たちが正規で就職するのは難しいということである。同じB校高校出身者であっても、男性の二八・六%は正規で就職できていたが、女性は一五・九%しかできていなかった。

西澤さんと浜野さんは、高校卒業後に正規で就職している。しかし、西澤さんは縁故で地元の中小企業の事務職員として入社したものの、仕事について相談できる同僚が誰もおらず、嫌がらせにも遭い、心身共に失調をきたして三か月で辞職した。また浜野さんは、専門学校へと進学できない代わりに、働きながら通信教育で美容師免許を取得することを目指して美容室に就職したが、手荒れがひどくなり、プライバシーに踏み込んでくる職場の人間関係のあり方になじめず、一年三か月で離職した。このように、正規で就職できても仕事を継続できる労働環境はなく、一度離職すると再就職するのは難しい状況があった（数人のケースしか把握できていないが、男性の場合は一度辞めても再就職を果たしていた）。

彼女たちが正規就職ルートから外れていることは、安定した給与をもとにした生活を得られないというだけでなく、職能の向上を可能にする環境からも排除されていることを意味する。公共的な職業訓練が脆弱な日本社会にあっては、正規就職によるＯＪＴが職能成長の主流だったからである。もちろん、高い学費が工面できれば民間の専門学校に通うこともできるが、前述の理由によりそれは難しい。それでも浜野さんなどは、求職者訓練制度を使ってウェブデザインを学び、高卒十年目にして、デリバリーヘルスを経営する会社に正規で就職できた。これは稀なケースである。浜野さんが求職者訓練制度を利用できたのは、生活保護家庭で育ったため役所の福祉関連部局や社会福祉協議会への心理的距離が近く、公的機関に相談することができたからである。最初は求人の仕事を任されながら従業員のために賄いをつくっていたが、その後は賄い担当は継続しつつ、会社のホームページに掲載する女性キャストの画像の修正を担当していた。彼女はウェブデザインの技術をさらに身につけ、当面はその仕事を続けていきたいと望んでいた。職業訓練制度を利用することで、安定していると言えるかは分からないにしても、将来展望を持ちながら仕事に従事できる回路が開かれる可能性があることがうかがえる。

❖彼女たちの精神的な柱

ここで注意したいのは、彼女たちは必ずしも経済的な生活条件の改善を最優先しているわけではないということである。

高校卒業後に正規で就職できたものの、心身ともに疲弊して辞職に追い込まれた西澤さんを救ったのは、高校時代に追っかけていたバンドのライブ空間だった。久しぶりにライブハウスに行き、ライブを介して知り合った友人たちに再会すると、「居場所はここだ」と感じられ、「癒され」て涙した。その後、彼女は転職を重ねながらも、消費文化世界において自己の承認を得られる居場所を一貫してつくろうとしていた。二十五歳の頃には、中学時代の友人の勧めで始めたコスプレに夢中になった。一緒にコスプレをしていた人たちが「二十五歳になってもやってちゃだめだ」と年齢を意識してコスプレから離れていっても、「私はこの（アニメの）道に行きたい」し「不細工でも輝ける」からと声優を志望し、養成所に通い始めた。

声優の仕事を得るのは難しいが、その後もベテラン声優のレッスンに通っていた。基礎的な技術を身につけたいと並行して通っていたボイストレーニングの学校から、高卒十二年目に、正規雇用で講師にならないかと打診された。迷ったが、講師になると芸能活動が禁止されるという理由から断った。声優としての活動が軌道に乗ることを優先したのである。

西澤さんは、他の三名と比べて実家が経済的に安定しており、衣食住の確保は当面心配ないからそのような選択ができたともいえる。しかし、より経済的に苦しい庄山さんも、生計を立てることだけを優先していたわけではない。庄山さんは、母親の客であった男性が経営する寿司屋で働き、そこでの賃金が生計の主たる部分を支えていた。調理師志望の彼女であったが、寿司を握らせてもらえることがあってもそれにはさほど思い入れはなく、静かに接客の仕事をしていた。彼女を支えていたのは、テーマパークの男性専属ダンサーの存在である。そのダンサーのことを「アイドルとか、そういうのが好きではなく」「一人の人としてすごく好きになってしまった」といい、彼女の自宅からは電車で一時間以上も離れたテーマパークに足繁く通っていた。彼への想いが、不安定な生活を強いられている彼女の精神的な柱になっていたようだ。彼がテーマパークの専属ダンサーを「卒業」することが決まると、最後の一か月はテーマパークに通い詰めるため、寿司屋と掛け持ちで早朝に働いていたコンビニエンスストアの店長に、一か月間休みたい、それが許されないなら辞めると伝えた。休職は認められず、パートの女性たちに引き留められながらも、そのまま辞めることとなった。

こうした彼女たちの行動を、生活を堅実につくっていくことを優先すべきだと批判する人もいるだろう。しかし、考えなくてはならないのは、経済的に安定していない彼女たちが、さらに苦しい状況に追い込まれる可能性があるにもかかわらず、なぜ自分の趣味ともいえる活動を重視するのかという点である。というのも、高校生のときから家族の生活を支えてきた彼女たちが、生活をつくっていくことの困難さを知らないわけがないからだ。彼女たちは、生計を立てることの難しさを熟知しつつもなお、自分の好きな世界をできる限り手放さないようにするのである。

彼女たちが消費文化世界に生きようとするのは、彼女たちの生活の大部分を占める労働はあくまで生計を維持するためのものであり、それを通じて徐々に認められていき、アイデンティティを形成していけるようなものとはなっていないからである。生計を立てることと、自分の承認を得るための空間を確保することとが乖離している状況を受け止めつつ、両者の折り合いをつけていく。彼女たちの高卒後の暮らしをつくる試行錯誤は、このことをめぐる試行錯誤でもあった。

❖もう一つの責任意識

いま一つ指摘しておきたいのは、彼女たちが自分自身に対して感じる責任は、自分のことは自分でしなければならないという、他者に期待できないことによって生じる意識に貫かれていたわけではないということである。

庄山さんは、三十歳になったときに、三十歳になるまで生きていたくなかったと語った。しかし、「大人なので責任がいっぱい」あると語り、自死したら飼い犬を世話する人がいなくなるし、いつも気にかけてくれる西澤さん家族たちにも迷惑をかけるとも言った。こうした彼女の言明は、自分は生きていたくないし生きていなくてもいい存在だが、いなくなったらそれはそれで他者に迷惑をかけると自分自身を認識しているものとして解釈できる。重要なのは、彼女はそのような責任意識を得ることで、自らを生へとつなぎとめているように見えることだ。他者との関係が切れないことによって生じている責任意識である。

彼女がこうした責任意識を持っているのは、彼女に働きかける他者が存在しているからである。彼女たちは積極的に他者からの支援を受けようとしていたわけではない。しかし、たとえば庄山さんの場合、先述したように母親の客だった男性の寿司屋で働くことで生活できていたし、西澤さんの親たちは庄山さんに「もう家族と一緒だ」と言って家族旅行に連れて行ったり、庄山さんが好きな手料理で誕生日を祝ったり、高卒十年目の頃には引っ越しを手伝って転居先のアパートを借りるための保証人になったりしていた。年配者たちは、生活に余裕のある人ばかりではない。その意味で、慈善というよりも、ある種の使命感をもって彼女たちの生活に介入していた。周囲の年配者たちは、彼女たちが直面している困難を、彼女たちにだけ帰責させてはならないと考えていた。

こうした介入を、彼女たちは必ずしも肯定的に捉えていたわけではない。「お節介」ともいえる介入であり、ときに彼女たちの生活を制約しもするからである。また、年配者たちの見守りが彼女たちに居場所のようなものをもたらしているとはいえ、そうした居場所は彼女たちの生をそのまま受け入れるものではない。雇用環境が大きく変わった後に働き始めた彼女たちとは生きる世界が違うところがあり、年配者たちは彼女たちの生活のモデルにはなり難いからである。それで、前述したように、消費文化世界に生きがいを見出す。けれども、彼女たちが年配者たちからの呼びかけを意識することで生へとつなぎとめられていることも事実だ。

2　自己責任論を問い直す

以上、自己責任論の抑圧を受けやすい彼女たちが、自分と社会をどのように認識しながら生活しているのかを検討してきた。最後に、これまでの議論を踏まえた上で、自己責任論の陥穽を回避するために何が必要なのかを考えたい。

✣自己責任論を生きる

改めて確認すると、彼女たちは自分たちが直面している困難について、その深刻さに比して、不平や不満を口にすることは少なかった。たとえば、家庭の経済的事情が理由で進学できなくても、それを受け入れていた。

もちろん、彼女たちも周囲の人たちに対する不平不満を口にしないわけではないし、ときとして怒りを表明することもある。庄山さんは、弁当屋でアルバイトで働いていたときに、正社員が自分や年上のパートの女性たちを不当に扱ったのに対して、店のそばのファミリーレストランで正社員二人と相対して是正を訴えたことがある。また浜野さんは、ハラスメントをする上司や束縛してくる家族に対して不平をこぼしていた。

とはいえ、彼女たちの批判は、目の前にいる他者には向かっても、その他者個人の資質に焦点化する傾向があった。庄山さんの場合、年上の女性の非正社員と仲良くなることが多々あり、だからこそ、先述したように自分以外の女性たちの状況についても正社員に訴えている。それでも、「私たち非正社員」と「あの人たち正社員」といった形でそれぞれを層として把握して、「私たち」として集団で訴えていくというよりは、一対一の関係の中で問題にあたろうとしていた。そして、庄山さんの訴えはうやむやにされたばかりか、勝手にシフトを減らされるに至り、彼女は職場を去った。

このことの背景には、彼女たちの不平不満や怒りが公的な回路へとつながるきっかけとなる労働組合などの中間集団や対抗言説が、彼女たちが身近に感じられるところになかったことがある。二〇〇〇年代に入り、格差や貧困の問題が社会的に注目され、過度に自己責任を強調する議論は社会運動、メディアや研究によって批判されてきた。しかしながら、自己責任論に批判的なそうした運動や言説は、彼女たちのもとには届いていないようだった。

❖自己責任論の枠組みをはずして考える

一方、前節で指摘したように、彼女たちは社会状況に翻弄されるだけの存在ではなかった。彼女たちは、時々の場面で見れば、ささやかにではあれ自分の意志で選択しているし、生計を立てることを必ずしも最優先しているわけではない。無論、このような認識は、自己責任論による批判を召喚しかねない。彼女たちが自分たちの価値や意志に基づいて日常的な行動を選択する余地があるのであれば、彼女たちが置かれている状況は彼女たち自身が引き受けなければならないという議論は、一定の説得力を持つからである。だからこそ、困難を強いられている女性たちが置かれている状況を問題化しようとする場合、私たちは、彼女たちには選択の余地がなかった、そのような状況に置かれざるを得なかった、といった文法で、いわば彼女たちの主体性をできる限り消去して、彼女たちの状況を描き出そうとする。そうすることで、彼女たちを自己責任論の抑圧から解放しようとするのである。

こうした論法には、たしかに訴求力がある。しかしながら、この論法は、結局のところ、ある人の行動に選択の余地を認めたら、すべからくそれはその個人のせいであるとする自己責任論の認識の前提を共有してしまっている。さらにいえば、ともするとこうした論法は、徹底的に虐げられた主体以外は、社会的な支援に値しない存在とする認識を正当化しかねない。

中西新太郎は近年の自己責任論の隆盛について議論する中で、責任に関する近代のモデルは、責任能力があることを前提として責任を負うべき主体を特定していたにもかかわらず、近年は責任を負うことのできない主体まで責任が問われるようになっていると指摘する。その上で「自己責任論は、誰に責任があるのか、あるいは誰がそれを問うているのかということを全部言わせない、見えなくする機能をもっている」、「自己責任論は、社会と個人の関係の問題点を隠蔽してしまうイデオロギー的な機能を持っている」と指摘する（中西・湯浅・河添 二〇〇八、八三 - 八七頁）。こうした中西の議論を敷衍すると、自己責任論が隆盛することで、ある個人が置かれた状況を、その個人が取り結んでいる社会とのさまざまな関係を解きほぐすことなく、社会のせいか／個人のせいかと二者択一的に審判することを私たちに迫る状況が生まれていると言えるのではないか。

このように指摘するのは、実際には、個人が直面している状況は、その個人のせいか社会のせいかといった二分法だけで把握できるものではないからである。個別に行われている行為の選択は、その人の将来を一定規定しているものの、そもそもそうした行為の選択自体が、自らが選ぶことのできない社会的環境に強く規定されている。また行為の帰結も社会的環境に規定されているのであり、同じ行為であっても異なる帰結がもたらされることがある。要するに、個別の行為の選択と、彼女たちが直面している状況とは関係しているが、両者の関係は一様に捉えられるものではない。むしろ、両者の関係をめぐる認識を問い直し、深めていくことこそが、私たちにとって望ましい社会をつくっていく上で重要なことであるはずだ。

❖自己責任論に抗する

であるとするならば、「自己責任論」の言説に抗するためには、当事者が置かれた状況はその個人のせいではなく社会のせいだと指摘することが必要であるのはもちろんのこと、個人と社会との関係を改めて問い直していくことが求められる。本論の文脈に即していうのであれば、彼女たちが置かれている苦しい生活状況に対する責任を解除するために、彼女たちが個別に行っている行為の選択性を否定する必要はない。むしろ必要なのは、自己で責任をとらなければいけないレベルと、自己の責任が問われない、問うことのできないレベルをどのように措定するのか、その境界線を問い直し、探っていくことである。

そのとき重要なことは、「適切」な境界線のあり方は、あくまで彼女たち当事者の視点に即して探っていく必要があるということである。当事者の視点を無視したまま当事者の責任の境界線を一方的に引くことは、当事者が生きる現実を誤認するばかりか、彼女たちの自己定義を否定し、彼女たちの尊厳をないがしろにすることにもつながりかねないからである。彼女たちがなぜそのような境界線を引いているのかを理解しなければ、彼女たちが境界線を引き直すための手掛かりを得ることもできない。先に指摘したように、彼女たちは自己責任論の枠内で生きているし、その枠組みを問い直す言説は彼女たちに届いていない。しかし、そのことは必ずしも、彼女たちが自己の責任の境界線の問い直しをしないということを意味しない。彼女たちは、彼女たちの生活の文脈に即して、責任の境界線を引き直そうとしていた。

たとえば庄山さんは、弁当屋で働いていたとき、アルバイトであるにもかかわらず正社員並に働かされていた。彼女がつらかったのは、彼女としてはがんばって働いているのに、同僚たちはよかれと思って「がんばって」と励ましてくることであった。それで鬱状態になった彼女に、西澤さんだけが「そんなに無理することないんじゃない?」と言ってくれた。このことをきっかけとして、庄山さんは、引き受けなくていい仕事と引き受けるべき仕事との間の線引きができるようになったと語った。また浜野さんは、母親と激しく対立したとき、西澤さんの家まで行って、西澤さんやその親たちが見守る中で堪えきれず号泣し、それまで誰にも明かしていなかった家の事情を話せたことで、それ以前よりも人に頼れるようになったという。

こうした彼女たちの経験からうかがえるのは、彼女たちが自己の責任の境界線を引き直すことを可能にしているのは、他者からの承認だということだ。彼女たちは、他者から承認されることで、自らが置かれている状況への当事者性を手放すことなく、自ら抱え込んでいた責任を解除できるようになっていた。言うまでもなく、こうしたことを意識した取り組みは、自助グループや支援活動の実践の現場ですでに蓄積されている。それらに学びながら、現代社会を生きる若者たちの生活文脈に即して、自己責任論に抗する条件を探ることが求められている。[*6]

＊1　諏訪原健「奨学金借金千万円の僕が嫌悪する安倍首相のキラキラ貧困対策」二〇一七年四月七日付（https://dot.asahi.com/dot/2017040700023.html）

＊2　諏訪原健「僕の奨学金記事へのご批判に対し、思うこと」二〇一七年五月九日付（https://dot.asahi.com/dot/2017050600020.html?page=1）

＊3　その結果は、乾編（二〇一三）、乾編（二〇〇六）等にまとめられている。

＊4　四人にインタビューを実施した日時は、庄山真紀さんが二〇〇二年十二月十二日、二〇〇四年七月二十一日、二〇〇六年四月二十二日、二〇〇八年二月二十六日、二〇一三年三月三十日、二〇一五年三月一日、西澤菜穂子さんは二〇〇二年十二月十二日、二〇〇四年二月二十六日（浜野さんが同席）、二〇〇六年三月二十三日、二〇〇八年二月八日（浜野さんと同時に実施）、二〇一二年八月二日、二〇一五年二月二十一日、浜野美帆さんは二〇〇二年十二月十一日（岸田さんと同時に実施）、二〇〇四年二月十三日、二〇〇六年三月八日、二〇〇八年二月八日（西澤さんと同時に実施）、二〇一三年三月二十九日、二〇一五年二月二十一日、岸田さやかさんは二〇〇二年十二月十一日、

二〇〇四年一月十六日、二〇〇六年一月二十九日、二〇〇八年二月十七日、二〇一三年三月二十四日、二〇一五年三月二十五日（二回目は浜野さんと、二回目から五回目まではパートナーの相良健さんと同時に実施）である。その後も調査は継続している。四人が三十歳になるまでのライフヒストリーは杉田（二〇一五）にまとめられている。

＊5　二〇〇〇年四月に法が改正されるまで、離婚した日から五年が過ぎたら請求できなかったために受給できなかったようだ。

＊6　本章の冒頭で、この十年で起きたのは「自己責任の線引き」が少しずれたことぐらいだとする雨宮の指摘を引用した。雨宮は線の引き直しなど意味がないと主張したいわけではなく、少しぐらいずらせたところで人々が抑圧から解放されることにはならないと言っているのだろう。さらなる線の引き直しは、雨宮がまさにしているように、当事者の視点からされる必要がある。

参考文献

雨宮処凛（二〇〇七）『生きさせろ！——難民化する若者たち』太田出版。

——（二〇一七）『自己責任社会の歩き方——生きるに値する世界のために』七つ森書館。

乾彰夫編、東京都立大学「高卒者の進路動向に関する調査」グループ（二〇〇六）『18歳の今を生きぬく——高卒1年目の選択』青木書店。

乾彰夫編（二〇一三）『高卒5年　どう生き、これからどう生きるのか』大月書店。

杉田真衣（二〇一五）『高卒女性の12年——不安定な労働、ゆるやかなつながり』大月書店。

中西新太郎・湯浅誠・河添誠（二〇〇八）「内面化される「生の値踏み」——蔓延する自己責任論」湯浅誠・河添誠編『「生きづらさ」の臨界』旬報社。

ファーロング、アンディ／フレッド・カートメル（二〇〇九）『若者と社会変容——リスク社会を生きる』乾彰夫・西村貴之・平塚眞樹・丸井妙子訳、大月書店（A. Furlong and F. Cartmel *Young People and Social Change*, Open University Press, 1997）。

山口泰史・伊藤秀樹（二〇一七）「分化するフリーター像——共感されない非正規雇用の若者たち」佐藤香編『ライフデザインと希望』勁草書房。

コラム5　わかっちゃいるけどやめられない人たち

私はアルコール・薬物などの依存症者が、酒やクスリを断って社会復帰することを手助けする施設で働いている。何よりも大切なことは、酒やクスリに再び手を出さないことであり、それを実現することが施設のプログラムの中核になっている。利用を終えた人の多くは職場や家庭の一員として健康的な暮らしを送っているが、もとの状態に戻ってしまう人もいる。依存症は治癒のない慢性疾患で、他の多くの慢性疾患同様に、完全に再発を防ぐのは難しいのが現実だ。

先日も、元利用者が覚醒剤を使用して繁華街で逮捕されたと知らされた。その方は執行猶予中の身で、今回は懲役刑の実刑判決が予想されると教えてくれた。刑務所は治療の場ではない。治療意欲を持つ者に刑罰が与えられる仕組みに、やるせない気持ちがした。

歌手や野球選手が覚醒剤に手を染めていたことがテレビのワイドショーで取り上げられた。過去にはアイドルや歌舞伎役者がアルコールでトラブルを起こしたことが大きく報じられたこともある。そのたびに、本人に「道徳心を欠いた、だらしない人」と非難する声が浴びせられた。背景にあるのは、病気に対する無理解と偏見である。

アルコールを例にとろう。厚生労働省の調査では成人の七割が飲酒するという。またアルコール依存症者の推計は約一〇九万人。つまり酒を飲む人の中で依存症になるのは、数十人に一人という少数派だ。彼らはアルコールに対して、正常な飲酒者とは全く違った反応をする。

正常な多くの飲酒者にとって、ソフトドリンクと酒との違いは、酔いをもたらすかどうかにすぎない。ペットボトルのお茶を飲み干した後に、すかさず二本目が飲みたいと思う者はまずいない。それはビールでも同じだ。よほどの酒好きでも、大事な用が控えていれば、二本目の酒を我慢するのは難しくはない。しかし依存症になった人の場合、いったん飲み始めると「もっと飲みたい」という強い欲求が生じてくる（これを渇望現象あるいは強迫性と呼ぶ）。これが普通の飲酒者との違いである。この欲求はとても強いので、意志の力で打ち勝つことは難しく、結果として飲み過ぎによる社会的トラブルが繰り返されることになる。

「飲みたくて飲んでいるというより、病気に無理矢理飲まされている感じ」というのが正直な気持ちだろう。

飲酒量のコントロールができないのであれば、完全に酒を断つしかない。その難しさは禁煙に似ている。多くの喫煙者はタバコをやめようと思いながらも吸い続け、禁煙の試みは短期間で失敗に終わる。ニコチンが依存性を持つ物質だからだ。アルコール依存症者の大半は、心のどこかで酒をやめようと思いながら飲み続け、断酒しようとしても短期間で飲酒に戻っていく。自力での断酒はなかなか難しく、専門性をもった援助が欠かせない。

多くの人たちは依存症の実体を知らず、酩酊によって引き起こされたトラブルだけを見て非難するため、本人はますます援助を求めなくなる。偏見を助長しているのは、依存症ではない大酒家の存在だ。彼らは大酒を飲むが、依存症ではないので、本人の努力次第で酒量を抑えることも断酒もできる。それは「決意すればできるはず」という思い込みを依存症者や周囲に与えることになる。いわゆるクスリ（覚醒剤・大麻・麻薬）の依存症も、物質の種類は違えども基本的に同じ構図である。

さて、二十一世紀になってから飲酒運転の厳罰化が数度行われた。それまで年間一二〇〇件程度で推移していた飲酒死亡事故の発生件数が、近年は二百件ほどまでに減少している。死亡事故全体が減少したことや、飲酒運転防止キャンペーンの効果を勘案しても、厳罰化が大きく寄与したことは疑いないだろう。しかしゼロにはなっていないのはなぜか。そもそも、人はなぜ飲酒運転という犯罪を行うのだろうか。飲酒運転によって得られるメリットとデメリットを比較し、メリットがあると判断すれば犯罪と承知しつつ行うという説があり、これは厳罰化による減少を説明する。しかし、人の思考はしばしば合理性を欠くし、まして（飲酒について）正常な判断ができない精神疾患を患っていたなら、刑罰は抑止にはならない。

厳罰主義が多くの人を飲酒運転や違法薬物使用から遠ざけ、大多数の人の福利を守っていることは疑いない。しかし、厳罰をもってしてもなおそれを行ってしまう人たちは、より苛烈な状況に置かれることになる。

必要なのは依存症に対する正しい知識を広めて無理解や偏見を取り除いていく啓発活動だろう。アルコール健康障害対策基本法が成立し、啓発週間などの活動が行われるようになったのは喜ばしい。アルコール依存症の受診率は一割未満であり、多くの人が治療を受けていない現状が改善されていくことを期待している。

これは病気であるから、酒を飲む人の中から依存症になる人をあらかじめ完全に予測することはできない。社会が飲酒を許容する以上、一定数の依存症者がこれからも発生し続けるだろう。依存症者が治療を受ける権利が保障されるようにするために、知識と理解を広める活動をこれからも地道に行っていく以外にないと感じている。（ジャパンマックＲＤデイケアセンター・中山進）

第9章 「働くこと」の「自明性」はどこまで自明か

——ベーシック・インカム構想を「触媒」にして考える——

林田幸広

【提題】 かなり昔のことだが、次のような四コマ漫画に出くわしたことを憶えている。内容は、二人とも小動物にキャラ化された働き者のA君と毎日釣りをして過ごしているB君とのおおよそ次のような会話であった。

A「君はなぜ働こうとしないんだい？」
B「じゃあ逆に聞くが君はなぜそんなに働いているんだい？」
A「お金を少しでも多く稼ぐためさ」
B「なぜそんなにお金を稼ぎたいんだい？」
A「いい暮らしをするためさ」
B「いい暮らしってどんな？」
A「時間を気にせず自適に好きなことをやれる生活さ」

B「だったら僕がすでにやっていることじゃないのかい」

A「……」

出典や正確な台詞などは忘れてしまったため、記憶を手繰りながらここに載せるのは原作者に大変失礼となるが、この四コマは、当時の筆者を少なからず感動させた。

ところで、昨今の多くの大学生は入学後たちまち「就活」の二文字を意識させられ、就活に躓かないために用意された種々のカリキュラムや講座を履修していくような状況に置かれている。本章では、そのことの是非は取り上げない。本章で検討したいのは、その一連の過程にある前提、すなわち、働くのは当たり前という「働くことの自明性」である。そして「働くことの自明性」が見えにくくしているいくつかの問いである。さしあたり、今ふれた記憶の中の四コマから、次のような二つの問いを引き出しておきたい。一つは「働くことの目的は何か」、もう一つは「働くことは義務なのか」である。[*1] なお、かなり欲張りな言い方をすれば、本章は「働くこと」を与件としない社会のあり方の提案を目論んでいる。おそらく大半の読者は、本章の話の展開に違和感を抱かれるだろう。そこでぜひとも、違和感のポイントはどこにあるのか、それはなぜなのかを考えていただきたいと思う。

1　働くことの自明性を問う

❖働くことの目的は何か

働くことは「当たり前」というその自明性によって、私たちは時々忘れてしまう。そもそも「何のために働くのか」という働くことの目的を、である。ここでは相互に関連する以下のような四点をその目的としてあげておく。[*2] それは、①社会の役に立つこと、②社会に必要とされること、③周囲に感謝されること、④お金を稼ぐことである。これらを簡単に説明すれば、次のようになろう。まず以って人は誰しも一人で生きてきたわけではなく、社会（のさまざまな人たち）の支えによって生きてこられたし、実はそれではじめて生きていける。よって（大学生が聴衆であることを踏まえれば）今までの〝恩返し〟として今度は、アナタが社会の側に立って社会（のさまざまな人たち）を支えていくこととなる、それが「働く」ことである（①・②）。その「働き」は、社会に必要で役に立つがゆえにアナタは周囲から感謝される（③）。そのような「働き」によって、アナタは収入を得て生活する＝生きていくことができる（④）。

たしかにこのように言われればもっともらしい。が、この「もっともらしさ＝自明性」を問題にしよう。まず①～③に対しては、単純に次のような反論が成り立つのではないか。それらは「働く」ことを経由しなくても実現できる、と。換言すれば、それらの目的を達成するための手段は労働だけに限らないということである。たとえば、いわゆる無償のボランティア活動であっても、あるいはまた――誤解を恐れつつ言えば――、専業主婦なる立場であってもそれらの目的は十分に叶えられる。[*3] ③にあげた周囲からの感謝という点では、就労を超える可能性もあろう。[*4]

では④の「お金を稼ぐため」というのはどうか。働くことの目的を不意に聞かれた場合、おそらく大半の人がこれを持ち出すのではないか。「お金があれば働かずに済む」とか「宝くじが当たったらすぐにでも仕事を辞める」といった、一度はどこかで聞いたことがあるような言葉は、実はお金を稼ぐという目的が消滅すれば、その手段である労働も不要となることを端的に表しているといえ、これは、働くのはお金のためということの裏返しと理解できる。しかし同時に、お金があれば働かなくともよいとも受け取れ、もしそうなら、たとえば、預貯金や親の遺産などによって、その目的をすでに達成している状態にあれば、そこに働く必然性は生じてこない。[*5]

以上から、少なくとも理屈から言えば、上記の目的①~③の手段は労働以外の代替可能性があること、④はそもそも労働の必要がない場合があることが考えられ、この意味で、目的から見た働くことの自明性は、ずいぶんと相対化できる余地があることが分かる。[*6] しかしその一方で、上記①~④の目的はあくまで相互に結びついており、独立別個にあるわけではない。とりわけここでは、①~③の結果として④があると説明されていること、つまり、お金を稼ぐのは、社会に必要とされ役に立つ仕事をすることによる、という点は押さえておきたい。

❖働くことは義務か

では次に、何のために働くのかという目的-手段からではなく、とにかく働かないとダメだといったように〝働くことは義務である〟という、労働がいわば原理的次元に置かれる場合の自明性についてはどうだろうか。

労働の義務の自明性については、日本国憲法に規定されている「勤労の義務」(二七条一項)からイメージされる傾向がいまだにあるかもしれない。とはいえ、念のために述べると、「勤労の義務」は法的義務ではない。つまりそこには、国家が法律によって国民に労働を強制することができるという意味はなく、同条文は「人が労働にいそしむべき道徳的義務を負うことを宣言しているにとどまる」（長谷部 二〇一四、九六頁）。言ってみれば、働ける能力のある者は自分が働くことで生活を維持していくという建前を宣言しているにすぎないのである。一般に義務とは、それを果たさない場合に何らかのペナルティが強制的に伴うが、この点、私たちは、働いていないことを理由に、たとえば国家によって罰金を請求されたり逮捕されたりすることはない。ここからも分かるように、憲法にある「勤労の義務」は、「働かなければいけない法的義務が国民にある」ということではないのである。

とはいえ、憲法がこのような意味での労働の義務を課していないことが示されたところで、依然、労働への義務感は拭えないという向きがあるかもしれない。しかし斎藤環は「労働の義務は自明の前提ではない」と断言する（斎藤 二〇〇六、一四八頁）。斎藤は次のように言う。

なぜ人は働かなければならないのか。食えないから、というのは理由にならない。現に数十万人規模〔当時〕のひきこもり青年が、あるいはニート青年たちが、働かずして食えているではないか。家族に万一のことがあったら生きていけない？　これも事実ではない。裕福なら遺産で食べていける。貧しければ「病気」にしてもらって生活保護を受給すればいい。働かなければ尊厳が維持できない？　それはたまたま現代社会の価値規範が労働を過大評価しているからだ。（同前）

斎藤に言わせれば、「人は働かなければならない」とする労働の義務とは、労働を「過大評価」する現代社会の価値判断にすぎない。さらにはその価値観を保証する自明の価値観は存在しないと、なかば挑発的に言ってのける。斎藤自身も指摘するように、既存で自明とされてきたさまざまな価値や規範がその根拠を失っていく、いや正確に言えば、その根拠がそもそもなかったことがあらわになっていく様こそが後期近代の特徴だとすれば、労働の義務についてもまた、その根拠などないことを露呈させただけということになるのかもしれない。

以上見てきたように、「働くことの自明性」はその目的からしても、それ自体の価値という点からしても、実はさほど自明ではないという視点を取りうることが導かれた。この点を踏まえれば、私たちは働くことに対し、もっと多元的に見つめなおしたり、労働への過大評価から距離をとっていく視座を持ったりすることができる……というふうには簡単にはいかないだろう。働くことの自明性や義務が幾分か相対化されてもなお私たちは、「働いたほうがよい」という「価値判断」を行い、労働に過剰な価値を込め、結果、労働に「包摂」されるべくサバイバルしている／していくのではなかろうか。しかしこの労働への過剰な価値が「加害性」を持つとしたらどうか。

2　働くことの「加害性」

以下には、「働いている（労働への包摂）／働いていない（労働からの排除）」という区別*7をもとにして、働くこと、つまり労働に「包摂」されることの「加害性」を指摘したい。

斎藤の主張に従えば労働は義務ではない。たしかにそう考えることはできる。とはいえ実社会に目を移したとき、義務ではないが——あるいは義務ではないにもかかわらず——多くの人びとが働いているという現実がある。そして比喩的に言えば、それが家族や社会を「食わせている」のである。しかし斎藤はこの点、すなわち、義務ではないハズの労働をしているという点に「就労の加害性」が宿るという。斎藤は、夫や父親がついやってしまう「俺が食わせてやっているんだ」という身振りの中にそれを見る。この身振りを筆者なりに解釈すれば、それは夫や父親が（義務ではないかもしれないが）好きでもない仕事をこの私が自分以外のもののためにやっていること、その理不尽さや誇らしさが、ついつい出てしまったものである。ここに労働が持つ二重の「加害性」を析出したい。一つは、就労側から非就労側への「加害性」、もう一つは労働そのものが就労者自身に対してもたらす「加害性」である。順に見ていく。

まず非就労側への「加害性」とは、非就労者が「食えている」のは、就労者が義務でも好きでもない仕事に就いているからであり、これは非就労者の「ただ乗り」であるとして就労側から一方的に問題化され、非就労者に〝引け目〟を植え付けることである。これは家族レベルの問題にとどまらず、たとえば、所得税率や社会保障といった社会全体の問題となる。この「ただ乗り」問題は、上記の「包摂／排除」に、それぞれ「ポジ／ネガ」の価値を貼り、「包摂」側は「排除」側を非難・軽視する。そしてそのことによって、「排除」側はその価値を内面化し自責したり「包摂」への移行圧力を自発的に受けたりして、自らのダメさを知らしめられていくのである。次に就労者への「加害性」とは、就労自体による就労者への加害、換言すれば、就労者自身が、義務でもない就労から自発的には降りられない状況に追い込まれていくことである。もし就労から自分で降りるような事態になれば、それは自分たち（「包摂」側）がそれまで非難・軽視していた「排除」の側へ移行することとなる。「食わせてやっている」側は「食わせてもらっている」側への移行をやすやすと受け入れるとは考えがたい。ここに見られるのは、第一の「加害性」、すなわち「ただ乗り」問題としての「加害性」が「包摂／排除」の区別に非対称性を構築し、その非対称性ゆえに、第二の「加害性」、すなわち今度は就労者自身に対する労働自体の「加害性」が生まれるというわけだ。このようにして、二重の「加害性」は、「包摂／排除」の間のいわば溝を深めていく。非就労側は自責や就労への強迫に駆られ、就労側は非就労側を非難するとともに労働へのサバイバルを続ける。その溝は、よくいわれる国家の財政状況はもとより経済構造の変化や昨今の雇用情勢によって、いっそう深まっているのではないだろうか。

　ではこのような労働が生み出す「加害性」を前にした私たちは労働への過大評価を止めることができるだろうか。やはり答えはノーであろう。「仕事はするべきだ」、「できれば長く続けるべきだ」という価値判断はそれほど強固で根深い。では今度はその根深さの虚を突くことをねらって、次のような視点を取ってみよう。いささか長くなるが再び斎藤を引く。

> このように考えてみてはどうか。全ての「職業人」は、「好き好んで仕事をしている」のだ、と。これを言うのは、正直に言えば、なかなか辛い。激しい疲労とストレスに耐えて、それでも真面目に働いている人々を、もちろん私は尊敬する。しかしその尊敬こそが危険なのだ。その種の尊敬は、そのような生活スタイルがどうしても取れない人たちに対する軽蔑を伴わずには成立しないからだ。それゆえこの尊敬は、小声で口にされるべきものだし、まして自らの多忙さを誇る（＝愚痴る）ことは、あきらかに下品な振る舞いなのである。／仕事を「好きでやっている」と言いうるのは、ほとんどの職業人が、誰からも強制されずに「職を失う」ことよりも「辛い仕事を続ける」ことを、あるいはホームレスよりは職業人たることを、自由意志で選択しているからだ。「好きでやっている」ことを

自慢したり、相手に恩を着せたりすることはできない。（斎藤 二〇〇六、一五七頁。強調引用者）

労働は義務ではないと分かってはいるものの、なかなかその価値観から離れられない。そうであれば、いっそ斎藤の言うように、〃仕事はあえてしている〃ということを前景化して考えてみてはどうか。義務でないなら趣味であるというわけだ（実際に同書の別のところで斎藤は、引用部の内容を受け、「「あらゆる就労は趣味である」と述べたに等しい」と記している）。むろん、渦中の当事者にとってみれば、物事が「義務か趣味かの二択」に明確に分けられるわけではない。現実には、好きでやっている仕事の中にさえそうでない事柄もあり、その逆もあろう。しかし、そのように仕事を「複雑に」捉えてしまうと、つまり、仕事とは単純に割り切れるものでなく、さまざまな要素が絡み合っていると考えることから出発してしまうと、どうしても例の価値判断に引きずられてしまうのではないか。そうならないために、あえて極端な二元論的発想（義務でないなら趣味である）を思考の出発点におくことは、この場合とても有意味ではないだろうか。この考えを取れば、労働への「包摂」は義務ではなく、自分から「好きで」「自由意志で選択している」のであって、そうである以上、「排除」の側への軽視は――忙しさを誇ることと同様に――差し控えなければなるまい。また、「排除」の側も仕事を「好きでやっている」「包摂」の側の趣味に〃引け目〃など感じる必要はない。

さらに続ければ、就労が自由意志によるということは、仕事をしない・辞めるのも「好きに決定してよい」ということになる。

何度も繰り返すが、就労は義務ではない。もしあなたが「誰が好き好んでこんな仕事をするものか」

と主張されるのなら申し上げるが、あなたは、すぐその仕事をやめていい。（中略）いまや代替不可能な立場は存在しない以上、あなたの代わりもいくらでもいる。（同前、一六二頁）

仕事が趣味である以上、そうなるのは当然だが、やめるのも自由意志でかまわない。斎藤に言わせれば、たとえ「あなた」がやめたとしても「代わりはいくらでもいる」のである。これを先に見た「誰が食わせてやっているんだ」というテーマにあてはめると次のようになろう。この台詞は、自分が家族のために、ひいては社会のために働いていることの自負や愚痴とみなせる。しかし、仕事が辛いのならやめてよい。なぜなら、家族や社会は「あなた（夫や父親）」がいなければ維持できないわけではないからだ。「代わりはいくらでもいる」、と。既存の価値の無根拠性をあらわにさせる後期近代における社会流動化の進展は、入れ替え不能な伝統的価値とその自明性をも次々と喪失させる。そのことに敏感な斎藤は、だから引用文に続けて「もちろん、私自身だけは例外だ、などと主張するつもりはない」（同前）と言う。なお、仕事をやめるのも自由となれば、労働による就労者自身への「加害性」も回避できる。「包摂」から「排除」の側への移行もまた自由意志で選ぶことができるとは、このような事態を可能にすることである。

就労を趣味に見立てる斎藤の考えは、戦略的とはいえ、かなり奇抜なように思える。しかし、その見立てから次の二つの視座が得られた。一つは、そうすることで二重の加害性を中和できること、関連してもう一つは、労働における「包摂（＋）／排除（－）」の区別にあるバイアスをフラットにしてゆくことである。とはいえ、ただちに次のような反論があろう。確かに、私の「代わりはいくらでもいる」かもしれない。だがしかし、この私はいったいどうやって生計を立てていけばよいのか、と。ここでようやく「生きるため」という、労働が持つきわめてシンプルな「自明性」が独立して析出される。前節で参照した

「働くことの目的」では、①〜④が相互に関連性を持った形で説明がされていたものの、斎藤の見立てから突き詰めれば、労働のメルクマールは、生きていくため、収入を得るためということに行き着く。[*8] しかし、このシンプルな「自明性」をさえ〝打ち消す〟ことができるとしたらどうだろう。つまり「生きるための就労は不要」である、となったとしたら？　以下にはまず、それを可能にしようとするベーシック・インカム構想の紹介から始めよう。[*9]

3　ベーシック・インカムという構想

❖ベーシック・インカムとは何か

ベーシック・インカム（Basic Income 以下ＢＩと略記する）とは「全ての人が生活に必要な所得を無条件で得る権利がある」（山森 二〇〇九、二二頁）との考えのもと、「就労の有無、婚姻の有無、財産の有無、社会的属性等を問わず、全ての個人に対して一律の最低限所得保障を行おうとする構想」（田村 二〇〇七、三四一頁）を指す。近年では国内においても、たとえば、給付には義務を課すのか、福祉とはどのような関係となるのか、財源確保はどうするのか、一人当たりの金額はどの程度かといった次元での議論がなされている。ここでは、細かな論点には立ち入らず、ＢＩの定義や背景を概観し、ＢＩをもっぱら「働くことの自明性」や「加害性」を問い続けるための触媒のようなものとして利用する。そのねらいのもと、ＢＩの特徴としてここでは以下の二点をあげておく。[*10]

①ＢＩは、就労と収入を切り離す構想である

②ＢＩは、個人にたいして無条件に定期的な現金給付をおこなう

ＢＩで保障される基本所得は、②にあるように無条件で給付される。したがって、就労の有無は受給の要件ではない。働いていようがいなかろうが受給できるというわけだ。一般に、収入とは労働の対価であり、働いていることが収入の条件となる。この点、ＢＩは収入と労働の連続性を切り離す考え、大胆に言えば、収入を得るためには働かねばならないという「自明性」を断ち切る構想である。さらにこの無条件には、年齢・性別・居住地はもちろんのこと、資産や経済状況も含まれ、文字通り無差別に全員に対してＢＩが保障される。むろん、富裕層にも平等に給付される。したがって、ＢＩでは現行の福祉政策で実施される状況確認や資力調査だけでなく、生活保護受給の際になされる稼動力調査もいっさい行われない。さらに、給付の対象が世帯ではなく個人単位という点も大きな特徴である。

ＢＩ構想の背景はさまざまだが、よく言われるのは二十世紀の一時期にめざされた福祉国家の前提、すなわち、完全雇用・女性（妻・母親）による無償のケア労働・生産至上主義が実現不可能となり、また問題視されてきたことがあげられる。言い換えれば、男性労働者が家事・育児を妻に任せて（押し付けて）正社員雇用され、経済は需要を生み出しながら成長していくということが、たとえば、労働市場の減少・雇用形態の多様化、女性の社会進出、資源の希少性などによって行き詰ってきたためである。ここで福祉国家とは、労働を基底とした社会、単純にいえば正社員で就労する男性が専業主婦となる女性と核家族を構成し、労働の対価としての所得と社会保障をその家族世帯が享受する社会としよう。だとすれば、完全雇用が非現実的となったいま、それは不可能である。しかしなお、人びとは労働に「包摂」されるべくサバイバルしていくだろうし、それでもやはり労働からの「排除」を余儀なくされる状況に陥る場合もある

だろう。そしてそこでは、絶えざる失業・貧困の不安に晒されたり、勤労意欲が喪失してきたりするといった悪循環が生じる。不可能な完全雇用のもと、（正規）雇用へのドライブがある限り、先に触れた労働が持つ二重の「加害性」は避けられない。これに対してＢＩ構想は、そうしたマイナスの要素を低減させるとともに、自身が生きていけなくなるかもしれないという不安をすべての個人から取り払うのである。

以上から、ＢＩの利点・ねらいとは端的に、すべての個人が貧困を気にすることなく生きていける状況を保障することである。*11 ＢＩ構想は労働に「過剰な価値」を込める社会を変化させ、人びとを労働と貧困の双方から解放する構想である。

❖ＢＩと労働／生

見たようにＢＩは、貧困問題や雇用状況、労働環境や福祉事情の中で貧困への不安を抱える人びとの現状を踏まえた上で、「生きている以上は生きていく権利がある」といった倫理的次元からその主張を立ち上げる側面を持つ。それに対して思想家であるネグリやアガンベンの問題設定からは、いわば政治的次元からもＢＩの導入には意義があることを導き出せると思われる。ごく簡単にふれておきたい。

ネグリが問題にするのは労働の質的変化ないし拡大である。いわゆる第三次産業に顕著なように、労働内容が多元化・多様化する中、労働者は決められた労働時間にだけ就労しているわけでなく、情動労働やコミュニケーション労働を典型に、労働は、移動時間や通勤中はもちろん、休日や余暇にさえ及んでいるというのである。つまり、労働は既存の労働時間（身体の拘束時間）だけで完結するのではなく、生活そのものの中に入り込み、労働者の生と重なってきているというわけだ。「生産はいまや完全に生政治的なものになり、したがって〈生〉そのもの、生きること自体が報酬の対象になる」（ネグリ 二〇〇三、八二頁)。ネグリに言わせれば、「働く＝生きる」である以上、生きていくことそのものの対価として報酬が支払われるべきとなる。これは先の理由とは異なるものの、ＢＩの構想につながるといえよう。

他方で、アガンベンの問題設定からはどのような意義が導かれるか。アガンベンの生に関する区別を参照して考えてみたい。かれは、生のあり方を「政治的生（ビオス）／生物学的生（ゾーエー）」に区別する。ごく単純に、政治的生とは、人間が積極的・動態的に他者との間で自分特有の生き方を紡いでいくこと（いかに生きていくか＝生の技法）であり、対して生物学的生とは、人間に限らずすべての生物に不動不可避に伴う生理現象のようなもの（生きること＝生命の維持）である。アガンベンの区別を単純に解釈すれば、人間がより人間らしく生きていくというのは政治的生においてであり、その豊饒化をしていくことである。一方で貧困とは、生物学的生の危機として位置づけることができよう。貧困に置かれた場合には、衣食などの生物学的生の維持に意識が注がれざるをえず、人間らしい生である政治的生を考えることが困難となり、結果として政治的生は先細る。生物学的生が危機にあれば、たとえば社会的な協働や民主主義の活性化といった公共的な活動が低下していくのである。ここにおいてＢＩを実施すればどうか。ＢＩが最低所得の保障であるならば、少なくとも生物学的生は満たされると考えられる。よって、個人は生物学的生を維持していくためだけの労働からは解放される。そしてもしそうなれば、政治的生の領域へと踏み出し人間らしさを実現していけるかもしれない。やや図式的で予測の域だが、アガンベンのいう生物学的生の部分にＢＩが充当されれば、人びとはいかに生きるかという政治的生を思考していくことができるようになるのではないか。これがアガンベンの生の区別を援用したＢＩの意義である。

以上、ＢＩ構想を概観してきた。先ほどの反論（「働かずにどうやって生きていくのか」）に対しては、「ＢＩで賄えばよい」との答えが可能となる。何度も言おう。就労は義務ではない。ＢＩ構想においては、生きるため——アガンベンの言う生物学的生の維持のため——に働く必要などないのである。

❖BIの問題点

もちろん、BIにはいくつかの問題がある。[*12] BIの構想を聞いただけで、最初から懸念されるのはフリーライダーの出現ということだろう。生存のための労働は義務ではないものの、それでも就労する者が出てきたとき、BIの財源（所得税など）を相対的に多く担う就労者にとってみれば、非就労者はフリーライダーとみなされる。いや、そもそもBI給付のもとでいったいどれほどの人が就労するのだろうか。もしほとんどの人が就労しないとなればBI自体が成立しなくなるではないか。こうした問題である。この点に関する興味深い事例を紹介したい。

歴史家でジャーナリストのブレグマンによれば、小規模で社会実験的なものを含めれば、BI構想と似たような政策はすでに海外で実施されている。[*13] カナダでは一九七〇年代に世界最大規模のBI実験「ミンカム」が一千世帯を対象に実施された。基本所得となる金額は四人家族なら年間で現在の約一万九〇〇〇ドルで、それが「何も質問されることなく」給付された。年収が保証されれば就労をやめるのではと懸念されたが、「全労働時間は男性で1％、既婚女性で3％、未婚女性で5％下がっただけだった」（ブレグマン 二〇一七、四二頁）。特に新生児を持つ母親は現金給付を得たことで育児休暇をとり、学生はより長く就学したという。また別の事例だが、一日の収入が二ドルの西ケニアに住む男性に五百ポンド給付したところ、かれはオートバイを購入し、バイク・タクシーの運転手として日に六–九ドルを稼ぐようになった。彼の住む村には同様の実験がなされたが「それで酒を買おうとする人は一人もいなかった。そのかわり、家々は修繕され、小規模のビジネスが始まっていた」（同前、三四頁）。さらに「リベリアで最下層の人々に二百ドルを与える実験が行われた」事例では、かれらはその収入を食料、衣服、内服薬、小規模ビジネスに充てたという。これらの実験では大量の非就労者を生み出すどころか、「圧倒的多数は、必要であってもなくても、仕事を続けることを望んだ」（同前、四九頁）というのである。ＢＩによってかれらははじめて現金の使途を制限されずに「選択の自由」を得た。そして「いま自分には何が必要なのか」を考えそれに沿ってＢＩを使い行動したというのである。

これらの事例から、ＢＩによるフリーライダー問題はさほど深刻ではないこと、それどころかＢＩを元手にしてそれぞれが政治的生において生の技法を創っていることが見て取れる。もっとも、これらの事例はあくまで事例であって、ただちに一般論としてＢＩが就労へと向かわせる規範的役割を果たすとはいえまい。そもそも就労を義務としないことの上に成立するＢＩが、そのような規範（就労すべき）となるのは矛盾している。しかしそれでも、これらの事例からは、就労へと向かう事実の確認はできよう。義務でなくとも人は働くのである、と。

すでに触れたように、ＢＩ支持の中には、貧困などによる生存（生物学的生）の危機や不安の解消が先決であるとし、それがもはや雇用に期待できない以上、ＢＩによって解消するという、生物学的生の充足を第一に置く主張が少なくない。だがそれに加え、ＢＩによる生存が保証されれば人は就労に向かい自立していくという主張もある。いまの事例はこのことを裏付けるものでもある。しかもこの場合の就労は、生存のためのサバイバルではない。その意味では、文字通り、自発的に働くということだ。「労働の自明性」を真に受けるのではなく、１で触れた労働の目的を自分の自由意志で実現していくといってもよい。だがしかし、気をつけねばならない。就労を義務としない以上、働かないという選択はあってよいはずだ。ＢＩのもとでは、労働は、まさに斎藤が言った意味での趣味となる。にもかかわらず就労という趣味へのドライブが〝自発的に〟かかってゆき、そのこと自体はＢＩの効果として称揚される。働かずとも生きていける前提にあっては、「就労／非就労」の選択は任意なはずなのに、就労の側には相変わらず「過剰な価値」が込められ、反対に、働かない者はただちに怠惰とみなされかねない。本章はこの点を批判的に捉えたい。つまりＢＩの問題とはＢＩによって人が働かなくなることではない。逆である。ＢＩが実施されてもなお人は就労し、趣味として等価であるはずの怠惰が低く見積もられることが問題なのだ、と。

4　脱 - 労働中心社会に向けて
――それでも互恵性は必要か？――

❖働かないという選択

いままでの記述をざっと振り返っておこう。本章では、斎藤の主張を導きの糸として、通常は多層的に語られる労働の目的や意義をできるだけ剥ぎ落とし、ひとまず、その目的は本人の生存である、という地点にたどり着いた。しかし、それもまたＢＩという構想によって解消されうることを確かめ、就労は趣味として捉えられることを示した。その上で、ＢＩを受給してもなお就労が称揚されること／非就労が低く見積もられることを問題として定位させた。ＢＩ構想の手前で扱った区別（「包摂／排除」）では、「食わせてやっている」側と「食わせてもらっている」側は――そうなる背景や前提などをあえて度外視すれば――、非対称的な関係に置かれることは分からなくはない。しかし、ＢＩにおける「就労／非就労」においては、就労が非就労を「食わせてやっている」のではない。非就労だけでなく就労側も全く同程度にＢＩから「食わせてもらっている」のである。その上で働くかどうかは「自由意志」によるはずである。にもかかわらず「働かないこと」が怠惰とみなされるのはなぜか。

❖互恵性は必要か?

ＢＩのもと、就労しないという選択をする者をここでは就労側と対比させる意味を込め、積極的かつ意図的に「レイジー（lazy：怠け者）」としておこう。なぜかれらがレイジーとされるか。その理由は、かれらレイジーは、社会の互恵性原理を果たしていないからというのが考えられる。互恵性とは、単純に言えば、贈与と返礼の連鎖である。アナタが社会で生きている以上、誰からか／どこからか何かをすでに贈与されている、したがって、アナタも誰かに／どこかに何かを返礼しなければいけないということである。1の働く目的に〝恩返し〟とあったが、これはまさに学生は就職し社会人となって、それまで差し出された贈与への返礼をするということだ。しかし、返礼は労働の形をとる必要はない。生存を保障するＢＩ構想の下では、むしろ労働以外の社会的活動の活性化が期待され、それが返礼となる場合もあろう。ＢＩは、賃金が他の指標に勝って社会貢献度を測る尺度であるという点も相対化させていくと思われる。したがって、レイジーが就労していないからといって、ただちに返礼がなされていないというわけではない。

さらに踏み込んでみよう。そもそも返礼は必要なのだろうか。互恵性における返礼が労働に限らないとしても、やはり人は何か「できること」を「する」ことが必要なのか。ここで、レイジーが（返礼を）「しないこと」に対する憎悪は、「できること」を「する」ことへの評価の裏返しとしよう。だが、そもそも「できること」が評価されるとはどういうことか。社会学者の立岩真也は、分配原理を正当化する文脈において次のように言う。

人ができることによって示されることは、できることが人が人であることの条件とされ、人を規定し支配する位置に位置づいてしまうことである。ここに逆転が起こっている。それは余計で過剰なことである。そしてそれは一人一人に負担をかける。人が生きていくのに十分な財が得られないことを帰結しうる。また、できないこと、できるようになるための負担が大きくなってしまう。さらにそれはできることにかかわる羨望と負け惜しみを誘う。それもまた自身に対する負荷となり他者への加害となる。（立岩 二〇〇四、九〇頁）

「できること」を基点に置いた場合には、できるか否か、どの程度できるか、どうしたらできるかといった、「できること」の序列的な評価が下され、それは「できないこと」を軽視するだけではなく、「できること」の中で優劣と羨望・負け惜しみなどを生じさせる。立岩は「できること」それ自体には価値があるものの、しかしそれは、「できること」を「する」人の価値につながるわけではないことを強調する。そして「できること」の価値とそれを「する」人の価値が断ち切れない限り、いわゆる分配——この場合「できること」が、できない人を含めた社会全体に再分配されること——は難しいという。これを互恵性原理にひきつけて考えれば次のように言えないだろうか。「できること」がそれを「する」人の評価とみなされ、さらにそれがその人の生存を規定し支配するとすれば、「できること」「する」人たちの優劣の中で羨望や負け惜しみが起こり、そこでは互恵性は損なわれる。また、「できること」を「する」人たちの優劣互恵性の埒外に置かれる、と。この点、「できること」を「する」という羨望や負荷を呼び込む行為から極力手を引くレイジーは、「できること」を「する」側からすれば、互恵性に与しようとしない存在であり、たしかに怠惰であろう。しかし「できること」を「する」側もまた、序列や優劣によって互恵性原理を損なわせているのなら、かれらをただ怠惰であると言い捨てきれるだろうか。最後に、レイジーをあえてモデル化することを通して問題提起をしておきたい。[*14]

❖「溜め」としてのLazy

いうまでもなく、レイジーもまたＢＩのもとで生存が保障される。その上で、レイジーは、労働はもちろん、互恵性原理からも退出する。少なくとも目に見えて社会のために「できること」を「する」ことから手を引く。ＢＩによってレイジーは食っていける。ただその先があるのかどうか、あるとしてどうなるのかはまったく偶然である。このようにモデル化したレイジーを労働や互恵性をあらためて考えていくための「溜め」として提案したい。ここで言う「溜め」とは、湯浅（二〇〇八）で使われていた言葉の転用である。湯浅によれば、人間が思考したり行動したりするには「溜め」が必要で、それはたとえばいざというときのお金であり、頼れる人間関係であり、職能的自信であり、スキルを磨くための時間であったりする。貧困は、こうした「溜め」が社会から失われたために生じるのであり、またいったん貧困になると「溜め」がないために抜け出すことができなくなるというのである。いってみれば「溜め」は、人が社会から放り出されないために／放り出されたときのために、しようと思えば常に参照・アクセスできる「剰余」といえよう。普段はさほど意識も使用もされないが、必要な場合には必ずあてにできる「剰余」が「溜め」である。人はその「溜め」によって改めて自分の姿や社会を眺めやることができ、再び社会に向かっていけるようになる。モデル化したレイジーを、このような意味での「溜め」に見立てたい。そうすることで、あらためて、働くことに対するラディカルな問いが提出できるように思う。アナタは「溜め」としてのレイジーをどう見るか。「溜め」としてのレイジーから就労や互恵性はどう見えるだろうか。[*15]

そもそもレイジーとして生きていけないと考えるのなら、それはなぜか。一見、社会の役に立ちそうにないからか。その場合、社会の役に立つとは何か、その目的は何か。逆に、レイジーとして生きていけるのならやはりそれはなぜか。レイジーには何らかの意味があるか。レイジーであっても互恵性原理を実践できるか。だがその場合の互恵性とは何か。最後に冒頭の四コマを思い出してもらいたい。働き者のA君の沈黙（「……」）はいったい何だったのか。B君への軽蔑か、はっとした驚きか、それとも何か他に意味があるのか。

＊1　本章におけるこの初発の問題設定は、精神科医で批評家の斎藤環によるエッセイ「「働くこと」は「義務」だろうか」に負っている。同エッセイは、PR誌『ちくま』に『家族の痕跡』と題され連載されていたものの一部であり、後に斎藤（二〇〇六）に所収された。本章での引用・参照は、斎藤（二〇〇六）から行う。なお、本章でいう「働くこと」とは就労、つまり何らかの職に就いて働き、かつその対価として賃金（収入）を得るということをさす。また本章では、文脈に応じて、働くこと、働き、仕事、就労、労働、賃労働といった表現を用いるが、特段の断りがない限り、すべて同様の意味として使用する。

＊2　以下の目的とその概説は、就職・転職の情報提供を事業の一つとする大手広告企業が、大学一年生に向けて行った説明会（二〇一七年六月）に筆者が参加した際、その中で「働くとはどういうことか」といったテーマのもとで述べられた内容を参照・要約した。

＊3　ただちに付け加えるが、だからそれでよいと言いたいのではない。いわゆる家事労働が主婦や女性に加重されるとともに無償労働の位置に追いやられ続け、賃労働との格差が構造的に放置されているがゆえに、さまざまな問題が（不）可視化されていることは周知のとおりである。ここでは扱えないが、さしあたり竹信（二〇一三）を参照。

＊4　余談だが、前掲注＊2にあげた説明会で「最近の就活生は仕事選びの相談時に「周りに感謝されたい（有難う

と言われたい)」とよく言う」とのことであった。これも非常に興味深い論点だがここでは踏み込まない。
＊5　「働かざるもの食うべからず」というフレーズがあるが、すでに「働かずとも食えている」ケースに対してもこれを通用できるのだろうか。しかしこの場合、通用できるとはどういうことか。
＊6　もっとも、④以外の目的も、一般論として必要なのか――達成すべき目的なのかどうか――の検討は可能であろう。たとえば、「なぜ社会の役に立たねばならないのか」を検討することである(ちなみに、「そうならなければ働くことができないから」という答えはこの場合トートトロジーとなる)。この点は、本文終盤で扱う。
＊7　労働をめぐっては、ほかにもいくつかの区別が考えられる。たとえば「働きたい／働きたくない」といった自発的な意思を基点にした区別、あるいは「働かない／働けない」という稼働能力の有無の区別などである。これらはとても重要な区別であるが、ここでは単純に、「状況として働いているか否か」だけの区別を採用する。複数の区別を同時に考察するのではなく、単純な一組の区別を起点にすることで、複合的な問題の見通しがよくなる場合もある。
＊8　結局のところ、働くことの理由を「精錬化」していけば、この点に突き当たるのではないか。お金を稼ぐ必要がない場合は例外だが、それ以外は、生計を立てるための手段として働くということである。にもかかわらず、最初から仕事に対してやりがい・自己実現・社会参加といった「付加価値」をつけ、仕事の意味を「複雑化」することで、かえって「包摂／排除」の溝を生んでいるのではないか。
＊9　以下の本文に見るように、通常ベーシック・インカム構想は、雇用の悪化や貧困、福祉コストなどをその出発点に置くことが多い。対して本章では本文でも述べるように、労働の自明性を問う思考をさらに続け深めるために、それを「触媒」として用いることを断っておく。
＊10　経済学者の山森亮は、山森(二〇〇九)の中で、アイルランド政府が二〇〇二年に発行した「BI白書」を参照しつつ、BIを以下のように定義している。
①個人に対して、どのような状況に置かれているかに関わりなく無条件に給付される。②BI給付は課税されず、それ以外の所得はすべて課税される。③望ましい給付水準は、尊厳をもって生き、実際の生活において選択肢を保障するものでなくてはならない。その水準は貧困線と同じかそれ以上として表すことができるかもしれないし、「適切

な」生活保護基準と同等、あるいは平均賃金の何割、といった表現となるかもしれない。

続いてBIの特徴として、①現物でなく金銭給付、②毎月ないし毎週といった定期的な支払い、③公的資源より、国家または政治的共同体（自治体など）によって支払われる、④世帯ではなく個人に支払われる、⑤資力調査はしない、⑥稼働能力調査はしない、といったことがあげられている。

＊11　ほかにもBIの利点として、制度そのものが中立で単純なこと（無差別で全員に無条件給付）、資力調査に典型とされる要件確認に伴う個人の尊厳否定が回避されることなどがあげられる。

＊12　たとえば政治的合意調達の可能性、コスト・財源の問題などがあるが、本章では政策実施に向けた政治的議論ではなく、生存のための就労を不要とするBIの構想のみを借用し、そこから「労働への過剰な価値」の相対化をねらいにしているので、ここでは踏み込まない。なお、BI支持者といっても一枚岩ではなく議論対立はある。たとえば、本文では貧困や生存の視点からBI導入の意義を主張する議論を参照したが、そうではなく、複雑な福祉政策によって膨らむ人件費を含めた福祉コスト削減の立場といった「小さな政府」指向からBIを支持する主張もある。またBI反対としては、BIの実施によって個人はいっそう労働から排除されていくとする意見がある（たとえば、BIは生存のための労働を不要とするため、国家もまたある程度は労働環境の整備から手を引くようになり、結果、働きたくても働けない人がいっそう増えていく可能性が出てくる）。さらには、そもそも問われるべきは「働けない仕組み」なのであって、それを放置したまま現金を給付するBIは論点のすり替えと見る主張もある。これらを含め、BIをめぐる対立や論点は（萱野編 二〇一二）に詳しい。また、コスト・財源についてもさまざまな試算があり、(原田 二〇一五）では、所得税率を一律三〇%として国民一人当たり月額約七万円の給付額が算定されている。これに従えば、夫婦と子ども二人の家族には、月額約二八万円が給付される。

＊13　ブレグマン（二〇一七）による。本文の事例も同書による。

＊14　ここでの立岩の引用からさしあたり問題にしたいのは、「できることをすることができる人」たちの間でも、羨望や負け惜しみなどによって互恵性原理が損なわれるという点である。なお、立岩は存在そのものを倫理的な次元として捉え、「できない人＝存在」に「できたこと＝行い」を分配することが正義であるとする。これに関連して、

筆者は、本章のレイジー（しない人）という存在が倫理的次元にあるということを意図しているわけではない。

＊15　本文で触れたように、湯浅のいう「溜め」とは、いざというときのために必要な「剰余」であり、社会への（再）参加のための休憩所＝出発地である。対して、就労や互恵性といった自明なもの（とみなされていること）から降りているレイジーを「溜め」として見立てるねらいは、そうした自明性（を内面化している自分自身）を再考するための不慮（アクシデント）を可視化するということであり、別様の社会のあり方を想像するための椿事を社会の中に「剰余」として置いてみるということである。

参考文献

アガンベン、ジョルジョ（二〇〇三［原著一九九五］）『ホモ・サケル――主権権力と剥き出しの生』高桑和巳訳、以文社。

ブレグマン、ルトガー（二〇一七）『隷属なき道――AIとの競争に勝つベーシック・インカムと一日三時間労働』野中香方子訳、文芸春秋。

メーダ、ドミニク（二〇〇〇［原著一九九五］）『労働社会の終焉――経済学に挑む政治哲学』若森章孝・若森文子訳、法政大学出版局。

原田泰（二〇一五）『ベーシック・インカム――国家は貧困問題を解決できるか』中公新書。

長谷部恭男（二〇一四）『憲法　第6版』新世社。

ネグリ、アントニオ（二〇〇三［原著二〇〇二］）『ネグリ　生政治的自伝――帰還』杉村昌昭訳、作品社。

ヴィルノ、パオロ（二〇〇四［原著二〇〇一］）『マルチチュードの文法――現代的な生活形式を分析するために』廣瀬純訳、月曜社。

斎藤環（二〇〇六）『家族の痕跡――いちばん最後に残るもの』筑摩書房。

竹信三恵子（二〇一三）『家事労働ハラスメント――生きづらさの根にあるもの』岩波新書。

田村哲樹（二〇〇七）「シティズンシップと福祉改革」名古屋大学『法政論集』二一七号。

――――（二〇〇八）「シティズンシップ論とベーシック・インカム」武川正悟編『シティズンシップとベーシック・インカムの可能性』法律文化社。

立岩真也（二〇〇四）『自由の平等』岩波書店。

山森亮（二〇〇九）『ベーシック・インカム入門――無条件給付の基本所得を考える』光文社新書。

湯浅誠（二〇〇八）『反貧困――「すべり台社会」からの脱出』岩波新書。

コラム6　「ポスト・トゥルース（真実）」時代の報道

　英国の欧州連合（ＥＵ）離脱を決めた国民投票やトランプ米大統領の誕生に際しては、ツイッターやフェイスブックで拡散された「フェイク（偽）ニュース」が現実の政治を動かしたと言われています。「ポスト真実」がもたらすのは、文字通り「真実は二の次」という世界。この新たな世界に直面し、私たち記者は、自らの緊急課題として、根源的な問いに向き合わざるを得なくなっています。すなわち、「「ポスト真実」時代の報道はどうあるべきか」。メディア用語でいえば、「ポスト・ファクト（事実）」の時代と言い換えられるでしょう。

　報道の現場ではこれまで「事実の発掘」に重い価値を置き、使命としてきました。政府や権力者の欺瞞《ぎまん》を明らかにし、国民の知る権利に応える――。多くの先輩から、報道とはかくあるべしと教えられましたし、私自身もこれを目標にしてきました。読み手の「主義・主張」によって、報道の受け止め方、重きの置き方は違っても、「事実から議論を出発する」ことはいわば共通の前提でした。

　ところが「ポスト真実」時代、だいぶ様相が異なりそうです。既存メディアが事実報道を積み重ねることで構築してきた価値観が一瞬にして吹き飛びかねないほど。報道が事実であっても「受け手が見たくないものは、見ない（見えない）」、都合が悪い真実は「フェイク」と一蹴されてしまうのですから。レッテル貼りや偽情報を流すのは簡単ですが、検証は至難の業。物理的にとても追いつきません。歴史は日々の積み重ねで形づくられますが、その都度、デマで「上塗り」されれば「歴史修正の日常化」につながるのではないかと危惧しています。

　政権や為政者にとって不都合な事実が露見すれば、国の最高権力者といえども、事実の前に「ひれ伏さざるを得ない」のが政治と報道をめぐる従来の関係です。報道の背後には国民が控え、私たちはその負託に応える形で記事を書いてきました。政治家も、報道が形づくる世論の動向を常に気にかけてきました。しかし、ＳＮＳが出現し、政治家が自由に発信できる「メディア」が手に入ると、報道と政治の関係性も一変しました。「ポスト真実」時代の到来は、こうしたメディア環境の変化と無縁ではありません。

そこで何が起きたのか。米大統領選では、トランプ陣営が対立候補であるクリントン氏を中傷する偽情報を発信し、終盤のクリントン陣営にダメージを与えたと言われています。就任後も不確かな情報発信は続き、報道官が就任式に集う人数を「過去最多」と発表し、米メディアから「事実と異なる」と批判されました。選挙運動中のトランプ陣営とロシアの関わりが「疑惑」として報じられた際は、大統領が複数メディアを記者会見から閉め出す「実力行使」に出ました。既存メディアVSトランプ政権の対立は就任から一年を経た今も続いています。

英国の国民投票でも、EU離脱派が「英国がEUに支払う拠出金は週三億五〇〇〇万ポンド（約五百億円）に達する」と訴え、投票行動にも影響を与えました。離脱後、「事実ではなかった」と撤回しましたが、「ウソ」が国の行方を左右する事態となりました。

日本にもポスト真実の波は押し寄せています。近年、歴史を修正しようとする動きが活発化し、「南京大虐殺は事実無根」との主張があたかも事実であるかのように語られているのが顕著な例でしょう。沖縄基地問題をめぐる偽情報の氾濫も看過できません。米軍普天間飛行場（沖縄県宜野湾市）の危険除去に「辺野古移設が唯一の解決策」と訴える安倍政権。政府筋は、記者懇談の場などでも「抗議に集まるのはプロ市民ばかり」とデマの発信に余念がありません。こうした中、在京の独立放送局が「フェイク・ニュース」を報じ、問題となりました。沖縄県東村高江地区のヘリパット建設問題を取り上げた番組で「反対派が救急車の通行を妨害」などと報じたのです。地元消防署が否定し、虚偽が明らかになりましたが、放送局はこれを認めていません。こうしたウソの情報を許せば、メディア全体の信頼も失墜し、民主主義の根幹が揺らぎかねません。

情報が信頼に値するのか、否か。見極める力がなければ、権力者らの偽情報に踊らされる危険があることを、私たち一人ひとりが自覚しなければならない時代です。情報を冷静に受け止め、発信源の意図を注意深く読み解こうとする主体的な関わりこそが、「ポスト真実」時代を生き抜く力になるのだろうと思います。

さて。報道はどうあるべきか。結論はまだ出ていませんが、試行錯誤しながら進むしかありません。「何を伝えるか」だけでなく「どう伝えるか」。新たな時代の答えも早急に探さなければなりません。一方、守るべきものもあります。それは、あきらめず、粘り強く、事実を掘り起こし、伝えていく報道の役割です。どんな時代が訪れても、健全な議論の前提となる正確な情報は、民主主義に必要不可欠なのですから。**（毎日新聞社　夕刊編集部　記者・鈴木美穂）**

第10章　抵抗の身ぶりと流儀

――オキナワ・フクシマ・ミナマタとともに生きる――

木原滋哉

【提題】 大震災と大津波による甚大な被害を表現できる言葉はいまだに見出すことができない。理不尽という言葉も適切ではない。さらに原発事故によっても多くの人びとが故郷を追われた。原子力発電所を受け入れてきた地域と、その原発で発電された電力を利用していた地域とのあいだに存在していた断層は、事故以前はそれほど意識されていなかったかもしれないが、事故後に、誰の目にもあらわになった。

原子力発電所は、ゴミ焼却施設や米軍基地などとともに、社会的に必要とされるとしても地元に作られるのは困る迷惑施設の一つとして取り上げられることが多い（清水 一九九九）。施設が置かれる地域は、場合によっては受け入れ条件をめぐって交渉を重ねることもあるし、その施設が果たして必要なのか疑問を投げかけ、抵抗することもある。

しかし、断層は原発立地地域と受益地域のあいだだけに存在しているのではなく、事故後には、複雑な断層が新たに生み出されている。受益地域であったにもかかわらず、放射線の影響を強く受けた地域が出現している。自治体ごと避難を強いられたままの地域もあれば、避難を解除された地域もあり、放射線の影響を危惧されている地域もある。避難を解除された故郷に戻った人びともいれば、故郷に戻ることをためらっている人びともいる。原発事故後の理不尽な状況に対する抵抗の身ぶりは、一つではないのである。

原子力発電所をめぐる断層以外にも、社会の中には多くの断層があるにもかかわらず、私たちには見えないだけかもしれない。もしかすると、私たちが見ようとしていないだけかもしれない。私たちの目に見えてしまったら、とても正当化することができないような断層が、なぜ、どのようにして存在するのだろうか。また、私たちは、断層の存在を目の当たりにして、断層にどのように臨むのだろうか。

1　はじめに

そもそも「国民国家」は、一定の人びとを国民として「包摂」するとともに、それ以外の人びとを国民の外部に「排除」して境界線を引くことによって成立する（小熊 一九九八）。こうして国民として「包摂」される人びとは、「シチズンシップ」を享受することになる（木前 二〇一三）。このようにして構築された「国民国家」は、基本的には、人民の意思に基づいているという民主主義的正統性を備えている（丸山 二〇一四、一一〇頁）。民主主義的正統性は、手続き面では国民の同意を必要とし、内容面では国民全体の利益としての公共性を必要としている。

民主主義制度を備えた「国民国家」となった戦後日本において高度経済成長、原子力推進、日米安全保障などの基本政策は、抵抗を受けながらも、国民全体の利益を体現して公共性を備えているものとして正当化されてきた。しかしながら、そうした体制では不利益をこうむる従属的な地域や人びとは、差別を受け、従属的な地位に置かれてきた。こうして「国民国家」は、その外部と内部のあいだに境界線を引いただけではなく、国民国家の内部にも断層を生み出してきた。

高度経済成長などの基本政策が利益を享受する人びとと不利益をこうむる人びとを生み出す場合、国民全体が利益を享受する「受益圏」であるとされる一方で、不利益をこうむる特定の地域や人びとが「受苦圏」として、国民国家の内部に断層が生み出される（梶田 一九八八）。これらの基本政策は、受苦圏からの抵抗に直面していても、「市民的公共圏」で国民全体の利益であるとして正当化された場合、断層が見えにくくなる。

「受苦圏」において不利益をこうむる人びとでも、あえて不利益を甘受する見返りとして最大限に譲歩を勝ち取り、自分たちの利益を実現していく場合もある。これに対して、「市民的公共圏」に抗して自分たちのアイデンティティを構築して抵抗し、自分たちの見解を公論として形成するために、「対抗的公共圏」を構築する場合もある。しかし、「対抗的公共圏」は一枚板の公論空間ではなく、「市民的公共圏」との距離の取り方に関して、必然的に内部に断絶を抱え込まざるを得ない。「受苦圏」における抵抗の身ぶりは、多種多様であり、統一された身ぶりがあるわけではない。場合によっては、抵抗する主体のあいだで、対立が生じることもある。

国民国家が、全体の利益のために少数派や特定の地域に犠牲を押しつけるように権力を行使するのに対して、国民国家による分断を模倣した分断の言説、少数者を貶める言説が、市民社会にも溢れている。こうした分断の言説に対して、どのような流儀で抗するかも今日、重大な問題となっている。

本章では、日米安保体制下にあって米軍基地が集中している沖縄、深刻な原発事故の被害をこうむっている福島、深刻な公害被害に今なお苦しんでいる水俣を例に、どのように権力が行使されているのか、どのような分断の言説が流布されているのか、人びとはどのような身ぶりの抵抗を試みているのか見ることによって、抵抗の身ぶりを紡いでいく流儀について検討を加えたい。いずれの場合も、公共性の名の下で政策が決定・実行される一方で、特定の地域や人びとが犠牲を押しつけられている。さらに、水俣の場合には、水俣病の原因、因果関係をめぐって、福島の場合には、原発の安全性、放射線のリスク評価をめぐって、科学技術の論理が問題となる。科学技術の論理は権力の行使に寄り添っているのではないか、抵抗の身ぶりによって再検討を迫られている。

2　沖縄の伝統と抵抗の身ぶり

> 非暴力の不服従抵抗には、場違いな場を顕現させる根源的な力がある。無法な施設を包囲することに法的になんの問題があるのか（中略）正義の問いが、ただ座り込むという完全な非暴力の力によって切り開かれるのである（新城郁夫 二〇一四、二一-二三頁）

このように非暴力の不服従抵抗が沖縄において根源的な力を持つ背景には、沖縄が置かれてきた特異な状況がある。沖縄は、古来独立した地位を保ってきたが、一六〇九年薩摩藩の侵攻によって従属した地位に置かれ、明治維新後には「琉球処分」によって日本の中の一つの県として組み込まれた。「琉球処分」以後、沖縄の人びとは、日本に統合されて以降「国民」として単に「包摂」されるだけではなく、文化や言語さらに習慣に至るまで「同化」を強制された。同時に人びとは、「排除」を回避するために、自ら過剰に「同化」を志向することさえあった。その結果として、沖縄戦において甚大な犠牲を払うことになった。戦後、一九五一年サンフランシスコ講和条約により日本から切り離されて、今度は、アメリカの直接の支配下に置かれることになった。さらに一九七二年沖縄が再び日本に「復帰」したあとでも、広大な在日米軍基地が置かれたままで、日本の他の地域と比べて大きな犠牲を払っている。

　サンフランシスコ講和条約で、再び主権を回復した日本の統治から離脱させられ日本の外部に「排除」された沖縄では、一九五〇年代以降アメリカによる苛酷な土地収用に反発する「島ぐるみ闘争」など、アメリカによる統治への反発が強まり、日本への復帰を求める声が強まった。一九六〇年半ばには、ベトナム戦争反対の声も高まり、それまでの「日の丸復帰」に代わって「反戦復帰」の声が高まった。しかし、一九六九年日米首脳会談において、一九七二年に米軍基地を維持したままで返還されることが表明されると、「復帰」が沖縄への差別を前提とした「同化」にすぎないとして、「復帰」自体に反対する主張が広まった。

　日本への「復帰」が、決して米軍基地の負担を減らすものではなく、沖縄を従属的な地位に貶めるものであることがはっきりしたときに、「復帰」への抵抗はどのよう表現できるのか。「復帰」を前にして日本への「復帰」に抵抗する立場の一つとして「反復帰」論が提唱された[*1]（谷川 一九七〇、新川 一九七一）。「反復帰」論の提唱者の一人である岡本恵徳にとって、沖縄に生きる人びとは、「明治以降の差別と収奪の記憶、沖縄戦での日本軍の残虐な行為による被虐の体験と結びついて国家としての日本に対する決定的な違和感」(岡本 二〇〇七、九一頁)を持っているゆえに、「日本国家を相対化する視点」を持っている。「日本の他の地域に生きる人たちにとって、日本国民であることは自然であるかも知れないが、沖縄のぼくたちにとっては、それは自然ではなかったのである。奇妙なことに、そこでは「日本人」であることと、日本国民であることとは、必ずしも一致するものではなかった」(岡本 二〇〇七、九〇頁)。

「「日本国家」のなかで、「日本国民」になるという体験をもつのは、沖縄に生きた人々を除けば存在しない」。「「日本国民」であること、自分自身が「日本国家」に帰属する存在であることは、自明ではなかった」(岡本 二〇〇七、九一頁)沖縄の人びとにとって、日本国家の構成メンバーになるかどうかは、原初的で、判断を要する行為なのである。「日本国民」であることによって「主権者」であることは、多くの日本人にとって自明のことであろうが、「日本人」であっても「日本国民」であることを「留保」することの可能性を指し示す岡本たちの思考は、「日本国民」「である」のではなく「日本国民」「になる」という民主主義の原初の論理を思い起こさせてくれる。

岡本と同様に、「反復帰」を主張した新川明は、「自らすすんで「国家」に埋没し、「国民」としての同一化に努力することで「毒素」を気化」する「復帰」思想を批判して、生活感覚や価値意識の領域にわたる情念の重要性を強調する(新川 二〇〇〇、七四頁)。新川にとって、沖縄の文化と伝統、言語や習慣のひとつひとつのふるまい、身ぶりは、沖縄の歴史と現在を想起させる行為となる。沖縄の長い伝統に育まれた身ぶりは、改めて「日本国民」になるかどうか、どのように「日本国民」になるかという原初的な行為とつながるのである。さらに、そうしたふるまいや身ぶりは、在日米軍基地を押しつけられている現在を顕現させる非暴力の不服従運動を貫いているのである。

他方で、従属した地位を脱するために、自ら進んで「日本国民」に「同化」しようとする志向も誕生する。中央政府は、「日本国民」に「同化」し、米軍基地を進んで受け入れようとする沖縄の人びとを優遇することによって、人びとを「分断」する。「国内植民地」である沖縄は、「日本国民」に完全に「同化」されるわけでもなく、他方では、すべての人びとが徹底的に抵抗しているわけでもない。「同化」と「抵抗」へと分断されているところにこそ、「国内植民地」としての性格が現れる。

「反復帰論」者のひとり川満信一は一九八〇年代に憲法草案を公表したが、それは、琉球「共和国」憲法草案ではなく、琉球「共和社会」憲法草案であった。沖縄における抵抗は、日本という国民国家に対する抵抗にとどまらず、国民国家そのものに対する抵抗でもある。したがって、川満にとって、新たな国家、「共和国」の創設を目指す「共和国」憲法ではなく、「共和社会」憲法でなければならなかった。日本からたとえ独立して新たに国民国家を構築したとしても、沖縄本島と宮古や八重山などの先島列島のあいだで支配従属した関係が生じると考える「反復帰」論者は、あらたに「国民国家」を形成することにつながる沖縄の独立を志向しているわけではない。国民「になる」という原初的行為にとどまることによって、国民国家として近代国家の在り方に抵抗する。「反復帰」論の流儀は、新たな支配従属関係の構築を求めないという点において、国民国家による「同化」に抵抗するさまざまな地域や少数者とつながっているのである（川満・仲里 二〇一四）。

3　福島原発事故と抵抗の身ぶり

放射能被害に敏感なことと、原発を批判することが、感覚的に表裏一体になる事情はよく理解できる。

放射能など危険でも何でもないという見方からは「反原発」は論理的に出てこない。しかし現実に生じてしまった放射能災害をどう評価しどう対処するかは、理論の問題ではなく生活の問題である（清水 二〇一二、一〇頁）

二〇一一年東日本大震災により発生した福島第一原子力発電所の重大な事故の結果、脱原発の世論が高まり、全国いたるところで脱原発を求めるデモが発生した（小熊 二〇一三）。同時に、事故が起こった福島県を中心として、多くの人びとが故郷を追われ、生活の再建のめどがつかない状態が続いている。原子力発電所の建設に関しては、何よりも安全性に問題があり、さらに放射性廃棄物の処理についても見通しが全くついておらず、これまでも反対運動が起こってきた。さらに、スリーマイル島での原発事故、チェルノブイリ原発の事故などを目の当たりにして、原発建設予定地の内外で激しい反対運動が起きるようになった。

原子力発電所が計画される地域は、福島県に限らず、例外なく過疎や地域格差に苦しんでいる地域であり、そのような地域を対象にして、原発建設が計画されてきた。中央政府は、迷惑施設を受け入れてもらうために、そうした地域に対して振興策や補助金などの優遇策を提供する（清水 一九九四）。こうした地域は、地域活性化のために、他の地域では迷惑施設として受け入れが拒否されている施設であっても、受け入れざるを得ない状況にある。そうした地域は、ますます中央依存を強めて「自発的服従」（開沼 二〇一一）に向かわざるをえなくなる。

中央（都市圏）と地方の格差を前提として、迷惑施設を積極的に受け入れる（「自発的服従」する）ことで地域活性化を図ろうとする地域は、長きにわたって米軍基地を押しつけられている沖縄と似たような境遇であるとして、そこに「差別と棄民の構造」（土井 二〇一三）、「植民地システム」（高橋 二〇一二）があると指摘されている。[*2] 地方は、中央（都市圏）と地方の格差を前提として、「国内植民地」として振興策を受け入れる見返りとして迷惑施設を受け入れる。中央政府は、格差を前提として、地方に迷惑施設を押しつけると同時に振興策を提供して「国内植民地」として利用してきた。

「国内植民地」としての地方は、中央依存を強め、「自発的服従」の担い手を構築することになる。同時に、原発立地が計画されている地域では、原発の安全性、温排水による漁業被害、放射性物質の日常的な排出被害などを危惧して、激しい反対運動が起こってきた。迷惑施設の押し付けに抵抗する主体も構築されてきたのである。しかし、福島第一原子力発電所の重大事故以降、福島はまったく違った様相を呈することになった。

福島県内でも、福島市や郡山市内に避難している人もいれば、そこからさらに県外に避難している人もいる。避難したくても避難できない住民、放射線への不安を抱えながらもとどまっている住民もいる。避難することで、放射線の影響から逃れることができたとしても、慣れ親しんだ生活環境の喪失、子育てや仕事の問題など、大きな問題を抱え込まざるをえなくなった人びとも少なくない。また、除染が進んでふるさとに戻ってきた人びともいれば、除染が進んだとは言っても放射線の影響が全くないとは言えないことから、ふるさとに戻ることをためらう人びとも少なくない。

さらに、事故の影響が一様ではないだけではなく、一見すると深刻な対立があるようにも見える。たとえば、故郷に戻ることをためらっている人びとから見たら、故郷に戻っている人びとは放射能の影響に鈍感であるように見えるし、故郷に戻っている人びとから見れば、故郷を見捨てているように見えるという対立である。また、低レベル放射線の影響について、専門家の中でも見解が分かれている中で、[*3] 放射線被害を最も危惧する立場から、放射線への不安を抱えながらも福島県内に住み続けている人びとに対して、なぜ避難しないのかなどと「善意から」の差別が見受けられる。被災地福島からやや離れた地域の人びとが、子どもを守るために行動することは、「道徳的に正当」である。しかし、そうした行動が、被災地の食品などを避けるなど被災地差別に結びついてしまうことは、意図しない形で「道徳的不正」ともなる。「道徳的に正当」な行動が「道徳的不正」になってしまうという「道徳的ディレンマ」が生じているのである（一ノ瀬 二〇一三、五六頁）。原発を推進するか、脱原発を進めるかという対立とは別に、放射線被害をめぐって社会の中に、そして被害者同士のあいだにさえも亀裂、分断が生じているのである。

東京電力や行政の責任を問い、「ふるさと」を再生させるため、何ができるのか。原発事故では、電力会社は法律上無過失責任を負う。そこから被害者は、直接請求したり、原子力賠償紛争解決センターに申し立てることもできる。しかし、あえて東京電力の法的責任を問い、分断を越えて原状回復を求めて、いくつかの集団訴訟が提起されている。また「不均等な復興」を前にして、多様な選択肢が提示される中で、分断を越える方途が摸索されている（除本・渡辺 二〇一五）。

今後除染が進むとともに避難が解除されて、故郷に戻るように促す計画が進むことと思われる。そうした中で、放射線の被害を避けるために、簡単に避難解除を進める政策に抵抗するために故郷に戻らないという選択肢もありうるだろうし、原発事故によって故郷が破壊されることに抵抗の意思を示すために故郷に戻るという選択肢もありうるだろう。被害者同士のあいだに分断が生じているのに対応して、抵抗の身ぶりもさまざまである。そうした中においても、「それぞれの人がそれぞれの判断と選択をしており、お互いにそれを尊重しあうしかない」（清水 二〇一二、二四頁）という「抵抗の流儀」が求められている。

4　水俣病事件と抵抗の身ぶり

俺達ゃ、鬼か。

社長、わからんじゃろ、俺が泣くのが。わからんじゃろ。親父はな、（病院の保護室に）一人で居った。（中略）買うて食う米もなかった。そげな生活がわかるか、お前たちにゃ。（中略）精神病院の保護室で死んだぞ、保護室で、うちん親父は（川本 二〇〇六、九‐一〇頁）

水俣地域で原因不明の病気発生が意識されはじめたのが一九五〇年代前半、水俣病が公式に発見されたのが一九五六年、まもなくチッソ水俣工場の排水が原因であると推測されるようになったが、水俣病の原因がチッソ水俣工場の排水にあると政府によって公式に確認されたのは一九六八年、裁判の結果チッソの法的責任が確定されたのが一九七三年、チッソ水俣工場の内部で有機水銀が発生するメカニズムがはっきりし、生産工程から水俣病の発生に至るすべての因果関係が科学的に証明されたのは一九八〇年代になってからである（西村・岡本 二〇一三）。なぜ、水俣病の発生や拡大が防げなかったのか、なぜ、かくも長い期間にわたって、水俣病の救済が実施されなかったのか、さらに、なぜ、現在においても完全な救済とは言えない状態のままなのか。

水俣は、東京から遠く離れた九州、熊本県の最も南、鹿児島県に隣接する地域である。そのような辺境の地で発生した原因不明の病気について、病気の正体、原因の解明が試みられた。風土病ではないか。伝染病ではないか。原因がはっきりしないゆえに、隔離されたり、交流が断たれたりして、差別の対象ともなった。

水俣病が公式に発見された一九五六年中にも、熊本大学医学部の水俣病研究班によって、チッソ水俣工場の排水により汚染された魚介類が原因であるという事実が明らかになったにもかかわらず、原因物質がはっきりしないという理由で、漁獲禁止などの措置は取られなかった。原因物質については、マンガン、タリウムなどが疑われ、ようやく一九五九年に有機水銀化合物であると判明した。しかし、無機水銀がどこで有機水銀に変わったのか分からなかった。同じ年、チッソ病院の細川院長がチッソ工場のアセトアルデヒド酢酸工場廃液によって直接ネコに水俣病を発症させることに成功した。チッソの工場排水が原因であることを示すこの事実は、チッソから阻止されて、公表されることはなかった。この時点で漁獲が禁止されたり、チッソ工場が操業停止になっていたら、水俣病の拡大は防ぐことができた。

水俣病の原因物質が何なのか、有機水銀化合物が原因物質であると証明されてからも、学会では別の仮説が提出されて、学問的にははっきりしないように思われた。そうした中で漁民たちにとっては、捕れた魚介類が売れなくなり、死活問題であるとして、漁業補償などを求めてチッソと交渉を繰り返した。漁民たちがチッソ工場内に突入して機械類を破壊する事件も発生した。同じ一九五九年末に水俣病被害者の患者家庭互助会は、チッソ側と補償交渉を行い、熊本県などのあっせんで、のちに「公序良俗に反する」として無効とされる「見舞金契約」を飲まされた。この「契約」では、水俣病とチッソ工場廃水との因果関係が明らかではないとして、「水俣病の原因がチッソであると確定しても新たな補償要求はしない」などと明記されていた。これ以降水俣病問題は「解決」されたとして、胎児性水俣病の問題が表面化したとはいえ、数年にわたって水俣病について報道すらもされなくなった。

原因がはっきりしない中で、さまざまな仮説が提出されたことは、学問的手続きとして正当であったが、のちに多くの仮説が誤っていたことが明らかになった。もっとも問題なのは、因果関係がはっきりと証明されなければ病気の原因も、病気発生の責任の所在も分からないし、対策も取ることができないという形で、科学の論理、倫理が利用されたことにある。さらに悪いことには、マスメディアも、こうした科学の論理と倫理を追認した報道を続けるだけであった（杉山 二〇〇五）。

一九六八年、厚生省は、「熊本水俣病はチッソ水俣工場のアセトアルデヒド酢酸設備内で生成されたメチル水銀化合物が原因である」と正式に認めた。チッソ工場と水俣病のあいだの因果関係を否定してきたチッソは、謝罪するとともに、補償交渉に応じるが、きちんとした対応がなされなかった。こうした中で川本輝夫は、自主交渉闘争を通して直接にチッソの責任者と対峙し、謝罪の言葉を引き出そうとした。当時、被害者は、第三者機関に調停を依頼し解決を図ろうとするグループ、裁判によってチッソの責任を明らかにすることを求めたグループなどがあったが、川本輝夫は、そうした解決ではなく、チッソのトップから直接に謝罪を引き出し、チッソの責任を明らかにしようとした。もちろん調停においても裁判においてもチッソの法的責任は明らかにされるかもしれないが、川本輝夫は、法的責任というよりも、人としての責任を追及し、人としての責任を求めたのである。実際には、自主交渉は決裂しチッソは自主交渉を回避することになった。一九七三年、裁判の勝訴を待って改めて直接の交渉が実現し、川本たち被害者はチッソから補償を勝ち得ることになった。

裁判の勝訴をきっかけとして、原告以外の多くの被害者も、水俣病の認定、そして救済を求めるようになった。そして認定を拒否された被害者は、改めて水俣病の認定をめぐって訴訟を起こすことになる。同時に、水俣病対策に積極的でなかった国や熊本県の不作為の責任も追及されることになる。

これ以降、問題は、チッソ工場の廃液と水俣病発生の因果関係の問題ではなく、何をもって水俣病とするか、という問題、認定問題が焦点となった。一九五〇年代に問題になったのは、重症急性発症、急性劇症の水俣病であったが、いまや問題となっているのは、慢性の水俣病である。条件をすべて満たさない場合は、水俣病と認定されず、認定を求める被害者とのあいだで大きな争点になっている。あまりにも狭い認定基準をめぐって、多くの訴訟が提起される中で、一九九五年に「政治解決」という形で、未認定患者の「救済」が図られた。しかし、国や県の賠償責任を問わず、水俣病患者であると「認定」しないで、一人当たり二六〇万円の一時金を支払うという決着であった。これは、「生きているうちに救済を」という早期決着の方針に基づくものであった。これによって約一万一千人の水俣病被害者が「救済」の対象となった（富樫 一九九九）。

しかし、水俣病の範囲や国の責任については、未解決のままであり、いわゆる「関西訴訟」のグループが訴訟を継続し、二〇〇四年最高裁判決において、国や県の責任を認めた上で水俣病の範囲を従来の「認定」基準によりも広く認め、「政治解決」における一時金以上の損害賠償を認めた（横田 二〇一七）。そして、一九九五年の「政治解決」、二〇〇四年最高裁判決以降も新たに水俣病被害者が救済を求めて声をあげているのが現状である。

こうした中で、水俣病であると認められないにもかかわらず見舞金を受け取るという解決が、自分のアイデンティティ、拠り所を掘り崩すとして反発したのが、緒方正人である。緒方は、たとえ損害賠償を勝ち得たとしても、また制度として行政や企業の責任が認められたとしても、水俣病を引き起こした者の人としての責任が認められることにはならないとして、制度としての責任、解決に疑念の目を向ける。

緒方は、チッソや国の責任を問う闘いは、「長年の水俣病被害の事実を考えれば十分すぎる根拠をもつものとして、社会的に肯定されるべき」としながらも、「俺が自らを省みて思うのは、いつの間にか水俣病が認定制度や裁判といった「しくみ」の中でしか語られなくなっている」ことに反発する。緒方は、「「システムの中の水俣病」というものにもう我慢しきれんように」なり、一九八五年に認定申請そのものを取り下げた（緒方 一九九六、一六三－一六五頁）。「運動の中で我々は責任を追求していた。しかし、この四〇年の間にはっきりしたのは、チッソや県や国には「しくみ」の中での回答しかできず、本質的な責任がとれないということ。……責任がとれない者のための代替措置として補償制度が用意されている。そのことに俺はたまらないじれったさを感じていたんです」（同前、一六五頁）。

緒方は、「本来、責任というのは痛みの共有だと思うんです」（同前、一六六頁）として、法的責任を超えて、「痛みの共有」を求めた。「痛みの共有」は、川本輝夫が自主交渉においてチッソの社長に迫ったときに求めた「人としての責任」と通底する考え方である。緒方はさらに、「この事件は人間の罪であり、その本質的責任は人間の存在にある。そしてこの責任が発生したのは「人が人を人と思わなくなった時」（同前、一六七頁）だとして、「システムとしての水俣病」の根源に迫る。加害企業としてのチッソ、熊本県、そして国の法的責任を明確にすることを超えて、「人が人を人として思わなくなった」システムと決別して、「痛みの共有」を根底に据える価値観の復活・創出を展望する。

水俣では、長い間、水俣病被害者は差別され孤立していた。さらに水俣自体が差別の対象であった。今日、「もやいなおし」を掲げて、市民と被害者との対立を超えて、水俣全体の再生を目指している。緒方は、「チッソの中にいたとしたらと自分を仮定してみると……絶対同じことをしていないという根拠がない」としてチッソの中に「もう一人の自分を見る」ことに、「加害者、被害者という事件の立場を超えていくヒントがある」（緒方 二〇〇一、四四頁）と考える。緒方は、被害者でありながら加害者にもなりうるかもしれないと考え、恐れおののくのであるが、私たちも、加害者、被害者という立場になりうることを感じてはじめて「痛みの共有」が可能となる。加害者であるチッソ、熊本県や国などの行政の責任を明らかにするとともに、加害者や被害者という当事者性を超える流儀を示すことによって、水俣病を生み出した近代そのものの根本が問い直されてる。水俣は、反公害運動と連なるだけではなく、「システムとしての水俣病」に抗う流儀を示すことによって、「近代のシステム」に抵抗する人びととともにある。

5　抵抗の身ぶりから流儀へ

民主主義的正統性を備えた国民国家の内部において「国内植民地」状況にある地域は、経済成長戦略や原子力開発戦略に沿って迷惑施設や公害を受け入れ、押しつけられて、分断された。そうした地域の住民は、完全な「シチズンシップ」を享受していないともいえる。しかしながら、地域全体が、全体の利益を体現する公共性に対して抵抗すると言うには、地域において抵抗する人びとは、あまりに多様である。全体と地域との分断さえあいまいになるほどである。

日本政府とアメリカ政府に翻弄されてきた沖縄と本土との断絶は、自明であるかのように思える。しかし、「日本国民」「である」ことを選択するだけではなく、日本に過剰に「同化」しようとする人びとと、「日本国民」「である」ことを「留保」し、「日本国民」「になる」ことを自覚して日本への「同化」を拒否する人びとのあいだに断絶が存在する。しかし、沖縄という一地域において「日本国民」「になる」ことを自覚して「主権者」として「ふるまう」流儀は、全体の利益を体現する公共性に対峙する他の地域と通底する。

沖縄の中にある分断、沖縄以外の地域との連帯がどのようになるかは、沖縄の歴史体験の記憶を呼び起こし、再解釈していく場、空間を「対抗的公共圏」と呼ぶならば、その「対抗的公共圏」という空間がどのように組織化されるかという流儀次第である。抵抗する主体がどのような流儀で構築されるのかは、決して自明のものではない。

福島での原子力発電所の重大事故以来、反原発の声も大きくなり高まっている一方で、避難している人びと、故郷に戻りたくても戻ることができない人びと、放射線の影響におびえながらも故郷にとどまっている人びとなど、かなり異なる状況に置かれてしまっている。原発事故さえなければ、故郷で多くの知人に囲まれての生活が続いていたはずの人びとは、生活を再建する努力をする中で、原発事故について想起しつづけるが、異なる状況に置かれているゆえに、他の人びとといっしょになって声をあげることがむずかしい場合も少なくない。避難すること自体が抵抗であるといえるかもしれない。日常生活を再建することと自体が抵抗であるともいえるかもしれない。

そうした中で被害を回避しようとする「道徳的に正当」な行動が、意図しないで被災地を差別してしまう「道徳的不正」に陥ってしまうという「道徳的ディレンマ」が生じている。したがって、お互いの異なる状況を尊重しながら、情報を共有し、話し合いをする場所や空間を構築することがとりわけ重要となる。行政が、復興のレールを敷く中で、行政主導の復興に疑問を持つ人びとが、孤立しながら、沈黙を強いられる状況に対して抗うには、他の被害者とのあいだの交流が不可欠である。こうした交流空間や場所から、自分たちの言論空間、「対抗的公共圏」と呼ぶことができるものが形成される。

避難を余儀なくされている地域以外で反原発の声が高まり、大きな動きになっている中で、直接の被害者とどのようにしたら連携できるのかは、それぞれの人びとの流儀にかかっている。原発事故から復興していないにもかかわらず、原子力発電所が再開されることに抗議の声をあげながらも、多くの被害者とどのように連携するのかは、抵抗の流儀の問題として残されている。

水俣病事件の歴史の中では、チッソと被害のあいだの因果関係が認められず、さらには、水俣病であると認定されず、熊本県や国の責任が認められないという状況の中で、水俣病被害者は、一九六八年に政府の公式見解が出るまで、孤立を極めていた。メディアでも、水俣病は解決したものとして、取り上げられもしなかった。しかし、政府の公式見解によって、チッソの責任が明らかになるとともに、多くの水俣病被害者が認定を求めるようになった。そうした中で、第三者機関に調停を求めるグループ、裁判を提起するグループ、直接チッソ首脳と交渉を求めるグループなどに分かれて活動を活発化させた。同時期、公害反対の世論が強まる中で、新潟水俣病患者との交流も始まり、水俣病被害者を支援するグループが水俣市内外に誕生して、加害企業チッソ、国、県の責任が徹底的に追及された。さらに、「痛みの共有」を通して、「システムとしての近代」を問う中で他者と連帯する流儀が見出された。

いずれにおいても、全体の利益を体現する公共性に対して一地域、被害者が抵抗する場合には、孤立を強いられて、完全な「シチズンシップ」を欠いた状態に置かれてきた。主要な公論空間である「市民的公共圏」においても、孤立していた。その抵抗は、生活に根差した身ぶり、ふるまいというかたちをとる場合もあった。また、全体に対しては少数者であるゆえに、互いに、さらに他の少数者とのあいだでコミュニケーションをとることが重要な役割を果たした。自らの言論空間、「対抗的公共圏」とでもいえるものの形成が模索されてきたのである。さらに、国民国家における主権者としての「国民」の在り方を問いかけ（沖縄）、原子力発電所の存在が本当に必要なのか問いかけ（福島）、公害を生み出した高度経済成長、さらには近代の在り方に疑問を投げかけた（水俣）。原状回復、生活を復興させることができるだけの十分な補償を求めることに加えて、安心して健康に生活するために、問題となった施設などが果たして必要なのか、根本的な疑問を投げかけている。抵抗が強まるにしたがって、抵抗の流儀とも呼べるものが必要とされる。

＊1　「反復帰論」という言葉の登場は一九七二年雑誌『新沖縄文学』においてであった。その担い手は、川満信一、岡本恵徳、仲宗根勇、新川明などであった。「反復帰論」は、「復帰」に反対しながら「沖縄の思想」の構築を目指す思潮であった。それは、沖縄の「分離独立」を意味するものではなく、「反国家」と同義であり、「国民」になることを拒む立場であった（新川 二〇〇〇、七二頁）。「反復帰」論の系譜から、「同化」でも「独立」でもなく「自立」が模索されることになる。

＊2　沖縄と福島を同じく「国内植民地」と呼ぶとしても、米軍基地を強制されている沖縄と原子力発電所を誘致した福島を同一視することはできない（高橋 二〇一二、一九六‐一九九頁）。

＊3　とりわけ低線量被曝ががんを引き起こす因果関係について、「一〇〇ミリシートベルト以下では、被曝と発がんとの因果関係の証拠が得られない」ことから、一〇〇ミリシートベルト以下であれば「安全」というわけではなく、はっきりしない中で「リスク」をどのように管理するかが問題となる（津田 二〇一六、中川 二〇一二、馬奈木 二〇一五）。科学的には「安全」であると断定できない中で、どのように対応すべきかは、広く議論の対象とすべきだというのが、「トランス・サイエンス」の立場である（山口 二〇一六）。

参考文献

朝井志歩（二〇〇九）『基地騒音――厚木基地騒音問題の解決策と環境的公正』法政大学出版局。

一ノ瀬正樹他（二〇一二）『低線量被爆のモラル』河出書房新社。

岩崎由美子（二〇一四）「フクシマを生きる」塩谷弘康他『共生の法社会学――フクシマ後の〈社会と法〉』法律文化

社。

宇井純（一九六八）『公害の政治学——水俣病を追って』三省堂。

緒方正人（二〇〇一）『チッソは私であった』葦書房。

緒方正人・辻信一（一九九六）『常世の舟を漕ぎて——水俣病私史』世織書房。

岡本恵徳（二〇〇七）『「沖縄」に生きる思想——岡本恵徳批評集』未來社。

小熊英二（一九九八）『「日本人」の境界——沖縄・アイヌ・台湾・朝鮮　植民地支配から復帰運動まで』新曜社。

小熊英二編（二〇一三）『原発を止める人々——三・一一から官邸前まで』文藝春秋。

川満信一・仲里効編（二〇一四）『琉球共和社会憲法の潜在力——群島・アジア・越境の思想』未來社。

川本輝夫（二〇〇六）『水俣病誌』世織書房。

関西学院大学災害復興制度研究所他編（二〇一五）『原発避難白書』人文書院。

木前利秋他（二〇一三）『葛藤するシティズンシップ』白澤社。

後藤孝典（一九九五）『ドキュメント「水俣病事件」沈黙と爆発』集英社。

小林傳司（二〇〇七）『トランス・サイエンスの時代——科学技術と社会をつなぐ』ＮＴＴ出版。

清水修二（一九九四）『差別としての原子力』リベルタ出版。

——（一九九九）『ＮＩＭＢＹシンドローム考——迷惑施設の政治と経済』東京新聞出版局。

——（二〇一二）『原発とは結局なんだったのか——いま福島で生きる意味』東京新聞。

新川明（二〇〇〇）『沖縄・統合と反逆』筑摩書房。

新城郁夫（二〇一四）『沖縄の傷という回路』岩波書店。

杉山滋郎（二〇〇五）「水俣病事例における行政と科学者とメディアの相互作用」藤垣裕子編『科学技術社会論の技法』東京大学出版会。

関礼子編（二〇一五）『〝生きる〟時間のパラダイム——被災現地から描く原発事故後の世界』日本評論社。

高橋哲哉（二〇一二）『犠牲のシステム——福島・沖縄』集英社。

谷川健一編（一九七〇）『沖縄の思想』木耳社。

津田敏秀（二〇一六）「ある原因による健康被害発生予測とその対策」『現代思想』二〇一六年三月号（第四四巻第七号）。

土井淑平（二〇一三）『フクシマ・沖縄・四日市――差別と棄民の構造』編集工房朔。

富樫貞夫（一九九九）「水俣病未認定患者の「救済」――政治解決が意味するもの」『水俣病研究』第一号。

戸田典樹編（二〇一六）『福島原発事故――漂流する自主避難者たち』明石書店。

中川恵一（二〇一二）「リスク評価とリスク管理の混同をめぐって」一ノ瀬正樹他編『低線量被曝のモラル』河出書房新社。

中西準子（二〇一四）『原発事故と放射線のリスク学』日本評論社。

西村肇・岡本達明（二〇一三）『水俣病の科学　増補版』日本評論社。

馬奈木厳太郎（二〇一五）「福島切り捨て実態としての〝20ミリシートベルト受任論〟」白井聡他『福島を切り捨てるのですか』かもがわ出版。

丸山眞男（二〇一四）『政治の世界』岩波書店。

宮澤信雄（一九九七）『水俣病四十年』葦書房。

山口幸夫（二〇一六）「トランス・サイエンス時代の市民の役割」高草木光一他編『ベ平連と市民運動の現在』花伝社。

除本理史・渡辺淑彦他（二〇一五）『原発災害はなぜ不均衡な復興をもたらすのか』ミネルヴァ書房。

横田憲一（二〇一七）『水俣病の病態に迫る――チッソ水俣病関西訴訟資料に基づいて』随想社。

読書案内

■序章　主体の行方、ワタシの在処

ニクラス・ルーマン『ポストヒューマンの人間論【後期ルーマン論集】』（村上淳一編訳、東京大学出版会、二〇〇七年）

近代社会における「個人」「人格」「主体」などの人間概念の特異性を、既存の区別に異なる区別を交差させて新たな観察形式を展開する「区別の演算」をつうじて浮き彫りにする社会システム論の論考集。「同一性から差異へ」と観察形式を転換することで見えてくるものは示唆に富む。

ミシェル・フーコー『真理の勇気――コレージュ・ド・フランス講義　1983-1984年度』（慎改康之訳、筑摩書房、二〇一二年）

真理を語る様式（知）／統治の技法（権力）／主体化の形式（倫理）が三位一体のシステムとなり、人間が真に「自分らしく生きる」可能性を抑圧している状況に抵抗する拠点として、他者に向けて勇気を持って真実を語る「生の態度」（パレーシア）の倫理的意義を死の直前に熱く語った講義録。

ジャック・デリダ『歓待について――パリ講義の記録』（廣瀬浩司訳、筑摩書房、二〇一八年）

私たちの知識や行動に潜伏するパラドクスを掘り起こし、既存の思考枠組みの自明性を揺るがしにかかる「脱構築」哲学の巨匠が、異邦人＝絶対的他者との出会いと受け入れに際して避けがたく出現してくる「包摂／排除」のパラドクス、そして「歓待の倫理」がはらむアイロニーと希望を語る。

■第1章　検察審査員に対する評価の構造

草柳千早『「曖昧な生きづらさ」と社会――クレイム申し立ての社会学』（世界思想社、二〇〇四年）

人びとのクレイムが社会問題として世間一般に受容されない過程に目を向け、その問題化を阻む社会的な力の存在とその作用を浮かび上がらせる。クレイム申立者が対峙しなければならないのは単に反対勢力だけではないことが分かる。

宝月誠・進藤雄三編『社会的コントロールの現在』（世界思想社、二〇〇五年）

社会や制度の維持、発展、変容をもたらすメカニズムを「社会的コントロール」の概念を用いて読み解いていく。コントロールは強者から弱者へと一方的になされる単純なものではなく、この両者の相互作用やその場の状況の影響を受け変化していく。

飯田高『法と社会科学をつなぐ』（有斐閣、二〇一六年）

法と接点を持つ社会科学分野の研究蓄積を紹介した書。法社会学に興味を持った学生はぜひ読んで欲しい。法学以外の外部の視点を通して法を見る経験は、法学部の学生に多くの刺激を与えてくれるだろう。

■第2章　「規範的主体」から「リスク管理主体」への転回

棚瀬孝雄『現代社会と弁護士』（日本評論社、一九八七年）

弁護士研究の第一人者である著者が、「consumerism（消費者主権）」を基礎に、弁護士論のパラダイム転換を図る。「弁護士＝プロフェッション」のイデオロギー性を暴く過程で示される骨太の社会学的分析は、知的刺激に富む。

松尾陽編『アーキテクチャと法――法学のアーキテクチュアルな転回？』（弘文堂、二〇一七年）

法とアーキテクチャの関係について、憲法学、民事法学、刑事法学等の各専門分野から横断的に検討する珠玉の論文集。著者らの立場・見解の相違を含め、法学におけるアーキテクチャ論の拡がりを知ることができる。

ウルリヒ・ベック『危険社会――新しい近代への道』（東廉・伊藤美登里訳、法政大学出版局、一九九八年）

リスク社会論に先鞭をつけた貴重な書。社会紛争の焦点が富の分配からリスクの分配へと変化する近代の過程を説得的に描き出す。固有には社会学の書であるが、本書のリスク概念とその展開が、法学一般に与えた影響は計り知れない。

■第3章　紛争当事者が真実を語るとはどのようなことか

ミシェル・フーコー『フーコー・コレクション6　生政治・統治』（石田英敬ほか編、ちくま学芸文庫、二〇〇六年）

所収の「真理と裁判形態」を読むと、「この世に真理は一つ！」とは言えなくなる。真理は社会的なものであり、それが要求される場面や、表れる形態もさまざまだ。……という理解もまた、ワンオブゼムな真理観？

新堂幸司・井上治典・佐上善和・高田裕成『民事紛争過程の実態研究』（弘文堂、一九八三年）

本章でも分かるとおり、民事紛争は、当事者や関係人のさまざまな思惑がぶつかり、すれ違い、不思議な成り行きをたどることもある。その実態は、法律学の講義や教科書で触れる判決文だけを見ても、よく分からない。本書は少し古いが、訴訟法学者が、とある民事紛争の実態に肉薄した好著。

越山和広「判批」『新・判例解説Watch』一八号、一四一頁／**垣内秀介「判批」**『私法判例リマークス』五三号、一一四頁／**堀清史「判批」**『平成28年度重要判例解説』一四四頁

本章で取り上げた事件を法解釈論の視点から見ても、最高裁判所の採った理屈は理解が難しいことが分かる。Kの真意と同様、裁判所の真意も測りかねるにもかかわらず、「真意」をめぐる社会的コミュニケーションは遂行されてゆく。

■第４章　「ヘイト・スピーチ」で問われないもの

師岡康子『ヘイト・スピーチとは何か』（岩波新書、二〇一三年）

ヘイト・スピーチ問題に取り組んできた弁護士による先駆的な入門書。ヘイト・スピーチの定義、その弊害、諸外国の動向を踏まえ、慎重論・規制論を乗り越える制度設計を試みる。

川端浩平『ジモトを歩く——身近な世界のエスノグラフィ』（御茶の水書房、二〇一三年）

筆者が自分のジモトを長年にわたって歩き回りながら、何気ないシーンで表出する日常生活に深く根差した差別を析出して論じる。フィールドワーク論としても示唆に富む。

大澤真幸・姜尚中編『ナショナリズム論・入門』（有斐閣アルマ、二〇〇九年）

ナショナリズムについて、理論的、歴史的に具体的地域・事例を盛り込みながら、各分野の専門家が論じる内容豊富な本。入門書と銘打ってはいるが、専門度は高い。

■第5章　「先生ってゲイなんですか？」にどう答えるか

RYOJI・砂川秀樹編『カミングアウト・レターズ――子どもと親、生徒と教師の往復書簡』（太郎次郎社エディタス、二〇〇七年）

本書は、ゲイ／レズビアンであることを打ち明けた当事者と、打ち明けられたその親や先生とのあいだの、戸惑いや葛藤をふくめた真摯な想いの軌跡を往復書簡の形でまとめたものである。LGBT（性的少数者）に関する概説書は、本章の参考文献に挙げたもののほか、多数出版されているので参照されたい。

宮内洋・今尾真弓編著『あなたは当事者ではない――〈当事者〉をめぐる質的心理学研究』（北大路書房、二〇〇七年）

みずからは問題の〈当事者〉ではない研究者たちが、調査対象者である〈当事者〉に向き合う際、時に当事者でないことに一種の〝負い目〟を感じたり、時に自分もいつかは／すでに当事者の側に居るかもしれないという〝陸続き感〟も抱きながら、いかにして〈当事者〉との距離を測り定めるかを自己分析した論文集である。

ミシェル・フーコー『性の歴史Ⅰ　知への意志』（渡辺守章訳、新潮社、一九八六年）

近代以降、権力は、私たちをして「正常＝普通（ノルム）」に生きるように促し強いる〈生‐権力〉として、社会（関係）に遍在するものである。身体の規律と人口の調整の両面に関わる「性」（セクシュアリテ）は、この〈生‐権力〉の主たる標的とされる。生殖につながらない「同性愛」は、性的倒錯・逸脱として括《くく》り出されて精神医学の研究対象（治療されるべき「異常」）とされ、ここに同性愛者は「一つの種族」となった、とフーコーは分析する。

■第6章　身体性なき主体の自己・契約・倫理

大塚英志・東浩紀『リアルのゆくえ――おたく／オタクはどう生きるか』（講談社現代新書、二〇〇八年）

世代の異なるオタク論の著者二人による対談本。オタクの社会的意味をただ探るのみならず、その公共的な役割についての議論も含まれており、評論家たちの規範的な立場からそれぞれのオタク像の違いを探るという点で有益である。

北田暁大『嗤う日本の「ナショナリズム」』（NHK出版、二〇一二年）

日本社会の右傾化の背景について、歴史的文脈・事件を丹念に追いながら若者たちのアイロニカルなコミュニケーション様式の変容を分析している。「2ちゃんねる」（二〇一七年、「5ちゃんねる」に名称変更）を論じる上で欠かせない一書でもある。

小谷敏編『二十一世紀の若者論――あいまいな不安を生きる』（世界思想社、二〇一七年）

これまでの若者に対する評論をメタ的視点から分析・解体し、総ざらいしている。オタクやヤンキー・少年犯罪や使いつぶされる若者たちといった多様な主体の複雑な「ナマ」の声を救い上げつつ、二十一世紀の若者への評論のあり方それ自体を探っている。

■第7章　場所の権利をめぐる断章

近森高明・工藤保則編『無印都市の社会学――どこにでもある日常空間をフィールドワークする』（法律文化社、二〇一三年）

「コンビニ」「マンガ喫茶」「パチンコ店」「TSUTAYA」など、どこかジャンクでありながら私たちに身近な都市空間の「リアル」を記述することから見えてくるものとは。読者をフィールドワークへと誘う指南書。

アンリ・ルフェーブル『都市への権利』森本和夫訳（ちくま学芸文庫、二〇一一年）

ルフェーブルのいう「都市への権利」とは、「交換価値」に基づく商品としてではなく、「使用価値」を帯びた「作品」としての都市を獲得する権利である。読者によっては、一九六〇年代的文脈（マルクス主義的素養）を要求されることから、やや読みづらさを感じるかもしれない。とはいえ、『空間の生産』とともに都市論の古典といわれる本書を、読者それぞれの関心に引きつけてひもとく意義は少なくない。

スチュアート・ロー『イギリスはいかにして持ち家社会となったか――住宅政策の社会学』（祐成保志訳、ミネルヴァ書房、二〇一七年）

「持ち家を持つことが当たり前だ」とされる社会はいかに形成されてきたのか。本書は、十九世紀後半から現代に至るイギリスの住宅政策を福祉国家の変容と関連づけて論じているが、日本の住宅政策を考察する上でも、さらには別の可能性を構想する上でも、示唆に富む。

■第8章　若者をめぐる自己責任言説に抗して

吉崎祥司『「自己責任論」をのりこえる――連帯と「社会的責任」の哲学』（学習の友社、二〇一四年）

私たちは「自己責任」という言葉を、それが当たり前に存在するかのように使っている。しかしこれは政治的に作られてきた言葉である。この本は「自己責任」という言葉がどのように登場し意味を付与されてきたのかを明らかにしている。

ポール・ウィリス『ハマータウンの野郎ども――学校への反抗　労働への順応』（熊沢誠・山田潤訳、ちくま学芸文庫、一九九六年）

イギリスの労働者階級の若者たちは、なぜ学校を通じた立身出世を拒否し、肉体労働の世界へと自ら参入していくのか。彼らの文化の合理性と、その展開を阻む社会的制約を描いた古典的な作品である。自己責任論を当事者の視点から考える上で示唆に富む。

橋口昌治『若者の労働運動――「働かせろ」と「働かないぞ」の社会学』（生活書院、二〇一一年）

自己責任論が跋扈《ばっこ》するなか、若者による対抗的な労働運動がいかなる試行錯誤をしてきたかを描き出した著作である。「働かせろ」と「働かないぞ」という一見すると矛盾した要求の中にこそ若者たちが求める労働の姿があることを教えられる。

■第9章　「働くこと」の「自明性」はどこまで自明か

巳年キリン『働く、働かない、働けば』（三一書房、二〇一七年）

一日の大半は働く。休むのもまた働くため。働くことが生活の中心だからこそ、どんなにツラくても働くことが美徳となる。しかしそれでよいのか。四コマ風コミックと聞き取りエッセイからなる本書は、私たちのちょっとした行動や考えによって、中心にある働くことが別様な生活を創っていく芽となることをじんわりと教えてくれる。

原田泰『ベーシック・インカム――国家は貧困問題を解決できるか』（中公新書、二〇一五年）

本章で扱えなかったベーシック・インカム（ＢＩ）の財源を論じた一冊。思考実験ではなく、実現可能な政策論としてＢ

Iを定位させようとする。オビの文句は「バラマキは正しい経済政策である」と挑発的。BI反対の人にこそ、この挑発に乗ってほしい。

保坂展人『相模原事件とヘイトクライム』（岩波ブックレット、二〇一六年）

現場となった施設の元職員によって何人もの知的障害者が襲撃された相模原事件は数々の社会問題を可視化したはずだ。その中でもし元職員の行為が「働かざるもの食うべからず」の〝実践〟だったとしたら、私たちは、就労と生存を切り離すことを本気で考えねばならないのではないか。生存より就労が長い人はいない。

■第10章　抵抗の身ぶりと流儀

阿波根昌鴻『米軍と農民』（岩波書店、一九七三年）

米軍占領下、一九五〇年代沖縄の伊江島の土地闘争の記録。徹底した不服従を貫く姿から、沖縄における抵抗の流儀が何であるか知ることができる一冊。

小林傳司『トランス・サイエンスの時代――科学技術と社会をつなぐ』（NTT出版、二〇一〇年）

「科学によって問うことができるが、科学によって答えることができない問題群」の一つに、原子力発電所のリスクの問題がある。福島の問題が取り上げられているわけではないが、トランス・サイエンスという問題領域について考えることができる一冊。

栗原彬編『証言　水俣病』（岩波書店、二〇〇〇年）

水俣病について、原因は何か、加害責任はどこにあるか、水俣病は何か、問われてきた。水俣病事件の問題は、科学、法学、医学など専門知の観点から追究されてきたが、当事者の生活の視点に立つと水俣病の経験は何かということを忘れてはならない。

エピローグ――屈託のある正義のために

（1）テーマは境界線に折りたたまれている

本書の議論が辿った軌跡は、境界線を引いて区別する／境界線を引かれて区別される人間主体を原点にとり、その実態をさまざまなフィールドで追跡してゆく試みであった。そこから見えてきたのは、主体を正当化し、その再生産に寄与しながら、逆にこれを批判し、変化させることもできる「法」との関わりが、主体をとりまくあらゆる局面で観察されるという事実である。この場合の「法」とは、制定法や判例法のようにテクスト化されているものだけにとどまらず、私たちが日常生活において現に活用している非公式だがアクチュアルな法＝規範的言説をも含めた複合体のことである。私たちは明確な自覚のあるなしにかかわらず、言わば否応なく法／主体の一員という立場にコミットしている。この法／主体性は、常に現実化されているわけではない。だからといって抽象的な理論モデル内部の単なる擬制（フィクション）というわけでもない。本書が照準した法／主体は、現実的実在と理論的仮想の境界線上において捉えられるからこそ、現状を別様に観察し、それに新たな言葉を与えていく潜勢力を秘めた存在でもあった。各章で取り上げられたテーマは多岐にわたるが、それらに共通するのは、いっけん静態的で固定的、場合によっては肯定的で自明ですらある境界線や区別において先取りされ、暗黙の前提となることで見えにくくなっている問題群を、できるかぎり現実に即して抉り出し、分節化していこうとする視角であった。

(2) 各章が論じたテーマ

本書を締め括るにあたり、各章がテーマとした境界線を確認しながら、それがどのように観察されたのかを、改めて振り返っておこう。

まず本書の基調を提示する序章で扱われたのは、ワタシ(自己)としての主体であった。もはや普遍的な主体概念を中心に据えた社会理論の構築は難しいことが分かっていても、依然として主体という概念は健在であり、私たちが「このワタシという主体」に何らかの意義を仮託する現実がある限り、主体について考え続けることが無意味になることはない。だが、それはいかにしてか。序章の狙いは、自己/他者の差異や、過去/現在/未来の自己といった区別(境界線)を手がかりにして、それらが含み持つ偶有性や両義性——たとえば「いまここのワタシ/他でもありえたワタシ」——に由来するパラドクスを封じ込めることなく、逆にそれらを思考を継続するポジティブなチャンスとして活用する「差異の演算」の可能性を示すことであった。この作業を通じて序章が主張したのは、自己(の観察)を決定不能な状況に晒し続けるアイロニカルな思考の重要性であり、この態度が本書を貫く通奏低音となっている。

序章に続く第I部では、法の専門家とその素人である(とされる)市民のあいだの境界線が主題として設定された。

第1章が着目したのは、検察審査会の審査員として司法参加する市民と検察官に代表される法専門家のあいだの境界線であった。市民感覚の司法への取り入れを制度化した検察審査会は、「市民/専門家」の境界を肯定的に捉え、(不)起訴の判断が専門的裁断に偏ることを防ぐための制度である。ならば市民の側には、当然に専門家の判断とは異なる判断が期待されてよいはずである。この点について同章が示したのは、市民的判断への評価が、現実には専門的判断の基準からなされていること、つまり市民的判断の質的評価がほんらい肯定的モメントとして位置づけられていたはずの市民感覚によってではなく、あくまでも専門家のもとに置かれているという捻れの構図であった。

続く第2章では、弁護士倫理をテーマに、近年の弁護士像をめぐる変化が分析された。必ずしも十分な経験科学的裏づけなしに流布した「consumerism（消費者主権）言説」のもと、市民／弁護士の関係を法務サービスの「消費者／供給者」と捉える感覚が広まり、いまや弁護士業務は顧客とのトラブルを内包したリスクとして認知されるようになってきた。こうしたなか同章が摘出したのは、ほんらい弁護士としてなすべき倫理的内省が、リスク管理システムの次元へとすりかえられていく問題であった。すなわち弁護士倫理が声高に叫ばれるほど、弁護士は倫理を自身の問題として考えることから遠ざかり、マニュアル思考の単なるリスク回避主体になっていくという逆説である。

さらに第3章では、裁判所と市民のあいだで交わされる「真実」をめぐるやり取りが分析された。歴史的に見ると、社会において誰が「真実」を宣言し、誰がそれを受け入れるかを規律する多様な形式があったことが概観され、その上で、現代日本における一つの裁判事例が取り上げられる。裁判所は、制度的な形式に則って、判決の「認定事実」という社会的真実を宣言するが、当事者はこれを受け入れず、制度的にはイレギュラーな形で対抗真実を主張する。かくして裁判所は、この対抗真実を受け入れるか否かについての態度決定を迫られることになった。このように「真実」とは、裁判制度の独占物でも当事者の独占物でもなく、裁判制度の内／外の境界線上で、きわめてスリリングな形で交換され続けるものなのである。

第Ⅰ部からうかがわれるのは、専門家／市民における知の偏差の自明性と、それを前提とする両者の良好な関係性の構築というストーリーは、ますます立ち行かなくなっているということ、すなわち専門知を備えた専門家が素人の一般市民を牽引し信頼を調達するという神話が、まさに神話であったことが露わになる瞬間である。両者の関係は別様にも観察されうるし、その新たな可能性と問題点の一端が示されたことは大きな収穫だろう。

第Ⅱ部では、社会の多数派（マジョリティ）と少数派（マイノリティ）のあいだに引かれる境界線が主題化された。

第4章は、ヘイトスピーチ問題を議論の俎上に乗せる。それを批判する声、すなわち「ヘイトスピーチは問題である」との主張は「正論」であり、それ自体としては間違ってはいない。だが、そうした批判がマイノリティ集団を何らかの作られた属性に「有徴化」する一方、当の自分たち（マジョリティ）の属性を自問することはない（無徴のままで済まされる）という境界線の構築を伴うとき、その境界線はヘイトスピーチを遂行し、それに賛同する側が設定する境界線と全くの同型であることが摘出された。マイノリティへの「単なる名指し」が「無意識な差別」へと滑り込んでいく危険性への自覚は、名指す側であるマジョリティ自身に自己の立ち位置の再考を迫る。

第5章は、仮に異性愛者（マジョリティ）のワタシが「あなたはゲイですか」と問いかけられた場面に潜伏する悩ましさに、読者の想像力を誘う。この場合、「ゲイではない」との返答は単なる事実表明にとどまらず、同視されたくないというゲイへの差別意識を含んでいるのではないか、だからといって「ゲイである」と肯定する（演技する）ことは、日々苦悩している当事者（マイノリティ）に対して無礼にあたるのではないか……、といった自問自答が徹底的に追究されていく。境界線を引いて差異化することのなかにも、境界線を消して同化した振る舞いをすることのなかにも差別的な契機が含まれるとすれば、本章が提出した一つの〝妙案〟を、読者はどのように受け取るだろうか。

第6章では、オタクの世界観をテーマに、さまざまな境界線のあちら側でも／こちら側でも苦悩に晒される――しかし決断するしかない――、まさに何重にも屈託を抱えた主体の姿が描き出された。現実／虚構、自己／他者、中心／周縁といった境界線と、そこに登場するキャラクターたちとの錯綜した関係性のただ中で、主体／主人公は宿命ではなく、その都度の偶然と決断において自己を悩む。ここにあるのは現実を超越することへの諦め、常に／既に他者と関わってしまっているという事実、しかし他者を助けることの不可能性、そしてそこから生じる責任を抱えつつ、最終的には＝日常的には自分自身で解決せよ、に帰着するストーリーである。世間では「虚構」世界に隠棲するイメージで語られがちな人びとの、生々しいほどに「現実」的な世界観がそこにはある。

マイノリティ／マジョリティの境界線は、往々にしてマジョリティの側から引かれる。そしてその際にマジョリティの側は、みずからの立ち位置を自問するよう強いられることはない。だからこそ、他者への名指しや意味づけがなされるときには、ただちにそれを行っている自分自身の思考態度を問いただすことが重要な課題となる。第Ⅱ部では、この「自己言及の倫理」の意義が改めて確認された。

第Ⅲ部では、住まうこと、働くこと、そして暮らすことといった日常の「普通」の風景において、ふだんはさほど深く考えることのない、なかば諦めとともに自明視され、あるいは忘却されている境界線に光があてられる。

第7章が扱ったのは人が住まう場所（土地）であった。景気動向や行政計画に左右されながらも着々と進行する都市再開発において、土地は住まう場として使用されるのではなく、投機の場／高度利用の空間として交換・売買され、その結果、そこに住まう人たちは地価高騰に耐えられず立ち退きを余儀なくされていく。ここに見られるのは、土地が持つ使用価値／交換価値のあいだの境界線が、「住まうこと」という人の生存に関わる基底的な権利を奪い取っていくさまである。かくして民法上は「普通」に併記される使用・収益・処分という土地所有権の諸機能は、その内部に深い矛盾をはらんでいることが示される。

第8章は、若者の自己責任論がテーマであった。別の選択の余地がありながら現状を招いたのはすべて本人の自己責任と裁断する風潮はもとより、すべてを社会構造の問題に還元する議論もまた、現に困難を生きている当事者の主体性をないがしろにしている点で誤りであるとの批判が展開される。その上で本章が提案するのは、当事者が自己責任を負うべき次元／自己責任を問われない（問えない）次元を区別する境界線を、当事者自身が経験的に問い直していけるような取り組みの必要性であった。この提言は「本人のせい／社会のせい」という「普通」よく使われる二項対立的な責任論の盲点を突く、主体的な境界線設定の新たなアイディアといえよう。

第9章では、就労の自明性（大人は「普通」働くものだ）によって生じる「就労／非就労」のあいだの非対称的な序列構造が問題とされた。就労をノルム化し、それを〝社会人〟全体に義務づけ、非就労者を差別する社会には、非就労側のみならず就労側に対しても加害性があることが指摘され、それを中和するための「仕掛け」としてベーシック・インカム構想が提案される。さらには、あえて働かない（Lazy）という主体を社会内に定位させることで、働くこと、ひいては就労中心主義の社会や主体のあり方それ自体をラディカルに再考するよう読者を促す。

第10章は、全体の利益を標榜する「公共性」の名の下に、長期にわたり大きな犠牲を強いられてきたオキナワ・フクシマ・ミナマタの「少数者たちの抵抗」に照準する。国民国家／地域、同化／差異化、避難／帰郷、法的救済／痛みの共有といった境界線をめぐって、さまざまな「身ぶり」となって現出する抵抗活動は、同時に一筋縄ではいかない錯綜した分断・孤立をも生み出してきたことが描き出される。矛盾やジレンマを抱え、分断・孤立したそれら「抵抗の身ぶり」は、たとえばミナマタが「システムとしての近代」を問うたように、他の身ぶりとの連携や交流を通じて「対抗的公共圏」の形成を模索することができるのではないか。その方向で「抵抗の流儀」を研磨していくことが、今後の課題として提示される。

第Ⅲ部では、「普通」の生活をしている／できている事実それ自体が、実はさまざまな構造的犠牲の上に成り立っていること、さらにはいっけん「普通」であることのうちにも、生き難さや自己を問い直していく契機があることが指摘された。そのような犠牲や苦悩を仕方のないこととして受け入れ、忘却するのではなく、それらを別様に観察し、状況を変えていくチャンスとするためのヒントが多面的に示されたといえるだろう。

（3）トラウマとしてのポストモダン

改めて振り返ってみると、実にさまざまな境界線が観察テーマに選ばれ、それぞれ境界線の前提や区別の両項を、引き延ばし、交差させ、転倒させる営為を通じて、新たな境界線を引く可能性が模索されてきたことが分かる。これらすべてを行儀よくまとめることはできないし、またそれをする必要もあるまい。本書を織り成す各章が目指したのは、唯一の境界線やあるべき主体像を求める探索ではなく、それとは正反対の作業、すなわち既存の境界線をとりあえず起点に置きつつも、それを凝視し、その自明性を疑い、別様に思考し続けるアイロニカルな実践であった。そうした作業の軌道がどこか一点に収束するはずがない。ではこうした作業は無意味なのか。唯一の正解を導くことを意図せず、明快な新機軸を打ち出すわけでもないこの一連の作業には意味がないのか。当然、私たちはあると考えている。むしろきわめて有意味である、とも。以下、この思考態度を――ノスタルジー、あるいはアナクロニズムと嘲笑する向きがいることを承知の上で――ポストモダンという言葉とともに擁護しておきたい。

さしあたり、ポストモダン社会の一断面として理解された「現代リスク社会」の特徴を説明する常套句を思い起こそう。リスク社会とは「近代社会を支えるメカニズムの「副作用」が無視できない程度にまで日常生活に影響・浸透してきた社会である」と。ここで近代を支えるメカニズムとは、主に近代科学技術が念頭に置かれている。それは人間の生活を豊かにする一方で、たとえば環境破壊、薬害、命をめぐる倫理問題、労働の収奪、監視網の形成など、意図せざる「副作用」を避けがたく併せ持っていることが次第に明らかになった。これがリスク社会の特徴である。だが、ことは科学の領域だけにとどまらない。あらゆる正（プラス）の概念は「自立」できず、対概念との区別・対比においてのみ意味を持つなら、高らかに「正論」を吐いて議論を終えることは不可能になる。その「正論」は、どんな区別／対概念によって支えられ、いかなる論理形式を用いて負（マイナス）の概念を排除し、不可視化しているか、という問いを自己のうちに「副作用」として抱え込まざるを得ないからだ。何かを言い切ること、断定すること、そうしようとした瞬間に、排除された側（区別の他項）が〝亡霊〟のように侵入してくる、その侵入をキャンセルすることは欺瞞である。それがポストモダンの洗礼だったはずだ。

あらゆる区別を問題化するポストモダンは、もちろん観察者にも迫ってくる。「ある観察主体が何かを観察する」というとき、そこには少なくとも二つの境界（区別）が先取りされている。一つは、観察対象の区別（観察対象は何から区別されているか）、もう一つは観察主体の立ち位置の区別（観察主体の観察点は何から区別されているか）である。この二つの前提がなければ観察は不可能である。観察主体はどこかに立たねばならず、何を観察するのかを選択しなければ観察できない。選ばなかった項を不可視にするという意味において、これはポストモダンへの裏切りなのか。本書の著者たちが、境界線や区別が持つ両義性や偶有性にできる限りセンシティヴであろうとしていたのは、この点に関わっている。それでも区別をして選択をしている以上——そうしなければ観察はできないのだから——、やはり欺瞞ではないのか、と詰め寄られたら、私たちは〝そうだ〟と答えよう。だがそれは、こうした区別のパラドクスに無自覚なまま、区別の正（プラス）の側に居直るよりははるかに誠実な態度だし、〝そうだ〟との返答の声は小さく強く、自らに言い聞かせるように発する、としかいまは答えようがない。「欺瞞である（わかってやってるんだ）」と言うこと自体が欺瞞の上塗りであり、それを何回発したところで欺瞞はなくなりはしない。それでもなおポストモダンの思考態度は、観察主体が排除した項を再考するよう迫る。そして排除する／再考する主体とは何者か（何から区別されているか）を当の主体に繰り返し問いかける。アイロニカルに思考するとは、まさしくそういうことである。こうしたポストモダンの「問いかけ」から逃れる術はない。それゆえポストモダンはトラウマなのである。これは私たち主体が、ポストモダンという対象をトラウマとして受容する（あるいは受容しない）という選択問題とは、全く別の話だ。私たちはポストモダンというトラウマに取り憑かれているのである。私たちが思考をやめない限り、ポストモダンにも終わりはない。

かつて在野の哲学者・吉本隆明（一九二四‐二〇一二年）は、「いいことを照れもせずいう奴は、みんな疑ったほうがいいぞ」と警告した（『遺言』角川春樹事務所、一九九七年）。ポストモダンをトラウマとして抱えた私たちの「屈託のある正義」の構想も、この警句と似たところがある。「自分はいま正しいことを言っているぞ」と思い込んだ瞬間に、正しくなくなっている（かもしれない）ことを、常に自戒せよ、という呼びかけとして、である。たとえば「出生前診断」という今日的課題がある。母親の子宮内にいる段階で胎児の状態を調べられる医療技術だが、胎児に何らかの障碍が見つかったとき、中絶に結びつきやすいことが問題視されている。この出生前診断について、「健康な胎児ならば産み、病気を持つ胎児ならば堕ろすという〝命の選別〟につながる障碍者差別（優生思想）の技術だ」と批判の声を上げることは、ひとまず正しい。だが、その批判は、みずからの差別性を痛いほど自覚しながらそれでも中絶せざるをえなかった（そして、そのことをずっと悔やみ嘆き続けているような）母親やカップルを、さらに追いつめ、縮こまらせるかもしれない。また障碍者差別だと批判する当の本人は、自分の赤子に障碍が見つかったときにも同じことが言えるのか、という重要な自問をあえて避けているかもしれない。自分のことを棚上げしない、というのは私たちが考える「屈託のある正義」の第一原則である。「出生前診断は障碍者差別につながる」という批判は、おそらく正しい。だが、〝正しいこと〟を臆面もなく堂々と（吉本の言葉では「照れもせず」）言うことは、ほとんど正しくない。きっと〝正しいこと〟は、それを述べる資格がはたして自分にあるのかを絶えず疑いながら、そして、その〝正しさ〟こそが、知らず知らずのうちに誰かを傷つけるのではないかという怖れに耐えながら、それでも、やはりどうしても言わなければならないという使命感のようなものに押し促されて、確たる自信も無いまま、しぶしぶ／おずおずと語り出されるときに、かろうじて暫しのあいだ〝正義の言葉〟たりうるのではないか。

（4）　お楽しみはこれからだ！

末筆ながら、このたび本書が成るにあたり、各方面から多くのご支援を賜った。いくつかの章にはその主題と関連を持つコラムを配し、それぞれの活動の現場から実践と実感に基づく重要な提言や問いかけをいただいた。コラム執筆にご協力いただいた方々に深く謝意を表したい。そして、出版事情がいっそう厳しさを増すなか、前作『圏外に立つ法／理論——法の領分を考える』（二〇一二年）に続き、このたびもナカニシヤ出版に、私たちの論集刊行を快くお引き受けいただいた。とりわけ編集担当の石崎雄高さんには、構想段階から九州まで足を運んでくださり、その後も適時適切な助言と叱咤によって、本書の上梓へ向けてねばり強く導いていただいた。編著者一同、心より御礼を申し上げる。

ビートルズの実質的なラストアルバム「アビーロード」の最終曲「HER MAJESTY」は、アルバム末尾にそっと添えられたわずか二十三秒の小品である。このエピローグも、当初はそのひそみに倣いコンパクトを旨に書き始められたが、編者三人の合作作業が進むにつれて、結果的に「アンコール」にしては長広舌な上に、ポストモダンの作法である「重たいテーマほど、なるだけ軽やかに語ろう」に照らしても、いささか肩に力が入りすぎたものとなった。ならばせめてもの思いで、ジブリアニメのエンドロール後に来るワンカットの妙味には及ばぬまでも、最後の最後に蛇足めいたご挨拶をさせていただくことで、ひとまず本書の締め括りとしたい。

本書が推奨するポストモダンの思考態度は、なにも法・正義・主体といった「大きな問題」を語るためだけにあるわけではない。私たちの日常生活のすべてが、何らかの区別や境界線によって成り立っていることを思えば、ちょっとした偶然や機転の力を借りて既存の区別をずらし、私たちの人生をさらに面白いものに変えていけるチャンスは、そこいら中に転がっている。境界線上で思考する実例は、本書の各章ですでに示されているので、あとは読者の皆さんが、それぞれの持ち場で、自分なりの音色の「境界線上のアリア」を奏でてくだされればよい。それがどんな和音（不協和音）を生み出すかは、舞台の幕が上がってからのお楽しみである。

Let's get the show on the road, You ain't heard nothin' yet!

二〇一八年三月

編者一同

法社会学専攻。九州国際大学教授。『圏外に立つ法／理論——法の領分を考える』〔共編〕（ナカニシヤ出版，2012 年），『共同体と正義』〔共著〕（御茶の水書房，2004 年），「安全、要注意——リスク社会における生 - 権力の在処を探るために」（『情況』2002 年），他。
〔担当〕第 9 章

木原滋哉（きはら・しげや）
1958 年生まれ。広島大学大学院社会科学研究科単位取得満期退学。政治学専攻。呉工業高等専門学校教授。『かかわりの政治学』〔共著〕（法律文化社，2005 年），『地域から問う国家・社会・世界——「九州・沖縄」から何が見えるか』〔共著〕（ナカニシヤ出版，2000 年），他。
〔担当〕第 10 章

における保護者対応システムの検討（『法社会学』80，2014 年），他。
〔担当〕第 4 章

＊吉岡剛彦（よしおか・たけひこ）
1972 年生まれ。九州大学大学院法学研究科博士後期課程修了。法哲学専攻。佐賀大学教授。『圏外に立つ法／理論――法の領分を考える』〔共編〕（ナカニシヤ出版，2012 年），『周縁学――〈九州／ヨーロッパ〉の近代を掘る』〔共編〕（昭和堂，2010 年），『愛・性・家族の哲学③　家族』〔共著〕（ナカニシヤ出版，2016 年），他。
〔担当〕第 5 章

城下健太郎（しろした・けんたろう）
1984 年生まれ。九州大学大学院法学府博士後期課程修了。法哲学専攻。九州大学大学院法学研究院協力研究員。「カントの家族法論における人間性の権利」（『九大法学』105・106 号，2013 年），「ヴォルフガング・ケルスティングの所有秩序構想――カント的リベラル社会国家の可能性」（『九大法学』111 号，2015 年），他。
〔担当〕第 6 章

兼重賢太郎（かねしげ・けんたろう）
1967 年生まれ。九州大学大学院法学府博士後期課程単位取得退学。法社会学・都市法論専攻。明海大学准教授。『圏外に立つ法／理論――法の領分を考える』〔共著〕（ナカニシヤ出版，2012 年），『新版　紛争管理論――さらなる充実と発展を求めて』〔共著〕（日本加除出版，2009 年），「公開空地にみる現代都市コモンズの諸相」（『法社会学』第 73 号，2010 年），他。
〔担当〕第 7 章

杉田真衣（すぎた・まい）
1976 年生まれ。東京都立大学人文科学研究科博士課程単位取得退学。教育学専攻。首都大学東京准教授。『高卒女性の 12 年――不安定な労働、ゆるやかなつながり』（大月書店，2015 年），『「子どもの貧困」を問いなおす――家族・ジェンダーの視点から』〔共著〕（法律文化社，2017 年），『二十一世紀の若者論――あいまいな不安を生きる』〔共著〕（世界思想社，2017 年），他。
〔担当〕第 8 章

＊林田幸広（はやしだ・ゆきひろ）
1971 年生まれ。九州大学大学院法学研究科博士後期課程単位取得退学。

■執筆者紹介（執筆順，＊は編者）

＊江口厚仁（えぐち・あつひと）

1959年生まれ。九州大学大学院法学研究科博士後期課程単位取得退学。法社会学専攻。九州大学教授。『圏外に立つ法／理論――法の領分を考える』〔共編〕（ナカニシヤ出版，2012年），『自由への問い（3）公共性――自由が／自由を可能にする秩序』〔共著〕（岩波書店，2010年），『リベラルアーツ講座　感性・こころ』〔共著〕（亜紀書房，2008年），他。

〔担当〕序章

宇都義和（うと・よしかず）

1973年生まれ。九州大学大学院法学府博士後期課程単位取得退学。法社会学専攻。西日本短期大学准教授。『圏外に立つ法／理論――法の領分を考える』〔共著〕（ナカニシヤ出版，2012年），「司法への市民参加にみる「市民的能動性」の両義的性格」（『九大法学』100号，2010年），他。

〔担当〕第1章

山田恵子（やまだ・けいこ）

1980年生まれ。神戸大学大学院法学研究科博士後期課程単位取得退学。法社会学専攻。京都女子大学准教授。『新入生のためのリーガル・トピック50』〔共著〕（法律文化社，2016年），『振舞いとしての法――知と臨床の法社会学』〔共著〕（法律文化社，2016年），「リアリティとしての法と心理――法律相談を素材として」（『神戸法学年報』25号，2010年），他。

〔担当〕第2章

上田竹志（うえだ・たけし）

1975年生まれ。九州大学大学院法学府博士後期課程単位取得退学。民事訴訟法専攻。九州大学准教授。『圏外に立つ法／理論――法の領分を考える』〔共著〕（ナカニシヤ出版，2012年），『民事紛争と手続理論の現在――井上治典先生追悼論文集』〔共著〕（法律文化社，2008年），「民事訴訟法における「行為規範と評価規範」の意義」（『みんけん』633号，2010年），他。

〔担当〕第3章

土屋明広（つちや・あきひろ）

1974年生まれ。九州大学大学院法学府博士後期課程修了。法社会学・教育制度論専攻。金沢大学准教授。『圏外に立つ法／理論――法の領分を考える』〔共著〕（ナカニシヤ出版，2012年），「3.11後における「子ども安全」と「教育観」」（『子ども安全研究』2，2017年），「教育行政

境界線上の法／主体
——屈託のある正義へ——

2018年4月26日　初版第1刷発行

江口厚仁
編者　林田幸広
吉岡剛彦
発行者　中西良

発行所　株式会社　ナカニシヤ出版
〒606-8161　京都府左京区一乗寺木ノ本町15
TEL（075）723-0111
FAX（075）723-0095
http://www.nakanishiya.co.jp/

印刷／製本・モリモト印刷
＊落丁本・乱丁本はお取り替え致します。
ISBN978-4-7795-1237-7　Printed in Japan